KB270307

엑소도스, 하나님의 성소를 이루기까지

Exodus

왕대일의 출애굽기 강해

엑소도스, 하나님의
성소를 이루기까지

| 왕대일 지음 |

kmc

❖

머리말

출애굽기에 관한 글은 국내외적으로 참 많다. 주석서나 강해는 말할 것도 없고, 연구서적이나 연구논문도 이루 다 헤아릴 수 없이 많다. 그 많은 서적들 위에다가 또 하나의 출애굽기 강해를 얹는 것은 출애굽기의 해석이 강단의 언어로 설교자의 강단에서 선포되는 말씀이 되기를 바라는 염원이 있기 때문이다. 출애굽기의 해방과 구원, 언약과 성막은 신앙생활의 첫걸음을 떼는 자들로부터 한평생 크리스천의 삶을 살아온 자들에 이르기까지 수없이 많이 읽혀지고 되새겨진다. 애굽 땅 라암셋(출 1:11; 12:37)에서 시작하여 시내 광야 시내 산에 이르는(출 19:1) 하나님의 구속사(출 1:1-18:27)는 이스라엘 신앙의 초석이 되고 하나님 신앙의 보금자리가 된다. 시내 광야 시내 산에서 경험하는 하나님의 현존(출 19:1-40:38)은 이스라엘 신앙의 그루터기가 되고 하나님 신앙의 모판이 된다.

출애굽기는 엑소도스(exodus)에 관한 증언이다. 헬라어 "에크"와 "호도스"로 이루어진 말로, '길(호도스) 떠나기(에크)'에 해당한다. 엑소도스는 이스라엘이 애굽 땅을 떠나는 여행이다. 하나님이 이끄시는 새 길로 나서는 여정이다. 옛 시대를 뒤로 하고 새 시대로 나아가는 여정이다. 지금까지 붙들던 삶을 내려놓고 새로운 삶을 누리고자 나서는 여정이다. 출애굽기는 이런 길을 찾아 나서게 한 하나님의 역사를 다룬다.

출애굽기를 애굽 땅을 떠나는 이야기로만 살피면 엑소도스는 출애굽기의 절반에 그치고 만다. 출애굽기는 애굽을 떠난 이스라엘이 시내 광야 시내 산에 머물면서 경험하는 새로운 오리엔테이션을 극적으로 전하고 있다. 출애굽기는 크게 둘로 구분된다. 하나는 하나님의 구원이고(출 1-18장), 다른 하나는 하나님의 임재이다(출 19-40장). 출애굽기의 전반부가 하나님의 구원을 격동적으로 전한다면, 그 후반부는 하나님의 임재를 세심하게 다룬다. 전자가 하나님의 역사(役事)를 크게 묘사한다면, 후자는 하나님의 말씀을 세밀하게 소개한다. 전자에서 행동하시는 하나님을 만난다면, 후자에서는 말씀하시는 하나님을 만난다. 이 하나님의 행동과 하나님의 말씀을 하나로 아우르는 틀이 하나님의 구속사이다. 하나님의 구속사를 역사(歷史) 일변도로만 헤아려서는 안 된다. 하나님의 구속사를 언약과 성막이 증언하는 하나님의 임재와 동떨어진 사건으로 간주해서는 안 된다. 필자가 출애굽기 강해를 내면서 그 책의 제목을「엑소도스, 하나님의 성소를 이루기까지」로 정한 이유도 여기에 있다.

이 출애굽기 강해를 위해서 필자는 세 학자와 오랜 시간 씨름하였다. 도즈만(Thomas B. Dozeman), 프레타임(Terence E. Fretheim), 사르나(Nahum Sarna). 그중에서도 도즈만의「출애굽기」(Exodus, Eerdmans Critical Commentary, 2009)와 많은 대화를 나누었다. 그러나 매 순간 도즈만을 넘어서고자(!) 했다. 출애굽기를 그 문단, 단원, 단락으로 구분하고 새겨가면서 도즈만이 보지 못했던 본문의 짜임새·매무새·쓰임새를 성경강해의 시각에서 밝혀보고자 했다.

이 책은 원래 목회자들의 성경강해를 돕고자 기획된 "가온성경강해 시리즈"의 일환으로 집필되었다. 그러나 사정상 아쉽게도 단행본으로 꾸며서 독자들 앞에 내놓는다. 여기에 인용된 성구는 「개역성경개정판」을 따랐으며 하나님 표기는 "여호와(야훼)"식으로 병기하였다. 히브리어 표기는 가독성을 위해서 우리말 음역만 소개하였다. 이 출애굽기 강해가 한국교회 설교자들의 강단을 돕는 채널이 되기를 빈다. 필자에게 성경 말씀을 묻고 불리고 풀게 하시는 예수 그리스도의 은혜가 이 땅에서 강단을 섬기는 목회자 모두에게 함께하시기를 기도한다.

2015년 9월
저자 왕대일

차례

c o n t e n t s

머리말 • 5

01   **"레위 가족 중 한 사람이 가서 레위 여자에게 장가 들어"** (출 1:1–2:25) • 11
프롤로그·12 | 하나님 없이, 하나님 앞에서·14 | 사람 이야기에서 하나님 이야기로·23

02   **"이제 내가 너를 바로에게 보내어"** (출 3:1–7:7) • 25
모세, 하나님 앞에 서다·26 | 모세, 애굽으로 돌아가다·36 | 모세, 바로 앞에 서다·44 | 하나님이 모세에게, 모세가 하나님께·49

03   **"그 날에 여호와의 군대가 다 애굽 땅에서 나왔은즉"** (출 7:8–13:16) • 57
바로의 요구, "너희는 이적을 보이라"·61 | 바로의 대응, 마음이 완강해서 이스라엘 보내기를 거절하다·63 | 하나님의 심판, 바로의 마음을 완악하게 하셨으므로·75 | 바로의 절규, "일어나 내 백성 가운데 떠나라"·89 | 이스라엘의 해방, "사백삼십 년이 끝나는 그 날에"·94

04   **숙곳에서 시내 산까지, 이스라엘이 걷는 "홍해의 광야 길"** (출 13:17–18:27) • 97
돌아가게 하는 길, 돌아가자는 길·98 | "여호와께서 너희를 위하여 싸우시리니"·101 | "여호와께서 다스리신다." 모세의 찬양·미리암의 찬미·108 | 광야 길의 시련, 광야 길의 은총·113 | 광야라는 교실에서·126

05   **시내 산 언약, "너희가 내게 대하여 제사장 나라가 되며"** (출 19:1–20:21) • 135
애굽에서 시내 산까지·136 | 걸음이 거름으로, 오름이 옳음으로·140 | 시내 산에 강림하시는 하나님·145 | "십계명"이라는 이정표·146 | 하나님의 현현, 백성이 두려워 떨다·153

06 **"네가 백성 앞에 세울 법규는 이러하니라"** (출 20:22-24:18) ● 155

"언약의 책"의 들머리, 하나님을 섬기는 곳·156 ｜ 언약법의 매무새, 공정하고 공평한 사회를 향하여·159 ｜ 언약법의 마무리, 하나님을 섬기는 시간·168 ｜ 언약법의 후기, 약속과 경고·170 ｜ 언약예식, "그들은 하나님을 뵙고 먹고 마셨더라"·173

07 **"내가 그들 중에 거할 성소를 그들이 나를 위하여 짓되"** (출 25:1-31:18) ● 181

성막 건축의 들머리, 하나님의 말씀·182 ｜ 성막 건축의 준비, 드리기·184 ｜ 성막 건축에 담긴 뜻·186 ｜ 성막 건축의 청사진, 성막이라는 생김새·189 ｜ 성막 건축의 청사진, 회막이라는 쓰임새·199 ｜ 성막 건축의 마무리, 안식일 지키기·218 ｜ 맺음말·219

08 **"백성이 모세가 산에서 내려옴이 더딤을 보고"** (출 32:1-34:35) ● 221

위기·백성의 요청, "우리를 위하여 우리를 인도할 신을 만들라"·222 ｜ 아론의 대처·배교(背敎), "금 고리를 빼어 내게로 가져오라"·224 ｜ 심판, "여호와께서 백성을 치시니"·227 ｜ 모세의 기도, 모세의 청원·233 ｜ 다시 언약을 세우시다·240

09 **성막 짓기, "여호와께서 모세에게 명령하신 대로"** (출 35:1-39:43) ● 247

성막 짓기의 첫걸음, 모세가 온 회중을 모으다·249 ｜ 성막 짓기의 들머리, 안식일 계명·250 ｜ 성막 짓기의 준비, 자원하여 드리는 자재·252 ｜ 성막 짓기에 참여한 자들, 만드는 자와 가져오는 자·255 ｜ 성막 짓기의 과정, 이스라엘이 수행한 "성막 곧 회막의 모든 역사"·256

10 **드림에서 강림으로** (출 40:1-38) ● 271

"레위 가족 중 한 사람이 가서
레위 여자에게 장가 들어"

출 1:1-2:25

출애굽기 1:1-2:25는 출애굽 이야기의 첫 마당이다. 이 첫 마당에서는 출애굽 역사(歷史)에 관한 종교·사회적 배경을 소개한다. 이 이야기에는 하나님이 등장하지 않는다. 하나님의 부재(不在)가 본문이 다루는 주제 중 하나이다.[1] 출애굽기 1:1-2:25는 크게 둘로 나뉜다. 하나는 애굽으로 내려간 야곱의 후손들이 번성하였다는 증언(1:1-7)이고, 다른 하나는 그 까닭에 애굽 땅에서 벌어진 사건에 대한 증언(1:8-2:25)이다. 1:1-7은 야곱의 자손이 번성하고 있음을 보도한다. 1:8-2:25는 이렇게 번성한 이스라엘 자손이 애굽 왕 밑에서 박해받고 학대당하고 있음을 전한다. 이 두 단락 사이에는 흑백의 대조가 있다. 이스라엘의 번성이 밝고 찬란하다면, 이스라엘이 당하는 억압은 어둡고 침울하다.

출애굽기 1:8-2:25에는 두 부류의 사람들이 등장한다. 하나는 이스라엘 자손을 억압하는 애굽 왕이고(1:8-14), 다른 하나는 거기에 맞서는 이스라엘 자손들이다(1:15-2:22). 본문에서 하나님은 히브리 사람의 고통 소리를 듣고 계신다. 이스라엘 자손이 외치는 탄식소리를 듣고 계신다. 출애굽기 무대의 첫 대목은 하나님을 알지 못하는 애굽 왕이 꾸미지만 (1:8-14), 그 무대의 마지막 대목은 이스라엘 자손의 종살이를 보시고, 아브라함과 이삭과 야곱에게 세우셨던 언약을 기억하시는 하나님으로 채워져 있다(2:23-25). 즉 본문은 세상으로부터 시작하여 하나님으로 이어지는 구도를 갖춘다. 세상의 문제(1:8-14; 1:15-2:22)를 고치시는 하나님 이야기(2:23-25)가 출애굽기의 서막을 이끌어가는 본문의 분위기이다.

출애굽기 1:8-2:25는 "요셉을 알지 못하는 새 왕"이 주도하는 이스라엘의 억압으로 말문을 연다(1:8-14). 이에 대한 이스라엘의 반응은 저항이다. 그 저항을 이끄는 주역은 여인들이다(1:15-2:22). 그 저항의 열매로 모세가 탄생하여 성장하게 되고, 애굽 땅의 이스라엘을 억압하였던 그 애굽 왕이 죽으면서(2:23-25) 출애굽기 서막이 막을 내린다.

출 1:1-7

프롤로그

출애굽기 1:1-7은 엑소도스(exodus)의 프롤로그이다. 첫 장면은 야곱과 함께 각각 자기 가족을 데리고 애굽으로 내려간 이스라엘의 아들들의 이름을 소개하는 것으로 시작한다(1:1). 이 서두는 출애굽 사건의 역사적·사회적·종교적 배경을 다룬다. 히브리어 원문은 출애굽기 1:1을 "이것들은 이스라엘의 아들들의 이름이다"(브엘레 쉐모트 브네 이스라엘)라고 기록한다. 이 표현은 창세기 35:23-26의 소제목 "야곱의 아들들"(브네 야아콥, 창 35:22b)과 비교된다. "야곱의 아들들"이라는 명칭이 가족적이라면, "이스라엘의 아들들"이라는 표현은 민족적이다.[2] 창세기에서 야곱은 가족/부족의 조상이며, 출애굽기에서 이스라엘(야곱)은 "이스라엘"이라는 민족의 조상이기 때문이다. 오경 이야기가 출애굽기로 접어들면서 가족에서 민족으로 넘어가고 있다. "이스라엘 아들들의 이름은 이러하니"(1:1)라는 말은 이 점을 분명히 한다.

출애굽기 1:2-4에 소개된 이름은 애굽에 있었던 요셉을 제외하고 모두 열한 명이다. 이 열한 명이 그 어머니를 따라서 구별되어 차례대로 소개되고 있다. 르우벤, 시므온, 레위, 유다, 잇사갈, 스불론은 레아의 아들들이다. 뒤를 이어 라헬의 아들 베냐민이 소개되고, 그 다음에 빌하(라헬의 종)의 아들 단, 납달리와 실바(레아의 종)의 아들 갓, 아셀이 연달아 소개되고 있다(참조, 창 35:23-26; 비교, 창 46:8-27). 중요한 것은 이 명단에 이어 나오는 "야곱의 허리에서 나온 사람"이 모두 70명이라는 보고이다.

> 야곱의 허리에서 나온 사람이 모두 칠십이요 요셉은 애굽에 있었더라(1:5)

"야곱의 허리에서 나온 사람"(개역개정)은 쉬운 말로 "야곱의 혈통에서 태어난 사람"(새번역)이다. 출애굽기 1:5는 굳이 "야곱의 허리에서 나온 사람"(콜-네페쉬 요츠에 예렉-야아코브, 비교, 창 46:26)이라고 표현한다. 야곱의 허리에서 난 생명이 모두 70명이고 이들이 뿌리가 되어 이스라엘 자손은 온 애굽 땅을 차지할 만큼 번창하였다. "야곱의 허리에서 난 생명들"이 땅에 덮일 정도로 많은 일가(一家)를 이루었다는 말이다. 이것은 "생육하고 번성하여 땅에 충만하라"(창 1:28)고 다짐한 창조주 하나님의 약속이 구현되었음을 암시한다.

여기에 나오는 "칠십"이라는 숫자에서 완전성의 의미를 찾을 수도 있다(참조, 눅 10:1).[3] 그러나 꼭 그렇게만 볼 수는 없다. 사도행전 7:14에서 요셉의 초청을 받고 애굽으로 내려간 야곱 가족의 숫자는 75명이다. 본문이 강조하려는 것은 이스라엘 자손의 숫자가 야곱 → 야곱의 열두 아들 → 야곱의 가족 70명 → 이스라엘 자손으로 늘어나고 있다는 사실이다. "요셉과 그의 모든 형제와 그 시대의 사람"이 역사의 무대에서 사라지고 난 뒤(1:6), 즉 족장시대가 지나가고 출애굽 시대가 열리면서,[4] "이스라엘 자손은 생육하고 불어나… 온 땅에 가득하게 되었더라"(1:7)는 것이다.

야곱의 "허리"(예렉)와 야곱의 "환도뼈"(예렉)는 같은 말이다. 야곱의 허리는 야곱이라는 인생이 깨지고 거듭나게 되었음을 상징한다(참조, 창 32:22-32). 거듭난 자리, 진통하는 자리는 새로운 생명이 태어나는 현장이다. 새 생명이 태어나기까지는 산고(産苦)의 진통이 있어야 한다. 고통 끝에 새로 태어난 한 사람이, 마침내 번성하는 한 민족의 조상이 되었다.

출 1:8-2:22

하나님 없이, 하나님 앞에서

출애굽기 1:8-2:22는 요셉을 알지 못하는 새 왕이 애굽을 다스리게 되면서 히브리인들이 받게 된 핍박과 고난을 이야기한다. 모세는 이런 핍박과 고난이 전개되는 현장에서 태어난다. 1:8-2:22가 하나님이 부재(不在) 하시는 현장을 전한다면, 2:23-25는 하나님의 임재(臨在)를 전한다. 이런 배경에서 1:8-2:22는 모세 탄생의 배경(1:8-14, 15-22), 모세의 탄생과 성장(2:1-10, 11-15), 모세의 피난살이(2:16-22)를 소개하고 있다.

출애굽기 1:8-2:22의 배경은 애굽에 새 왕조(19왕조? 1300-1200년경 BC)가 들어서던 시기이다. "바로"란 이름은 "큰 집"이란 뜻으로 왕을 가리키는 보통명사이다. 이름씨(고유명사)가 아니다. 바로라 불리는 새 왕의 이름에 대해서 우리는 알지 못한다. 그의 통치가 얼마나 지속되었는지도 모른다. 본문이 거기에 대해서 아무 말도 하지 않기 때문이다. 그러면서도 본문은 바로에게 억압받는 히브리 산파들의 이름(십브라, 부아, 1:15)은 거리낌 없이 밝히고 있다. "바로의 딸"(2:5, 8, 9, 10)이 어디 출신인지는 거론하지 않으면서도 "모세"라 불리게 된 아이를 낳고 숨어서 키운 여인의 출신("레위 여자", 2:1)은 대담하게 밝히고 있다. 모세를 죽이고자 압박하는 애굽 왕의 이름은 밝히지 않으면서도(2:15), 모세를 자기 품에 받아들인 여인의 이름(십보라, 2:21)과 그 배경(미디안 제사장의 딸, 2:16)에 대해서는 소상하게 밝히고 있다. 애굽 땅에서 히브리 사람을 구박하는 애굽 사람은 그냥 "어떤 애굽 사람"(2:11)이라고 부르면서도, 미디안 땅에서 모세를 받아들인 사람(르우엘, 2:18)이나 모세가 낳은 자식의 이름(게르솜, 2:22)은 구체적으로 밝히고 있다. 어떤 사람의 이름은 감추고 어떤 사람의 이름은 드러내는 모습은 다분히 의도적이다. 한편에서는 무시해야 될 사람이 있지만, 다른 한편에서는 드러내야 될 사람이 있다.

1:8-14 하루아침에 이스라엘 자손의 처지가 달라졌다. 출애굽기 1:1-7의 배경에서 1:8-14를 읽을 때 이스라엘 자손은 자고 일어나니까(!) 세상이 달라지는 경험을 하게 된다. 이스라엘 자손은 지금까지 누리던 지위, 자유, 소유를 갑자기 빼앗기게 되었다. 그리고 느닷없이 강제노동 현장으로 압송되어 강제노동에 종사하게 되었다.

본문은 "요셉을 알지 못하는 새 왕이 일어나"(봐야콤 멜렉-하다쉬, 1:8) 애굽을 다스리게 되었다는 구절로 말문을 연다. 새 왕이 "일어났다"(쿰)고 지적한다. 여기에 사용된 히브리어 동사[쿰]는 이스라엘 자손이 애굽으로 "내려갔다"("애굽에 이른", 1:1)는 말과는 반대되는 동작("일어나")을 나타낸다. 애굽의 왕좌에 오른 이 새 왕은 수가 한없이 많아진 이스라엘 자손들이 전쟁이 나면 자기들의 원수들과 합세하여 애굽 땅에서 떠나가게 되지 않을까 염려한다.

자, 우리가 그들에게 대하여 지혜롭게 하자 두렵건대 그들이 더 많게 되면 전쟁이 일어날 때에 우리 대적과 합하여 우리와 싸우고 이 땅에서 나갈까 하노라 하고(1:10)

이에 애굽 땅의 새 왕이 내린 조치는 "지혜롭게 하자"는 말로 압축된다. 애굽 왕의 지혜는 요셉의 지혜와 대비된다. 창세기에서 요셉의 지혜는 모두를 살리는 조치였다(창 41:37-57). 출애굽기 1:10-14에서 애굽 왕의 지혜는 이스라엘 자손을 죽도록 억압하는 조치이다. 두 종류의 지혜가 대비된다. 생명을 살리는 지혜와 생명을 죽음으로 내모는 지혜이다. 어느 지혜가 진정 참된 지혜인가? 어느 지혜가 세상을 살아가는 데 유익한 지혜인가? 요셉의 지혜인가, 아니면 애굽 왕의 지혜인가? 참 지혜는 사람을 죽이는 지혜가 아니다. 사람을 살리는 지혜이다. 죽이는 지혜는 음모에 속한다. 살리는 지혜는 처방에 속한다.

출애굽기 1:10하반절에 나오는 "그들이 이 땅에서 나갈까 한다"는 말은 문자적으로는 "그들이 이 땅에서 올라간다"(베알라 민-하아레츠)이다. 애굽에서 일어난 새 왕이 지금 이스라엘 자손이 애굽에서 올라가게 될 것을 염려하고 있다. 애굽 왕의 염려 속에는, 역설적이게도, 애굽 땅의 이스라엘 자손이 헤쳐 나가야 할 삶의 길이 제시되어 있다. 이스라엘 자손은 내려와 있으면 안 된다. 이스라엘 자손은 올라가야 한다. 이스라엘 자손이 살아가야 할 곳은 여기(애굽)가 아니라, 거기(가나안)이다.

이스라엘 자손의 올라감을 애굽 왕이 막으려고 한다. 그래서 그가 내린 조치가 이스라엘 자손에게 "무거운 짐을 지워" 학대하자는 것이다. 이스라엘 자손을 내리누르는 것이다. 이스라엘 자손으로 하여금 올라가지 못하도록 막자는 것이다. 그래서 이스라엘 자손에게 국고성 비돔과 라암셋을 건축하라는 지시가 떨어진다. "그러나"(1:12) 이스라엘 자손은 학대를 받을수록 더욱 번성하여 퍼져나갔다. 그 번성과 비례해서 이스라엘

자손의 삶을 "괴롭게 하는 조치"(흙 이기기, 벽돌 굽기, 농사의 여러 가지 일)
도 그 강도가 점점 더 엄격하여졌다.

1:15-22 "이스라엘 자손"(브네 이스라엘)이라 불리던 야곱의 후손들
이 단번에 "히브리 사람"이란 말로 불리게 된다. 유아학살령이 내려진다.
애굽 왕의 거짓된 지혜가 유아살생을 합법화시키는 조치로 이어진다. 출
애굽기 1:8-14가 한 남자가 주도하였던 살벌한 장면이라면, 1:15-22는 그
남자의 폭력에 저항하는 여자들의 이야기이다. 남자의 입에서 떨어지는
소리는 "너희는 히브리 여인을 위하여 해산을 도울 때에 그 자리를 살펴
서 아들이거든 그를 죽이고 딸이거든 살려두라"는 말이었다(1:16). "그
러나"(1:17) 히브리 산파들은 애굽 왕 바로보다 더 "하나님을 두려워하
여"(1:17, 21) 히브리 여인들이 낳은 남자 아기들을 죽이지 않고 살려냈다
(1:17). 출애굽기 1:16과 1:17은 의미상 절묘한 대조를 이룬다. "보고서"(살
펴서) 죽이라는 지시에 "하나님을 두려워하여" 살리고 있다. 히브리어로
"라아"(살펴서, 레이텐)에 히브리어 "야레"(두려워하여, 티레나)로 맞서는 여
인들의 용기가 드러나고 있다.

본문에 소개된 "히브리 여인(이브리욧트), 히브리 산파"가 이스라엘 자
손의 딸인지, 아니면 애굽 사람으로 히브리 사람의 출산을 돕던 산파인
지는 정확히 알 수 없다. "히브리"라는 명칭은 인종보다는 사회계층을 가
리키는 표현이다(1:15, 16, 19; 참조, 창 14:13; 39:14; 욘 1:9). 구약에서 히브
리 사람은 천대받는 사람들이다. 이방인들은 이스라엘을 종종 히브리
사람이라고 불렀다(창 39:14, 17). 히브리 사람이라는 명칭에는 이스라엘
자손을 깔본다는 전제가 서려 있다. 블레셋 사람들이 이스라엘을 통치
하고 있을 때에도 이스라엘은 히브리 사람으로 불렸다(삼상 4:6, 9; 14:11,
21).

출애굽기 1:15-17은 천한 자들이 고귀한 자들의 지시를 온몸으로 거

부하는 장면이다. 히브리 산파가 애굽 왕의 명령을 따르지 않기로 거부하는 장면은 일종의 시민불복종 운동이다. 애굽 왕이 할 수 있는 것은 오로지 지시뿐이다. 그러나 그 지시는 수포로 돌아간다. 히브리 산파들이 그 지시를 거부하였기 때문이다. 어떻게 그런 일이 가능하였는가? 히브리 산파들이 "하나님을 두려워하였기" 때문이다. 애굽 왕보다 하나님을 더 두려워하여 그들은 애굽 왕의 명령을 어기고 남자 아기들을 살려내는 현장에 헌신하였다(1:19). 그런 산파들에게 하나님이 은혜를 베푸셨다(1:20). 그리고 하나님이 "그들의 집안을 흥왕하게" 하셨다(1:21).

삶에서 소중한 것은 하나님을 경외하는 신앙이다. 죽음의 공포가 판치는 자리에서 하나님을 경외하는 여인들이 생명을 구출하는 역사를 감당하고 있다. 아니, 하나님을 경외하는 여인들이 이스라엘 민족의 탄생을 돕는 일에 선구자적 역할을 하고 있다.[5] 출애굽기 1-2장에서 본문의 강조는 의도적으로 여인에게 쏠려 있다. 히브리 산파, 레위 여자, 나일 강가 갈대상자에 담긴 아기를 지켜보는 누이, 바로의 딸, 십보라 모두가 여인이다. 그 여인들은 다 사람을 살려내고, 일으키고, 낳는 일에 기꺼이 쓰임 받았던 주인공들이다. 그런 여인들이 있음으로 이스라엘 민족은 탄생할 수 있었고, 그런 여인들이 있음으로 모세라는 민족 지도자가 태어날 수 있었다. 여성이 있었기에 역사가 있었다.

2:1-10 레위 가문의 한 남자가 레위 가문의 한 여자를 아내로 맞아 (2:1) 한 아들이 태어난다. 본문은 한 남자의 이야기로 시작한다(2:1). 그러나 곧이어 여자들의 이야기로 넘어간다. 본문의 시종은 줄곧 여자들이 이끌어간다(2:2-10). 남자는 오로지 장가드는 역할(?)만 할 뿐이다(2:1). 나머지 이야기는 모두 여자들이 꾸려간다(2:2-10).

출애굽기 2:1과 2:2-10에 등장하는 주인공들은 모두 익명이다. 맨 마지막에 "그 아기"가 "모세"라는 이름으로 불리기 전까지 본문에서 활약

하는 하나님의 사람들은 모두 익명으로 나온다. 그 와중에도 여성들의 활약상은 크게 강조된다. 2:2-10에 등장하는 하나님의 사람들은 그냥 "그 여자"(2절), "그의 누이"(4, 7절), "바로의 딸"(5, 7, 8, 9, 10절), "여인"(9절)이라고만 불린다. 모세라는 사람이 태어나 사람구실을 하게 되기까지 이름 모를 수많은 여인들의 희생과 헌신이 그 뒤에 있었다. 이름 없이, 빛도 없이 자기 역할을 묵묵히 감당하는 "그들"이 있었기에 모세라는 영웅이 역사의 무대 위에 그 이름을 낼 수 있었다. 아들을 낳았지만 은밀하게 키웠던 모세의 어머니가 없었다면(2:1-3), 갈대상자에 담겨 떠내려가는 동생을 굳게 지키며 서서 보았던 모세의 누이가 없었다면(2:4-8), 히브리 여인의 아들인 줄 알면서도 그를 물에서 건져내어 양자로 삼아 양육하고자 한 바로의 딸이 없었다면(2:5-6, 9-10) 모세라는 인물은 역사의 무대 위에 그 이름을 낼 수 없었다. 또한 바로의 딸에게 다가가서 "내가 가서 당신을 위하여 히브리 여인 중에서 유모를 불러다가 이 아기에게 젖을 먹이게 하리이까"라고 말을 건네면서 "그 아기의 어머니를 불러오는" 그의 누이가 없었다면(2:7-8), 모세가 이스라엘 자손이라는 정체성을 가진 존재로 성장할 수는 없었다. 하나님은 수없이 많은 익명의 여인들을 통해서 어제나 오늘이나 하나님의 사람을 길러내고 계신다.

사실 출애굽기 2:2-10은 여인들의 이름은 소개하지 않으면서도 여인들의 안목(眼目)에 대해서는 자세하게 풀어 놓았다. 레위 가문의 남자와 혼인한 레위 가문의 여자는 그가 임신하여 아들을 낳았을 때 "그가 잘생긴 것을 보았다"(봐테레 오토 키-토브 후). 그래서 석 달 동안이나 그를 숨겨서 키웠다(2:2). 그 여자가 아이를 갈대상자에 담아 나일 강가 갈대 사이에 두었을 때 그 아이의 누이는 "멀찍이 서서, 아이가 '어떻게 되는지를 지켜보고'(텟타차브…레데아) 있었다"(2:4, 새번역). 그래서 바로의 딸에게 곧장 달려갈 수 있었다. 바로의 딸은 나일 강가를 거닐다가 갈대상자도 "보고"(봐테레) 거기에 담긴 아기도 "보았다"(티르에후). 그리고 그 아이를 불쌍히 여겼다(2:5-6). 이처럼 세 여인은 각각 볼 줄을 알았다. 세 여인의 "봄"(seeing)이 있었기에 이스라엘 민족의 역사에 "봄"(spring)이 오게 되었다.

모세라는 이름은 바로의 딸이 붙여준 이름이다(2:10). 모세라는 이름은 애굽 사람(바로의 딸)이 붙여준 것임을 기억해야 한다. 애굽어에서 "모세"는 아들이라는 뜻이다.[6] 애굽의 바로 가운데에는 "투트모세"(Thutmose)라는 이름을 가진 왕도 있었다. "투트모세"란 애굽의 만신전 가운데 달(月) 신으로 불린 "투트"(Thut) 또는 "토트"(Thoth)의 아들이라는 뜻이다. 그러나 출애굽기 본문은 모세라는 이름을 히브리어 식으로 읽고 있다. 출애굽기 2:10이 그 점을 분명히 한다. 모세라는 이름은 "건지다"라는 뜻의 히브리어 "마샤"에서 비롯된 말로 읽으라고 주문하고 있다. 이 경우 모세란 건짐을 받은 사람이란 뜻이다. 모세는 건져냄을 겪은 사람이다. 모세가 물에서 건져진 존재라는 이름씨에는 하나님의 구속사를 연상시키는 단어들로 충만하다.[7] 예컨대 아기 모세를 담은 갈대상자(테바)는 노아가 지은 방주(테바)에 어울린다(참조, 창 6:14). "갈대"(수프) 사이에서 떠내려가다가 건져진 모세는 홍해(갈대 바다, 얌-수프)에서 건져진 이스라엘의 구원(14장)을 기대하게 한다. 건짐을 받은 사람 모세가 나중에 하나님을 만난 다음에는 다른 사람을 건져내는 사람으로 변하게 된다.

2:11-15 본문은 모세가 어떤 청년이었는지를 소개하는 에피소드로 채워진다. 모세는 젖먹이 시절 어머니로부터 자기 정체성을 터득하였다. 그러던 모세가 장성하여 폭력 현장을 목도하게 된다. 자기 형제가 (모세는 자기가 히브리 사람인 줄 알고 있었다!) 애굽 사람에게 죽도록 맞는 현장을 보고, 나서서 애굽 사람을 때려죽이게 된다. 하지만 그 일이 탄로 나면서 모세는 바로의 낯을 피하여 미디안 땅으로 도피하는 신세에 빠진다.

본문이 전하는 모세는 정의감에 충만하다. 모세는 자기 정체성을 표현하는 일을 놓고 고민하고 있다. 삶의 부조리를 힘으로 해결해보고자 나서는 청년이다. 그러나 청년 시절 모세의 리더십은 실패하고 만 리더십이다. 출애굽기 2:11-15는 청년시절의 모세에 대해서 그리 많은 이야기를 전하지 않는다. 2:11-15가 전하는 모세의 모습은 딱 한 가지이다. 실패한 청년! 청년 모세에게는 민족을 구원할 만한 힘이 없었다. 그가 할 수 있었던 것은 오로지 단 한 사람만을 때려죽일 수 있었을 뿐이다. 그러나 그마저도 공개적으로는 할 수 없었다. 그는 자기가 한 일을 모래 속에 감추어 두고 싶었다.

출애굽기 2:11-15는 그 앞(2:1-10)과 뒤(2:16-22)와 다르게 사람을 죽이는 이야기를 소개하고 있다. 본문 앞에서는 여인들의 희생으로 한 사람 모세가 살아남게 되었다. 본문 뒤에서는 미디안 제사장 르우엘의 딸 십보라가 모세와 혼인하여 게르솜이라는 아들을 낳는다. 2:11-15의 앞과 뒤에 모두 아기 탄생에 관한 이야기가 나온다. 앞에서는 모세가, 뒤에서는 모세의 아들 게르솜이 탄생한다. 앞에서는 모세의 어머니가, 뒤에서는 모세의 아내가 생명을 잉태하는 일에 쓰임을 받고 있다. 그 사이에 폭력으로 자기 형제가 당하는 억압을 풀어보고자 시도했던 모세 이야기가 수록되어 있다. 신약 히브리서는 이 구절을 놓고 "모세는 장성하여 바로의 공주의 아들이라 칭함 받기를 거절하고 도리어 하나님의 백성과 함께 고난 받기를… 더 좋아하고"라고 해석한다(히 11:24-25). 그러나 2:11-15가 본래 말하고자 한 것은, 모세는 자기 형제들이 고되게 당하는 고난을 폭력으로 해결해 보고자 했다는 것이다. 그런데 그것이 도리어 화를 불러일으키고 말았다. 모세는 돌아오지 못할 도망자 신세에 빠졌다. 모세의 행동(2:11-12)은 또 하나의 폭력일 뿐 이스라엘 자손의 고난을 온전히 개선할 수 있는 방식은 아니었다. 폭력은 또 다른 폭력을 불러일으킬 뿐이다.

2:16-22 모세가 바로의 낯을 피하여 미디안 땅으로 도망을 쳤다 (2:15a). 모세는 미디안 땅에 머물던 어느 날 우물 곁에 앉아 있었다 (2:15b). 미디안 땅이 어디인지를 지정학적으로 꼽기란 쉽지 않다. 분명한 것은 미디안이 애굽 땅 밖에 있는 광야라는 점이다(참조, 창 36:35; 민 22:4, 7; 31:8; 비교, 창 37:25-36). 애굽 왕 바로의 손길이 미치지 않는 곳에 미디안 땅이 있었다. 애굽의 경계 밖에 있는 광야가 미디안이라는 소리이다.

미디안 광야에서 모세가 십보라를 만난다. 이 이야기의 배경은 미디안 땅 어느 우물가이다. 성경에서 우물은 만남의 장소이다. 아브라함의 종이 이삭의 아내가 될 리브가를 처음 만난 곳도, 야곱이 라헬을 만난 곳도, 예수가 수가 성의 여인을 만난 곳도 모두 우물가이다(창 24, 29장; 요 4장). 성경에서 우물은 단순히 물 긷는 장소가 아니라, 만남의 광장(?)이다. 거기에서 이루어진 만남이 관계를 만들고 역사를 이끌어간다. 하나님이 도망자 모세의 발걸음을 그런 우물가로 이끄셨다. 그랬기에 모세는 양 떼에게 물을 먹이다가 목자들에게 시달리던 미디안 제사장의 딸 십보라를 구출해내게 되었다. 이것은 우연이 아니다. 거기에는 필연이 작용하고 있다. "우리가 알거니와 하나님을 사랑하는 자 곧 그의 뜻대로 부르심을 입은 자들에게는 모든 것이 합력하여 선을 이루느니라"(롬 8:28).

미디안 제사장의 딸을 만나기 전 모세는 아직 애굽 사람이었다. 그의 차림새가 애굽 식이었다. 십보라의 눈에 비친 모세는 영락없는 애굽인이었다. 십보라가 그 아버지에게 전한 이야기가 그것을 보여준다.

> 그들이 이르되 한 애굽 사람이 우리를 목자들의 손에서 건져내고 우리를 위하여 물을 길어 양 떼에게 먹였나이다(2:19)

십보라와의 만남은 모세가 애굽 사람의 탈을 벗는 계기가 된다. 십보라와 만나면서부터 모세는 사람을 살리는 일에 쓰임 받는 도구가 된다. 모세가 미디안 제사장의 딸을 위기에서 "건져내고" 그 딸을 위하여 물을 "길어" 양 떼에게 "먹이는" 일에 자기 힘을 다 사용하였다. 힘을 어디에 쓰느냐에 따라서 사람됨의 가치가 달라진다. 힘을 가지고 무엇을 하느냐에 따라서 사람됨의 방향이 달라진다. 모세가 드디어 삶의 방향을 죽임(2:11-12)에서 살림으로 틀었다. 모세가 십보라와 결혼하여 아들을 얻었다. 모세가 그의 이름을 게르솜이라고 불렀다. 그가 낯선 땅에서 나그네가 되었기 때문이다(2:22; 비교, 18:4).

사람 이야기에서 하나님 이야기로

본문은 일종의 후기이다(2:23-25). 그러나 단순한 첨가가 아니다. 출애굽기 2:23-25는 하나님의 임재를 전한다. 2:23은 사람이 부르짖는 소리가 하늘에 상달되는 과정을 전한다. 2:24-25는 하늘에 계신 하나님이 땅에서 신음하는 이스라엘 자손을 돌보시게 되었다는 것을 전한다. 2:24, 25의 주어는 하나님(엘로힘)이다. 지금까지 출애굽기 서막을 주도하는 글은 대부분 사람이었다(비교, 1:20). 그러나 2:24에 들어서면서 출애굽기 이야기는 마침내 하나님을 주어로 삼는 문장으로 바뀌게 된다.

출애굽기 2:23-25는 짤막하다. 그렇지만 이 구절은 이스라엘 자손이 박해받는 기간 동안 하나님이 무엇을 하셨는지를 해설해 주고 있다.

하나님이 그들의 고통 소리를 들으시고 하나님이 아브라함과 이삭과 야곱에게 세운 그의 언약을 기억하사 하나님이 이스라엘 자손을 돌보셨고 하나님이 그들을 기억하셨더라(2:24-25)

"하나님이 그들의 고통 소리를 들으시고!" 이스라엘 자손이 고난을 당하는 세월 동안 하나님은 침묵하고 계셨다고 단정해서는 안 된다. 출애굽기 2:24-25는 하나님이 이스라엘의 고통 소리를 들으셨다고 전한다. 이스라엘의 조상과 맺은 언약을 기억하시고 있었다고 전한다. 하나님이 이스라엘 자손을 "돌보시고", "기억하였다"는 것은 "하나님이 이스라엘 자손을 보시고"(봐야르 엘로힘 엣-브네 이스라엘), "하나님이 이스라엘을 아셨다"(봐예다 엘로힘)는 것이다. 사람들이 보기에 하나님이 계시지 않다고 여기는 현장에서도 하나님은 줄곧 사람들의 살림살이를 보고 계셨다! 사람들의 생존에 동참하셨다는 것이다. 히브리어 "야다"가 서로 경험을 나누어 가짐으로 알게 되는 상태를 나타낸다는 것을 기억해야 한다(참조, 마 11:28).

---

1) Thomas B. Dozeman, *Exodus*, Eerdmans Critical Commentary (Grand Rapids: Eerdmans, 2009), 55.

2) Dozeman, *Exodus*, 64-65.

3) U. Cassuto, *Commentary on Exodus* (Jerusalem: Magnes, 1967), 8.

4) B. S. Childs, *The Book of Exodus*, Paperback edition (Louisville: Kentucky, 2004), 3.

5) D. O'Donnel Setel, "Exodus," in C. A. Newsom, S. H. Ringe, eds., *The Woman's Bible Commentary* (Louisville: Westminster/John Knox, 1992), 30.

6) 애굽에서 동사 *msy*는 '태어나다'는 뜻이다. 거기에서 파생된 명사 *ms*가 아들이라는 뜻을 지닌다. 가령 투트모세(Thutmose)는 '투트'(Thut) 신의 아들이라는 뜻이다. Dozeman, *Exodus*, 81.

7) Dozeman, *Exodus*, 81.

"이제 내가 너를 바로에게 보내어"

출 3:1-7:7

출애굽기 3:1-7:7은 모세의 소명기(召命記)이다. 무대 뒤에 계시던 하나님이 3장부터 무대 전면으로 나선다. 미디안 광야에서 양 떼를 치던 목자가 이스라엘을 인도하여 내는 목자로 부름 받는 과정이 여기에 소개된다. 이 본문은 이야기의 배경(무대)에 따라서 크게 네 단원으로 구성된다.[1) 첫 단원은 미디안 광야 하나님의 산 호렙(3:1-4:19), 두 번째 단원은 미디안에서 애굽으로 돌아가는 모세의 여정(4:20-31), 세 번째 단원은 애굽 왕 바로와 맞선 모세(5:1-6:1), 네 번째 단원은 하나님의 부르심을 되새겨야 하는 모세(6:2-7:7).

출애굽기 3:1-7:7의 서두는 부르심이다(3:1-4:19). 부르심은 파송을 낳고(4:20-31), 파송은 사역으로 이어진다(5:1-6:1). 그 사역의 결과 맛보게 된 쓰라림은 모세로 하여금 다시 하나님 앞에 서게 한다(6:2-7:7). 그런 흐름 속에서 본문은 야훼 하나님이 누구이신지, 야훼 하나님이 모세를 통해서 이루시려는 역사가 무엇인지를 전한다.

모세, 하나님 앞에 서다

출애굽기 3:1-4:19의 무대는 미디안이다. 이야기의 처음과 끝에 모세의 장인이자 미디안의 제사장 이드로가 언급된다(3:1; 4:18-19). 이 이야기는 모세가 하나님을 만나기 전(3:1), 모세와 하나님의 만남(3:2-6), 하나님의 말씀 선포(3:7-10), 모세의 질문·하나님의 대답(3:11-22), 모세의 항변·하나님의 처방(4:1-19)으로 진행된다. 모세와 하나님의 대화는 자못 논쟁적이다. 모세는 따지고, 하나님은 설득한다. 모세는 자기를 향한 하나님의 뜻에 의문을 품고 있다. 하나님의 마음보다 자기 처지를 먼저 따지기 때문이다.

3:1 하나님을 만나기 전 모세는 그의 장인 미디안 제사장 이드로의 양 떼를 치고 있었다. 본문은 짤막하다. 이 한 절(節) 속에 40년 세월이 담겨 있다. 모세가 애굽에서 도망쳐 나올 때 그의 나이는 마흔이었다(행 7:23). 모세가 미디안 광야에서 양 떼를 치다가 하나님을 만나던 때 그의 나이는 팔십이었다(7:7).

모세가 치던 양은 자기 소유가 아니다. 목자생활 40년의 경력을 가졌지만 모세는 여전히 나그네살이를 하고 있었다. 그런 목자 모세가 그 양 떼를 "광야 서쪽 너머"(봐인하그 에트-하쫀 악하르 함미드바르)로 몰고 갔다. 그러다가 "하나님의 산 호렙에 이르렀다." 우리말 성경의 "광야 서쪽으로 인도하여"는 정확히는 "광야 서쪽 너머로(악하르 함미드바르) 인도하였다"이다. 히브리어 "악하르"는 "~ 너머"라는 뜻이다. 모세가 광야의 서쪽 너머로 양 떼를 몰고 갔다는 것이다. 모세가 일상의 경험을 넘어선 곳에 들어섰고,[2] 그래서 "하나님의 산 호렙에 이르게" 되었다.

모세가 "하나님의 산 호렙에 이르매"는 모세가 "하나님의 산 호렙 쪽으로 들어가자"(봐야보 엘-하르 하엘로힘 호레바)로 읽어야 한다. 하나님의 산 호렙에 도착하였다는 것이 아니다. 모세가 하나님의 산 "호렙 쪽으로"(호렙바) 들어섰다는 뜻이다. 모세가 하나님의 산 호렙 쪽으로 들어서자 하나님의 사자가 나타나신다. "호렙"이란 단어에는 하나님의 산 말고도 "거친 광야"라는 뜻이 담겨 있다. 인간의 논리가 거부되는 곳에서 사람은 하나님을 만나게 된다(참조, 시 68:9; 신 33:2; 합 3:3).[3]

3:2-6 모세가 하나님을 만나게 된다. 모세가 양 떼를 몰고 광야 너머 "하나님의 산 호렙 쪽으로 들어가자"(3:1), "야훼의 사자가 떨기나무 불꽃 가운데서 그에게 나타나셨다"(봐예라 말락 야훼 엘하브 베라바트-에쉬 미톡크 핫세네, 3:2). 모세는 떨기나무에 불이 붙었으나 그 떨기가 타서 없어지지 않는 광경을 목격하고 떨기나무에 가까이 다가간다. 그때 모세의 귀에 "모세야 모세야" 하는 소리가 들린다(3:4). 모세가 경험한 하나님과의 만남은 떨기나무 불꽃 속에서 말씀하시는 하나님이다. 모세의 눈앞에 펼쳐진 하나님의 현현(theophany)은 전통적인 종교적 상징과는 거리가 멀다. 모세의 경험은 당대의 종교적 증언과는 크게 차이가 난다.

"떨기나무"는 히브리어로 "스네"(sĕneh)이다. 히브리어 "스네"는 시내 산의 "시내"(Sinai)와 같은 자음을 공유한다. "스네"(떨기나무)는 출애굽기 독자의 시선을 하나님의 현현이 나타난 시내 산으로 인도한다.[4] 하나님은 시내 산에 강림하신다(19:11, 18, 20, 23). 시내 산은 하나님의 영광이 나타나는 곳이다(24:16; 31:18). 하나님과 이스라엘이 언약을 맺는 곳이다(34:2, 4, 29, 32). 그 시내 산의 하나님이 처음 모세에게 나타나실 때 떨기나무에 붙은 불의 모습으로 오셨다. "떨기나무에 붙은 불꽃"의 옷을 입고 모세를 찾아오셨다. 초자연적이거나 초세상적인 현상을 도구로 삼아서 오신 것이 아니라, 이 세상의 천한 식물(떨기나무)을 도구로 삼아서 이 땅에 오셨다. 하늘의 하나님이 이 땅을 찾아오실 때 그가 찾으시는 현장은 천하고 약하고 고통 받는 자리이다. 예수님이 이 땅에 오실 때에도 구유에 누인 아기로 오셨다(눅 2:12). 중요한 것은 이 땅에서 볼 수 있는 식물이 하나님의 현현을 이루는 도구로 사용되었다는 점이다. 유대전승은 이 "떨기나무"의 형상을 "메노라"(촛대)로 구현한다.

이스라엘 신앙은 하나님을 "불 가운데서" 말씀하시는 하나님으로 기억한다(출 19:18; 신 4:12). 눈으로 본 "불"보다도 귀에 들린 "소리"를 하나님 현현의 증거로 삼는다. 모세도 떨기나무에 붙은 불을 가까이서 지켜보려고 하다가 하나님의 음성을 듣게 된다.

> …하나님이 떨기나무 가운데서 그를 불러 이르시되 모세야 모세야 하시매 그가 이르되 내가 여기 있나이다 하나님이 이르시되 이리로 가까이 오지 말라 네가 선 곳은 거룩한 땅이니 네 발에서 신을 벗으라 또 이르시되 나는 네 조상의 하나님이니 아브라함의 하나님, 이삭의 하나님, 야곱의 하나님이니라 모세가 하나님 뵈옵기를 두려워하여 얼굴을 가리매(3:4-6)

모세가 하나님 뵙기를 두려워하여 그 얼굴을 가렸다. 하지만 얼굴은 가렸지만 귀는 닫지 않았다. "보는 것"이 다가 아니다. 들어야 한다. 들을 귀가 있어야 한다. 듣는 것이 중요하다. 모세의 귀에 하나님의 음성이 들린다. "모세야 모세야"(3:4). 모세라는 이름이 불리기 전까지 모세는 특별한 존재가 아니었다. 하나님이 "모세야"라고 그 이름을 부르시고 난 다음에야 특별한 사람이 되었다. "이리로 가까이 오지 말라 네가 선 곳은 거룩한 땅이니 네 발에서 신을 벗으라"(3:5). 모세는 지금 거룩한 곳에 서 있다. 하나님을 만나는 자리가 거룩한 곳이다. 하나님을 예배하는 자리가 거룩한 곳이다. 사명을 깨닫는 자리가 거룩한 땅이다. 거룩한 곳에 서는 자는 누구나 그 발에서 신을 벗어야 한다. 신을 벗는 동작은 하나님을 섬기는 자세이다. 이스라엘의 제사장은 하나님의 성소에 들어설 때 그 몸에 예복은 입지만, 그 발에는 아무것도 신지 않았다(참조, 출 28장).

"나는 네 조상의 하나님이니 아브라함의 하나님, 이삭의 하나님, 야곱의 하나님이니라." 모세를 부르신 하나님은 모세의 조상의 하나님이시다. 왜 하나님이 자기를 "네 조상의 하나님"이라고 소개할까? 하나님의 자기소개는 모세를 한 개인으로 보지 않고 아브라함 → 이삭 → 야곱 → 모세로 이어지는 구속사의 틀에서 보게 한다. 이제부터 모세는 단순히 미디안 제사장 이드로의 사위가 아니다. 이제부터 모세는 아브라함 → 이삭 → 야곱 → 모세로 이어지는 하나님의 구속사의 주역이 된다. 그 하나님의 자기소개 앞에서 모세가 할 일은 오로지 자기 얼굴을 가리는 것뿐이다.

3:7-10 부르심은 파송으로 이어진다. 하나님이 모세에게 하나님의 계획을 선포하신다. 하나님과의 만남으로 모세는 두 어깨에 사명을 걸머지게 한다. 하나님은 모세를 애굽의 바로에게 보내어 그의 백성 이스라엘을 애굽에서 인도하여 내겠다고 말씀하신다. 하나님은 애굽에 있는 이스라엘이 당하는 고통을 보셨다. 그 이스라엘을 구출해내는 도구로 모세를 사용하시겠다는 것이다. 모세와 하나님의 만남은 단순한 "미팅"(meeting)이 아니다. 하나님과의 만남은 "엔카운터"(encounter)이다. 부딪침이다. 대면이다. 소통이다. 하나님의 뜻은 모세를 보내는 것이다. 미디안에서 애굽으로 보내는 것이다.

> 이제 가라 이스라엘 자손의 부르짖음이 내게 달하고 애굽 사람이 그들을 괴롭히는 학대도 내가 보았으니 이제 내가 너를 바로에게 보내어 너에게 내 백성 이스라엘 자손을 애굽에서 인도하여 내게 하리라(3:9-10)

하나님의 뜻은 분명하다. 하나님의 뜻은 하나님이 "내려가서" 이스라엘을 애굽의 손에서 건져내어 "젖과 꿀이 흐르는 땅"으로 "데려가려" 하는 데 있다(3:8). 하나님이 내려오셔서 하나님의 백성을 약속의 땅으로 데려가려고 하신다. 이 하나님의 일을 모세가 수행해야 한다. 하나님은 사람을 통해서 일하신다. 그래서 모세에게 말씀하신다. "이제 가라!" "이제 내가 너를 바로에게 보낸다!" "내가 너에게 내 백성을 애굽에서 인도하여 내게 하리라!" 본문에서 두드러지는 소리는 "이제"(베아타)라는 말이다. 지금까지 모세는 양 떼를 몰던 목자였다. 이제부터 모세는 하나님의 백성을 이끄는 목자가 된다. 여태껏 모세는 땅에 매여 살았다. 이제부터 모세는 하늘의 은총을 누리며 살게 된다. 모세의 생애에 일생일대의 방향전환이 일어나고 있다. 그 방향전환은 모세의 결심에서 나온 것이 아니다. 모세의 일상에 닥친 획기적인 변화는 모세의 일상 속에 하나님이 개입하시면서 일어났다. 예수님도 갈릴리에서 고기를 낚던 어부 베드로를 사람 낚는 어부로 변화시키셨다(마 4:19). 모세의 광야생활에 하나님의 섭리가 있었다. 모세가 40년간 양 떼를 몬 것은 결코 우연이 아니다. 하나님이 모세에게 양 떼를 모는 기술/경험을 미리 익히게 해서 40년이 지난 어느 날 모세를 불러 말씀하신다. 이제 하나님의 백성 이스라엘을 인도하는 목자가 되어라!

3:11–22 하나님의 지시에 모세가 주저한다. "내가 누구이기에 바로에게 가며 이스라엘 자손을 애굽에서 인도하여 내리이까"(3:11). 하나님의 계획에 대한 모세의 판단은 부정적이다. 모세는 자기 힘으로 하나님의 일을 감당하라는 줄 알았기 때문이다. 그랬기에 그는 주저함 없이 외친다. "제가 무엇이라고, 감히 바로에게 가서, 이스라엘 자손을 이집트에서 이끌어 내겠습니까?"(3:11, 새번역) 그런 모세에게 하나님이 증거를 제시하신다. "내가 반드시 너와 함께 있으리라 네가 그 백성을 애굽에서 인도

하여 낸 후에 너희가 이 산에서 하나님을 섬기리니 이것이 내가 너를 보낸 증거니라"(3:12). 하나님이 모세에게 보여주시는 증거는 이스라엘이 시내 산에서 하나님을 예배하는 것이다. 출애굽의 목적은 단순한 탈(脫)애굽이 아니다. 출애굽의 목적은 이스라엘이 애굽에서 나와, 모세가 하나님을 만났던 산에서 하나님을 섬기는 데 있다. 사람은 하나님을 만나는 순간 땅의 사람에서 하늘의 사람으로 변한다. 하늘의 하나님이 땅의 인간에게 갈 길을 제시해 주기 때문이다. 하나님을 만난 사람은 사람이 가는 길이 아니라 하나님이 걸으라고 하신 길을 걸어야 한다.

출애굽기 3-4장이 전하는 하나님과 모세의 대화는 자못 논쟁적이다. 모세가 떨기나무 불꽃 앞에 선 순간(3:4)부터 애굽으로 떠나는 순간까지(4:17) 그가 하나님과 나눈 대화는 모두 13번이다.[5] 모세는 하나님이 말씀하시는 매순간 대응한다. 짤막하게 대답하거나(3:4), 혹은 말없이 따르거나(3:6; 4:3, 4, 6, 7, 18), 아니면 질문하거나 따진다(3:11, 13; 4:1, 10, 13). 모세의 반응은 점층적이다. 처음에는 "내가 여기 있나이다"(3:4)라고 대답했다. 그 다음에는 "내가 누구이기에…"(3:11)라고 반문한다. 그러다가 하나님의 이름까지 캐내려고(?) 한다(3:13). 모세의 말이 대답 → 반문 → 추궁 형태로 점점 강해지고 있다.

모세에게 하나님은 더 이상 신비한 분이 아니다. 그에게 하나님은 생생한 실체이시다. 모세에게 하나님은 묻고 답하는 인격이시다. 모세는 역사의 무대에 그 모습을 나타내시는 하나님의 정체성을 사람들에게 어떻게 소개해야 할지를 묻는다. 모세의 질문에 대한 하나님의 대답은 길다. 하나님은 그 이름만이 아니라 그 이름의 역동성까지 들려주고자 하신다.

하나님이 밝힌 하나님의 이름은 "나는 스스로 있는 자니라"(에흐예 아쉐르 에흐예, 3:14a)이다. "'스스로 있는 자'(에흐예)가 나를 너희에게 보내셨다 하라"(3:14b)고 말씀하신다. "스스로 있는 자"에 대한 해석은 참 많다.[6] 히브리어 "에흐예 아쉐르 에흐예"를 헬라어 역 구약성경(LXX,

Septuagint)은 "에고 에이미 호 온"(I am the one who is)으로 옮겼다. 영어 번역은 대체로 두 가지로 나뉜다. "I am who I am" 또는는 "I will be who I will be"이거나 아니면 "I cause to be what I cause to be."

"에흐예 아쉐르 에흐예"에서 두드러지는 것은 히브리어 동사 "하야"(to be)이다. 이 "하야"를 그냥 서술형 동사 1인칭 남성 단수 미래 완료형로 읽으면 그 뜻은 "I am (the one) who is"이거나 "I am who I am," 또는 "I will be who I will be"가 된다. 이것의 우리말 번역이 바로 "나는 스스로 있는 자"이다. 쉽게 말해 "나는 나다"라는 뜻이다. 하나님의 이름을 "계신 분", "계시는 분", "계실 분"으로 읽는 것이다. 하나님은 과거에도 계셨고, 지금도 계시며, 앞으로도 계실 것이다. 하나님은 영원하신 분이다. 이와는 다르게 히브리어 동사 "하야"를 사역형(causative)으로 읽으면 그 번역이 "I cause to be what I cause to be"가 된다. 하나님은 창조주 하나님이시라는 것이다.[7] 즉 "나는 있어야 할 것을 있게 한다"는 뜻이다. 하나님은 "존재해야 할 것을 존재하게 하시는 분"이라는 소리이다.

출애굽기 3:14에서 하나님은 모세에게 "'스스로 있는 자'(에흐예, 3:14b)가 나를 너희에게 보내셨다 하라"고 말씀한다. 하나님은 "에흐예"(*ĕhyeh*, 스스로 있는 자)이시다. 문법적으로는 "I am"이거나 "I will be"이다. 이 "에흐예"를 3인칭 남성 단수 미래 완료형(예흐에, "He is")으로 읽으면 하나님의 이름씨는 "야훼"(*yhwh*)가 된다. "에흐예"에는 하나님의 이름의 "동사적 성격"(verbal character)이 아로새겨져 있다.[8] 헬라어 역 성경은 하나님의 이름을 명사(하나님의 계심)로 읽었지만, 히브리어 원문에서 "에흐예"는 하나님의 이름의 동사적 성격을 강조한다. 하나님은 존재이시기보다는 창조하시는 분이다. 역사(歷史)의 무대에서 역사(役事)하시는 분이다. "에흐예"라는 하나님의 이름 속에는 "내가 누구인지는 내 행동으로 드러난다"라는 의미가 담겨 있다. 하나님은 그 "계심"(being)보다 그 "역사하심"(doing)에서 드러난다. 하나님은 역동적인 분이시다. 창조주이시고 구속사의 주님이시다. 이 하나님이 모세와 함께 하실 것이다.

출애굽기 3:15-22는 하나님의 이름의 동사적 성격을 보다 구체적으로 제시한다. 3:15-22는 하나님의 이름을 "에흐예 아쉐르 에흐예"로만 설명하지 않는다. 하나님의 "영원한 이름"은 "너희 조상의 하나님 여호와(야훼, "He is") 곧 아브라함의 하나님, 이삭의 하나님, 야곱의 하나님"이라고 연거푸 주지시킨다(3:15, 16). 그 조상의 하나님이 이스라엘을 "애굽의 고난 중에서 인도하여 내어 젖과 꿀이 흐르는 땅 곧 가나안 족속, 헷 족속, 아모리 족속, 브리스 족속, 히위 족속, 여부스 족속의 땅으로 올라가게" 할 것이다(3:17-22). 모세에게는 "스스로 있는 자"라고 소개하신 하나님이 이스라엘 자손에게는 여전히 "너희 조상의 하나님 곧 아브라함과 이삭과 야곱의 하나님께서 나를 너희에게 보내셨다 하라"고 말씀하신다. 아브라함과 이삭과 야곱에게 하셨던 약속을 모세 시대에 와서 이루려고 하신다는 것이다. 그래서 하나님은 애굽 땅에서 고난 받고 있는 이스라엘을 이끌어내어 "가나안 족속, 헷 족속, 아모리 족속, 브리스 족속, 히위 족속, 여부스 족속의 땅으로" 올라가게 하겠다고 선포하신다. 그 사명을 모세에게 맡기신다. 약속에서 약속의 성취로 나아가는 과정이 출애굽의 역사이다.

출애굽의 여정에는 애굽 왕의 저항이 있을 것이다. 하나님이 애굽 왕을 "강한 손으로 치"고 난 뒤에야 이스라엘은 애굽 땅을 떠나게 된다(3:19-20). 애굽 왕 바로가 부리는 심술은 정녕 출애굽의 걸림돌이다. 하나님이 펼치시는 출애굽은 그런 걸림돌을 디딤돌로 삼아서 이루어진다. 출애굽은 은총이다. 걸림돌을 디딤돌로 삼는 은총이다. 노예살이하던 자들이 자유와 해방과 구원을 얻는 은총이다. 세상 왕을 섬기던 자들이 하늘의 하나님을 섬기게 되는 은총이다. 하나님은 이스라엘 자손이 애굽 땅을 빈손으로 떠나지 않게 하실 것이다(3:21-22). 출애굽 대열에 동참하는 자들의 손에 땅의 보배로운 것도 채워 주실 것이다. "너희는 먼저 그의 나라와 그의 의를 구하라 그리하면 이 모든 것을 너희에게 더하시리라"(마 6:33).

4:1-19 모세는 하나님이 계획하시는 일에 대해서 걱정한다(4:1). 모세는 애굽 땅의 이스라엘이 자기를 믿지 못할 것을 두려워하고 있다. "모세가 대답하여 이르되 그러나 그들이 나를 믿지 아니하며 내 말을 듣지 아니하고 이르기를 여호와께서 네게 나타나지 아니하셨다 하리이다"(4:1). "그들이 나를 믿지 아니하며"(헨 로-야아미누 리), 모세가 하나님께 제기하는 문제는 믿음의 문제이다. 여기에 쓰인 "믿다"라는 말은 히브리어 동사 "아만"의 사역형이다. 이 말에서 히브리어 "아멘"이 파생되었다. 모세는 지금 애굽 땅의 이스라엘이 모세의 말에 "아멘" 하지 않을 것을 걱정한다. 하나님의 일은 하나님이 하시는 말씀을 믿는 데서 출발한다. 믿음이 없이는 하나님을 기쁘시게 할 수 없다(히 11:6). 그런 점에서 모세의 염려는 일면 타당하다. 그러나 출애굽기 4:1에는 그들의 문제가 아닌 모세 자신의 문제가 담겨 있다. 모세 스스로가 지금 하나님의 능력을 믿지 못하고 있다.

이어지는 대화는 이스라엘/모세의 불신에 대한 하나님의 처방이다(4:2-17). 하나님의 처방은 모세의 손에 무엇이 있는지를 묻는 것으로 시작한다. 하나님이 모세에게 묻는다. "네 손에 있는 것이 무엇이냐", "지팡이니이다"(4:2). 하나님은 우리에게 없는 것을 먼저 묻지 않으신다. 하나님은 우리에게 있는 것부터 물으신다. 그리고 그 있는 것을 통해서 하나님은 우리에게 역사하신다. 우리에게 있는 것은 사실 하찮은 것이다. 그러나 그것을 하나님께 맡길 때 우리의 작은 것은 하나님의 일을 수행하는 커다란 도구가 된다. 이제부터 모세의 손에 들려 있는 지팡이는 하나님의 일을 수행하는 도구가 된다(4:3-4). 모세가 그 지팡이를 땅에 던지면 그것이 뱀이 되고, 모세가 그 뱀의 꼬리(머리가 아니다!)를 잡으면 그것이 다시 모세의 손에서 지팡이로 변하게 된다.

모세의 손에 신비한 능력이 생긴 것은 아니다. 지팡이를 든 모세의 손은 하나님의 능력을 행하는 통로일 뿐이다. 그래서 하나님이 두 번째 표적으로 모세가 그 손을 품에 넣었을 때 그 손에 나병이 생기고, 그것을 다시 품어 넣었다가 꺼내면 살이 본래대로 돌아오는 표적을 체험하게 하신다(4:6-7). 이 두 가지 기이한 일은 각각 이스라엘이 모세의 말을 믿도록 도와주는 도구이다. 이때 "(그들이) 표적의 표징은 믿으리라"(4:8)는 말은 원어에서는 "표적(sign)의 소리(message)는 믿으리라"(헤에미누 레콜 하오트)이다. 지팡이가 뱀이 되고 뱀이 지팡이가 되는 일은 하나의 표적(sign)이다. 모세의 손에 나병이 들었다가 다시 원상회복되는 일도 하나의 사인(sign)이다. 모세의 말을 믿게 하려는 수단이다(4:8). 표적은 믿음에 이르게 하는 수단이다. 말 그대로 "사인"이다. 믿는 자에게는 표적이 필요하지 않다. 표적은 믿지 못하는 자들을 위해서 마련되었다.

출애굽기 4:9가 소개하는 세 번째 표적은 앞의 두 표적과는 달리 모세가 당장 눈으로 볼 수 있는 것은 아니다. 그런 점에서 세 번째 표적은 약속에 속한다. 애굽 땅의 이스라엘이 모세의 말을 믿지 않는다면 모세는 그들에게 세 번째 표적을 보여주어야 할 것이다. "그들이 이 두 이적을 믿지 아니하며 네 말을 듣지 아니하거든 너는 나일 강 물을 조금 떠다가 땅에 부으라 네가 떠온 나일 강 물이 땅에서 피가 되리라"(4:9). 처음 두 표적이 모세의 지팡이와 모세의 손을 도구로 삼아 이루어졌다면, 세 번째 표적은 모세가 마실 물을 대상으로 삼았다. 떠온 물이 피로 변하는 표적을 보게 되리라는 소리이다.

모세는 여전히 머뭇거린다. 이번에는 아예 자기에게는 말재주가 없다고, 자기는 입이 둔하고 혀가 무딘 사람이라고 우긴다. 하나님의 대답은 단호하다. "누가 사람의 입을 지었느냐 누가 말 못 하는 자나 못 듣는 자나 눈 밝은 자라 맹인이 되게 하였느냐 나 여호와가 아니냐 이제 가라 내가 네 입과 함께 있어서 할 말을 가르치리라"(4:11-12). 하나님의 말씀은 분명하다. "이제 가라!" 아브라함은 부르심을 받았을 때에 순종하여 "갈 바를 알지 못하고"(히 11:8) 나아가지 않았는가! 하나님은 모세가 완벽한 사람이기에 들어서 사용하는 것이 아니다. 하나님께 쓰임 받음으로 말미암아 모세는 비로소 온전한 사람이 된다.

그래도 모세가 우긴다. "오 주여 보낼 만한 자를 보내소서"(4:13). 마침내 하나님이 크게 노하신다. "레위 사람 네 형 아론이 있지 아니하냐"(4:14). 하나님이 아론을 모세의 대언자가 되게 하신다(4:15). 이제부터 아론은 모세를 위한 입이 될 것이다. 그리고 모세는 아론에게 하나님과 같은 역할을 하게 될 것이다(4:16). 모세를 향한 하나님의 말씀은 단호하다. 모세는 하나님이 정하신 "보낼 만한 사람"이다. 이 "보낼 만한 사람"의 손에 하나님께서 지팡이를 쥐어 주신다. 출애굽기 4:2에서 거론된 지팡이는 모세의 지팡이였다. 출애굽기 4:17에서 거론된 지팡이는 하나님의 지팡이이다. "너는 이 지팡이를 손에 잡고 이것으로 이적을 행할지니라"(4:17).

모세가 드디어 하나님의 산을 떠나서 길을 나선다. "애굽에 있는 그 형제들에게로 돌아가"기 전 미디안의 제사장 그의 장인 이드로와 작별 인사를 나눈다(4:18). 그 미디안 땅에서 다시 한 번 하나님의 음성이 크게 들린다. "여호와께서 미디안에서 모세에게 이르시되 애굽으로 돌아가라 네 목숨을 노리던 자가 다 죽었느니라"(4:19).

출 4:20-31

모세, 애굽으로 돌아가다

출애굽기 4장만 살피면 4:20-31은 4:1-19의 글말을 역순(逆順)으로 반복하고 있다. 곧 백성의 불신(a, 4:1) → 이스라엘에 보여줄 표적(b, 4:2-17) → 길에서 나누는 작별인사(c, 4:18, "나로 가게 하소서", "평안히 가라")

→ 귀환 명령(d, 4:19)으로 이어졌던 4:1-19가 출애굽기 4:20-31에 들어서서는 모세의 귀환(d′, 4:20-23) → 길에서 외치는 고백(c′, "당신은 참으로 내게 피 남편이로다", 4:24-26) → 이스라엘 앞에서 행하는 이적(b′, 4:27-30) → 백성의 믿음(a′, "백성이 믿으며 여호와께서 이스라엘 자손을 찾으시고 그들의 고난을 살피셨다 함을 듣고 머리 숙여 경배하였더라", 4:31) 순으로 대조를 이루고 있다. 이런 대조 속에서 본문은 모세의 염려가 백성의 신뢰로 바뀌고 있음을 전한다(4:1, 20). 보여주어야 할 표적을 모세와 아론이 백성 앞에서 보여주게 된다(4:2-17, 27-30). 길에서 나누던 작별인사가 길에서 울려 퍼지는 소리와 대조를 이루게 된다(4:18, 24-26). 애굽으로 가라는 하나님의 명령을 따라서 모세가 애굽으로 돌아가는 길에 들어선 것이다(4:19, 20-23).

4:20-23 모세가 애굽으로 가는 길에 나서고 있다(4:20). "모세가… 애굽으로 돌아가는데(봐야쇼브 아르차 미츠라임) 하나님의 지팡이(맛테 하엘로힘)를 손에 잡았더라"(4:20). 모세가 애굽으로 가는 길은 "돌아가는"(슈브) 길이다. 귀향(歸鄕)하는 길이다. 모세가 가는 이 길은 쉼을 위해서 가는 길이 아니다. 하나님의 일을 수행하기 위해서 가는 길이다. 길에 나선 모세의 귀에 이런 소리가 들린다. "여호와께서 모세에게 이르시되 네가 애굽으로 돌아가거든 내가 네 손에 준 이적을 바로 앞에서 다 행하라"(4:21a). 히브리어 본문은 우리말 성경과 약간 다르다. "내가 네 손에 준 이적을 바로 앞에서 다 행하라"가 아니고 "내가 네 손에 준 이적을 바로 앞에서 보아라"이다. "행하라"가 아니라 "보아라"(르에)이다. 모세가 애굽의 이스라엘에게로 돌아가는 것은 하나님이 모세의 손에 준 "모든 이적"(콜-함모프팀 아쉐르 삼티 베야데이카)"을 보기 위해서다. 모세는 애굽으로 돌아가서 역사(歷史)의 무대에서 역사(役事)하시는 하나님(God who acts in history)을 보아야 한다. 모세는 하나님이 역사하시는 이적들의 증인이

되기 위해서 이 길을 가야 한다. 모세가 가는 길은 하나님의 증인이 되는 길이다. 이제부터 모세는 하나님에 관해서 알고 있는 자로 머물러서는 안 된다. 하나님이 하시는 일을 목격하는 증인이 되어야 한다.

주목할 것은 애굽으로 돌아가는 모세의 손에 "하나님의 지팡이"가 들려 있다는 사실이다. "모세가 그의 아내와 아들들을 나귀에 태우고 애굽으로 돌아가는데 모세가 하나님의 지팡이를 손에 잡았더라"(4:20; 비교, 4:17). 모세의 손에 들려 있는 지팡이는 더 이상 양을 치는 지팡이가 아니다. 이제부터 모세의 손에 있는 지팡이는 표적을 일으키는 지팡이이다. 이 지팡이는 더 이상 목자의 도구가 아니라, 하나님의 일을 수행하는 도구이다. 이전에는 양을 치던 지팡이였지만, 이제부터는 하나님의 백성을 이끄는 지휘봉이 된다. 모세가 그 손에 쥔 지팡이만 하나님의 지팡이인 것은 아니다. 이제부터는 모세라는 인격 자체가 하나님의 지팡이가 되어야 한다.

애굽으로 돌아가는 모세의 여정에 동반자(가족)가 소개된다. 본문은 의도적으로 모세의 혈족관계(kinship)를 이야기의 소재로 활용하고 있다.[9] 애굽에서 미디안으로 도망쳐 나올 때 모세는 혼자였다. 오죽했으면 그가 십보라를 아내로 맞아 첫아들을 낳았을 때 그 이름을 "내가 타국에서 나그네가 되었음이라"(게르솜)라고 붙였었겠는가!(2:22) 그러나 지금 모세는 홀몸이 아니다. 모세에게는 지금 가족이 함께 있다. 게다가 이제 모세는 애굽에 있는 그의 형제들도 만나게 될 것이다(4:18a). 중요한 것은 하나님이 애굽 땅의 이스라엘을 가리켜서 "이스라엘은 내 아들 내 장자"라고 말씀하고 있다는 점이다(4:22). 이스라엘은 하나님이 그냥 "내 백성"(3:7, 10)이라고 부르는 존재가 아니다. 이스라엘은 하나님의 아들이다. 하나님은 이스라엘을 "내 아들 내 장자"라고 부르고 있다. 자기 아들들을 나귀 등에 태우고 애굽으로 내려가는 모세에게 하나님은 이제 곧 모세가 "하나님의 맏아들"인 이스라엘과 상봉하게 된다고 일깨워 주고 있다.

출애굽기 4:21-23은 애굽으로 향하는 모세에게 하나님이 건네시는 은밀한 가르침이다. 모세가 애굽으로 가는 길에 나서자 하나님이 모세에게 애굽에서 해야 할 일을 귀뜸해 주고 있다. 애굽에서 모세가 보게 될 비밀한 일을 알려주고 있다. 이것은 마치 "주는 그리스도시요 살아 계신 하나님의 아들이시니이다"(마 16:16)라고 베드로가 신앙고백을 한 이후부터 예수께서 예루살렘으로 가는 길에 나서시면서 "죽임을 당하고 제 삼일에 살아나야 할 것을 제자들에게 비로소 나타내시게"(마 16:21) 되는 이치와도 같다. 모세에게 밝힌 하나님의 비밀은 이것이다. 하나님의 장자 이스라엘을 애굽 땅에서 구출해내기 위해서 하나님은 애굽의 장자를 죽이실 것이다!(4:23) 죽어야 하는 생명이 있고, 살아야 하는 생명이 있다는 것이다.

하나님이 모세에게 주시는 이 가르침은 얼핏 역설이다. 한 아들(하나님의 아들 이스라엘)을 구출하기 위해서 다른 한 아들(애굽의 장자)을 죽이려고 하신다. 게다가 애굽 왕의 마음을 완악하게 하신 분은 어디까지나 하나님이시다(4:21). 그런데도 하나님은 "네가 (내 아들을) 보내 주기를 거절하니 내가 네 아들 네 장자를 죽이리라 하셨다 하라"고 이르신다 (4:23). 출애굽기 4:22-23에는 두 부류의 장자가 소개되어 있다. 하나님의 장자와 애굽 왕의 장자이다. 하나님의 장자는 구원받을 대상이고, 애굽 왕의 장자는 심판받을 대상이다. 하나님은 하나님의 장자를 구원하시기 위해서 애굽의 장자를 "죽이고자" 하신다. 애굽 땅에서 이스라엘 (하나님의 장자)이 얻게 될 구원은 애굽의 장자들에게는 심판이 된다. 하나님은 하나님의 장자(이스라엘)를 구원하시는 날, 모세가 태어나던 무렵 히브리 아기들을 나일 강에 던져 죽게 한(1:22) 사태의 책임을 애굽 왕에게 물으신다(참조, 12:29-36).[10] 이 땅의 만배는 모두 하나님의 것이다. 애굽 왕의 장자라도 바로의 것이 아니라 하나님의 것이다. 그래서 바로에게 이렇게 말하게 하신다. "내가 네게 이르기를 내 아들을 보내 주어 나를 섬기게 하라 하여도 네가 보내 주기를 거절하니 내가 네 아들 네 장자를 죽이리라 하셨다 하라 하시니라"(4:23).

4:24-26 애굽으로 돌아가는 모세에게 뜻밖의 사건이 터진다. 하나님이 그를 만나서 죽이려고 하신 것이다. 이 뜻밖의 사건은 앞의 출애굽기 4:20-23과 더불어 살펴야 한다. 두 본문 모두 길에서 일어난 일을 전하고 있다. "모세가… 애굽으로 돌아가는데"(4:20), "(모세가) 애굽으로 돌아가거든"(4:21), "모세가 길을 가다가"(4:24)라는 말들이 본문에 연거푸 등장하고 있다. 그뿐이 아니다. 4:19, 23, 24는 의도적으로 이런저런 죽음을 거론한다. "애굽으로 돌아가라 네 목숨을 노리던 자가 다 죽었느니라"(4:19), "내가 네 아들 네 장자를 죽이리라"(4:23), "여호와께서 그를 만나사 그를 죽이려 하신지라"(4:24). 출애굽기 4:24가 이해하기 어려운 것은 모세가 오랫동안 주저하다가 어렵게(?) 하나님의 뜻에 복종하여 애굽으로 돌아가는 길에 나섰는데. 그런 모세를 하나님이 만나자 죽이려고 하셨다고 전하기 때문이다.

> 모세가 길을 가다가 숙소에 있을 때에 여호와께서 그를 만나사 그를 죽이려 하신지라 십보라가 돌칼을 가져다가 그의 아들의 포피를 베어 그의 발에 갖다 대며 이르되 당신은 참으로 내게 피 남편이로다 하니 여호와께서 그를 놓아 주시니라 그 때에 십보라가 피 남편이라 함은 할례 때문이었더라(4:24-26)

하나님이 모세를 죽이려고 하셨다! 모세가 길을 가다가 어느 숙소에 머물러 있을 때에 하나님이 찾아 오셔서 모세를 죽이려고 하셨다! 왜 하나님은 갑자기 모세를 죽이려고 하셨을까?

출애굽기 4:24-26은 이해하기가 쉽지 않다. 4:24의 우리말 성경은 "모세가 길을 가다가 숙소에 있을 때에 여호와께서 그를 만나사 그를 죽이려 하신지라"고 밝혀 놓았다. 그러나 원문에서는 그냥 "그가 길가의 어떤 숙소에 머물러 있을 때에 야훼께서 그를 만나 죽이려고 하셨다"이다. 하나님이 누구를 만나시고 누구를 죽이려고 하셨는지가 분명하지 않다. 하나님이 맞닥뜨린 당사자가 모세인지, 모세의 아들인지, 아니면 또 다른 "그"인지가 분명하지 않다. 우리말 성경은 이 "그"를 출애굽기 4장의 맥락을 따라서 "모세"라고 밝혀 놓았다. 그렇다고 궁금증이 다 해소되는 것은 아니다. 아니, 오히려 증폭된다. 왜 하나님은 길에서 모세를 만났을 때 죽이려고 하셨을까?

본문은 모세가 파송지 애굽에 다다르기 전에 구비했어야 할 어떤 준비를 암시한다. 출애굽기 4:17, 20에 의하면 애굽으로 가는 모세의 손에는 하나님의 지팡이가 들려 있다. 그 지팡이를 잡은 모세의 손은 이제부터 하나님의 일을 하는 도구가 된다. 그러나 그것으로는 충분하지 않다. 손 아닌 발에도 어떤 준비가 있어야 한다.

출애굽기 4:25는 애굽으로 가는 십보라의 손에 들려 있는 돌칼을 전한다. 하나님이 모세를 죽이려고 하실 때 십보라가 그 돌칼로 그의 아들의 포피를 베어 모세의 발에 갖다 대면서 외친다. "당신은 참으로 내게 피남편이로다!" 십보라가 할례의 피를 모세의 발에 가져다 댐으로써 모세는, 모세라는 인격은 피 값을 주고 산 남편이 된다. 파송지 애굽에 당도하기 전에 모세는 피를 바름으로 새로워진 존재가 되어야 한다는 것이다. 애굽으로 내려가다 머문 어떤 "숙소"는 모세를 단련시키는 마지막 도장(道場)이 된다.

십보라가 할례의 피로 댄 "(모세의) 발"은 성기에 대한 완곡한 표현이다. 4:24-26에서 "발"은 "손"과 대응하는 위치에 있다. 모세의 손은 모세의 발과 짝을 이룬다. 모세의 손에는 하나님의 지팡이가 들려 있다. 모세의 발에는 할례의 피가 묻어 있어야 한다. 모세의 애굽행(行)이 개시되기 전 하나님은 모세에게 그 "손에 나병이 생겨 눈(흰색!) 같이"(4:6) 되는 이적을 보여주었다. "나일 강 물이 땅에서 피(붉은색)"로 변하는(4:9) 이적을 보여줄 것이라고 약속하셨다. 미디안 광야에서 하나님이 보여주셨던 이 두 색깔은 4:25에서도 드러난다. 여인의 "손"에 들린 "할례의 피"가 바로 그것이다. 모세는 그 손에 하나님의 지팡이를 들고 있는 것만으로는 부족하다. 모세는 그 발로, 그 걸음으로, 그 인격으로, 할례의 피가 이루는 하나님의 역사를 드러내야 한다.

피가 속죄를 이룬다(레 17:11). 하나님이 시내 산에서 이스라엘과 언약을 맺을 때에도 모세는 제물의 피를 가져다가 이스라엘 백성에게 뿌리면서 선포한다. "이는 여호와께서 이 모든 말씀에 대하여 너희와 세우신 언약의 피니라"(24:8). 모세는 그 아들의 할례의 피로써 구속(救贖)된 생명으로 구별된다. 십보라가 그 손에 들린 돌칼로 그 아들의 포피를 베어 모세의 발에 가져다 댄 일은 생명 구원에는 반드시 제물의 피가 있어야 한다는 것을 일깨워 주는 조치이다.[11] 그런 십보라의 동작을 보시고 모세를 죽이려고 덤비시던 하나님이 모세를 놓아 주게 된다. 십보라가 모세를 살려냈다! 또 한 번 모세가 여인의 신세를 졌다! 모세는 태어나면서부터 지금까지 여인들의 신앙, 여인들의 희생, 여인들의 헌신, 여인들의 결단으로 하나님의 사람이 될 수 있었다! 하와는 아담을 에덴 동산에서 쫓겨나게 하는 일에 일조하였지만, 십보라는 모세가 미디안 광야에서 애굽으로 돌아가는 길을 완주하게 하였다.

출애굽기 4:25에서 십보라는 민첩하다. 하나님의 위협을 눈치 챈 십보라는 "돌칼을 집어 들어 → 제 아들의 포피를 베고 → 그것을 그의 발에 갖다 대면서 → 당신은 나에게 피 남편입니다"라고 지체 없이 선언한다. 십보라의 동작이 쉴 틈 없이 이어지고 있다. 십보라는 왜 야훼 하나님이 모세를 죽이려고 덤비시는지를 묻지 않는다. 단지 행동할 뿐이다. 본문에는 십보라가 외친 말 외에 그 어떤 소리도 들리지 않는다. 갑작스레(!) 포피를 베인 아들의 울음도 없다. 하나님이 죽이려고 덤비시는 순간 모세의 입에서 터져 나왔을 비명(?)도 없다. 출애굽의 밤에 이스라엘이 유월절 양의 피를 자기 집 문설주에 발라야 되었듯이(12:7), 십보라는 제 아들의 포피를 희생삼아 얻은 피를 모세의 발에 가져다 댐으로 하나님이 드러내신 살기(殺氣)가 모세를 "넘어서게"(pass over) 한다.[12] 그날에 있을 출애굽의 유월절을 십보라 덕분에 모세가 미리 개인적으로 체험하고 있다.

십보라는 미디안의 제사장 이드로의 딸이다. 제사장의 딸 십보라는 하나님이 모세를 죽이려고 하셨던 의도를 피 흘림으로 막아내었다. 본문은 하나님이 모세를 죽이려고 하신 이유를 정확하게 소개하지 않는다. 다만 말할 수 있는 것은 십보라의 민첩하고도 과감한 결단으로 모세가 하나님의 위협으로부터 벗어났다는 점이다. 파송지 애굽에 이르기 전 모세는 죽음의 위협으로부터 해방되는 경험을 먼저 체득해야 한다. 다른 사람을 구원하기 전에 모세는 먼저 구원받음의 극적 감동을 누려야 한다. 해방자 모세가 먼저 자신이 죽음에서 해방되는, 죽음의 위협을 지나가도록 하는(pass over) 구원을 경험하는 것이다. 피 흘림이 모세를 죽음에서 건진 것이다. 그러니 모세는 십보라에게 "피 값을 주고 산 남편"이 된다. 어디 십보라에게뿐이겠는가? 모세는 애굽 땅의 형제들에게도, 아니 애굽 땅에 있는 이스라엘에게도 "피를 흘려서 얻은" 하나님의 사람이 된다. 대속의 피 없이는 누구도 하나님의 사명을 제대로 감당할 수 없다.

4:27-30, 31 모세의 가족 이야기가 모세의 형제 이스라엘 이야기로 바뀌고 있다. 모세의 아들들과 그 아내가 무대 뒤로 물러나고, 모세의 형제 아론과 애굽 땅에 사는 이스라엘 자손이 무대의 전면으로 나선다. 하나님이 아론에게 직접 말씀하신다. "광야에 가서 모세를 맞으라"(4:27). 아론에게는 그가 모세의 입이 되는 사명 말고도 모세를 에스코

트(escort)하는 사명도 주어진다. 아론은 가서 하나님의 산에서 모세를 만나 기쁘게 영접한다. 이제부터 모세는 하나님의 말씀을 전하는 선지자로 나선다. 모세는 하나님이 자기에게 분부하여 보내신 모든 말씀을 아론에게 알린다. 아론은 그가 들은 말씀을 다시 이스라엘 자손의 모든 장로에게 전달한다. 말씀만 전달하지 않는다. 모세는 하나님이 자기에게 명령하신 모든 이적을 아론에게 알린다. 아론은 하나님이 명령하신 이적을 백성 앞에서 행한다. 그 결과 애굽 땅의 이스라엘이 모세와 아론을 믿었다(4:31).

출애굽기 4:28-30은 만나고 알리고 전하는 모세와 아론의 발걸음을 전한다. 하나님 → 모세 → 아론 → 백성으로 내려오는 이스라엘 자손의 무늬가 여기에 드러나고 있다. 하나님의 뜻이 모세와 아론을 거쳐 이스라엘 백성에게까지 이어지고 있다. 모세가 전했다. 아론이 전달하였다. 그 결과 백성이 믿었다(봐야아멘 하암, 4:31). 백성이 모세의 말에 "아멘" 하고 대답하였다(4:31). 출애굽기 4장은 애굽 땅의 이스라엘이 모세를 믿지 못하게 될 것을 우려하는 모세의 걱정으로 시작되었다(4:1). 4장의 마지막은 모세의 우려를 단숨에 씻어내는 구절로 마감한다. "백성이 믿으며 여호와께서 이스라엘 자손을 찾으시고 그들의 고난을 살피셨다 함을 듣고 머리 숙여 경배하였더라"(4:31). 백성에 대한 불신이 백성의 신앙으로 바뀌었다. 백성이 "여호와께서 이스라엘 자손을 찾으시고 그들의 고난을 살피셨다"는 소식을 "듣고" 믿으며 엎드려 하나님께 경배하였다. 믿음은 들음에서 난다(롬 10:17).

출 5:1-6:1

모세, 바로 앞에 서다

출애굽기 5:1-6:1은 모세가 서 있는 자리에 따라서 둘로 나뉜다. 하나는 모세가 애굽 왕 바로와 대면하는 장면이다(5:1-21). 다른 하나는 모세가 하나님께 탄원하고 있는 상황이다(5:22-6:1). 전자는 "그 후에 모세와 아론이 바로에게 가서 이르되"(브악하르 바우 모쉐 베아하론, 5:1)라는 구절로 시작한다. 후자는 "모세가 여호와께 돌아와서 아뢰되"(봐야소브 모쉐 엘 야훼, 5:22)라는 말로 단락을 연다. "갔다"(보)와 "돌아왔다"(슈브)가 대조된다. 히브리어 동사 "보"(가다)와 "슈브"(돌아오다)가 모세의 동작을 이끌고 있다.

"가다"와 "돌아오다"라는 두 동사는 출애굽기 5:1-6:1의 무대를 바로 왕이 주도하는 현장(5:1-21)과 하나님이 계시는 자리(5:22-6:1)로 나누고 있다. 바로 왕이 주도하는 곳은 세속이다(5:1-21). 애굽 왕 바로는 세속도시의 신이다. 모세는 그 세속 한복판에서 하나님의 말씀을 선포한다. 바로는 모세가 선포한 하나님의 지시를 수용하지 않는다. 아니, 하나님의 지시와는 정반대되는 강압정책을 이스라엘의 노역 현장에 하달한다. 모세가 경험한 세속도시는 불의하다. 모세가 맞닥뜨린 세속의 정서는 반(反)하나님적이다. 모세가 헤쳐가야 할 세속의 정신은 반(反)생명적이다. 모세는 세속 현장에서 겪은 아픔을 가지고 하나님께 돌아온다(5:22-6:1). 하나님 앞에서 털어놓는 모세의 말은 탄원이다. "어찌하여"라는 말이 그의 입술을 주도하고 있다. 모세는 세속 현장에서 겪은 아픔을 하나님 앞에 털어놓고 있다. 모세에게 주시는 하나님의 말씀은 확고하다. 이스라엘이 당하는 학대를 하나님이 없애실 것이다. 세속현장의 반(反)신앙적 구조를 하나님이 꺾으실 것이다.

출애굽기 5:1-6:1이 소개하는 성속(聖俗)의 대조에서 속(俗)은 성(聖)의 뜻을 펼쳐가는 현장이다. 성은 속의 문제를 치유하는 자리이다. 세속에서 벌어지는 일이 보도된다(5:1-21). 모두 스물두 절에 걸쳐 거칠게 억압받는 이스라엘의 세상살이가 소개되고 있다. 반면 하나님 앞에서 가지는 시간은 짧다(5:22-6:1). 단 세 절이다. 그렇지만 모세는 그 짧은 만남에서 세상의 역경을 이기는 힘을 얻는다.

5:1-21 모세가 아론과 함께 바로에게로 간다. 모세는 아론과 함께 바로 앞에 서서 애굽 땅의 이스라엘에 관한 하나님의 계획을 선포한다. 이 일로 모세·아론과 애굽 왕이 서로 충돌한다(5:1-9). 모세가 간 곳은 애굽 왕의 궁정이다. 세속의 군주가 버티고 있는 곳이다. 애굽 왕 바로는 애굽 땅에서는 신으로 추앙받는다. 모세가 땅의 신으로 여겨지는 바로에게 가서 "내 백성을 보내라"는 이스라엘의 하나님 야훼의 메시지를 전한다.

> …이스라엘의 하나님 여호와께서 이렇게 말씀하시기를 내 백성을 보내라 그러면 그들이 광야에서 내 앞에 절기를 지킬 것이니라 하셨나이다… 히브리인의 하나님이 우리에게 나타나셨은즉 우리가 광야로 사흘 길쯤 가서 우리 하나님 여호와께 제사를 드리려 하오니 가도록 허락하소서 여호와께서 전염병이나 칼로 우리를 치실까 두려워하나이다(5:1, 3)

모세는 애굽 왕 앞에 예언자로 서 있다. "이스라엘의 하나님 여호와께서 이렇게 말씀하시기를"로 말문을 연다. 하나님의 말씀은 명령이다. 명령형(imperative)이다. "내 백성을 보내라(샬라흐 에트-암미) 그들이 광야에서 나를 위해 절기를 지키도록"(베약호구 리 밤미드바르, 5:1), 그렇지만 하나님의 말씀을 전달하는 모세의 입말은 청유형(cohortative)이다. 명령이 아니라 부탁이다. "우리가 광야로 사흘 길쯤 가서 우리 하나님 여호와께 제사를 드리려 하오니 가도록 허락하소서"(5:3). 보다 정확하게는 "광야에서 사흘 길쯤 가도록 허락하소서"(넬라카 나 데레크 쉘로쉐트 야임 밤미드바르)이다.

모세는 바로와의 첫 대면에서 상당히 공손(?)하다. 이스라엘 자손이 광야로 나가도록 허락해 달라고 바로에게 간청하고 있다. 하나님이 하신 명령형 어법이 모세의 입술에서는 간구형(cohortative) 어법으로 바뀌고 있다. 하나님의 말씀은 바로 전해야 한다. 말씀의 내용만이 아니라 말씀의 감(感)도 바로 전해야 한다. 그것이 선지자의 사명이다. 그것이 신앙인의 사명이다. 그것이 교인의 사명이다.

바로는 모세의 요청을 단번에 거절한다. 바로는 이스라엘의 하나님을 알지 못한다. 알지 못하기에 하나님의 백성 이스라엘을 애굽 땅에서 내보내려고 하지 않는다(5:2). 이스라엘을 내보지 않을 뿐더러 이스라엘에게 더 심한 강제노동을 시키라고 명령한다. 애굽 왕은 모세와 아론의 요청을 "백성의 노역을 쉬게 하려는" 속임수로 여겼다(5:4-5). 그래서 이스라엘 백성을 부리는 "감독들"과 "기록원들"에게 더 기혹한 명령을 내린다. 이스라엘 자손이 쉬겠다는 소리를 하지 못하도록 "그 사람들의 노동을 무겁게"(5:9) 하라고 엄히 명령한다. 벽돌 생산량은 그대로 두면서도 벽돌을 만드는 데 쓰는 짚을 이제부터는 더 이상 대주지 말라고 지시한다. 이 명령(5:6-9)은 "내 백성을 보내라"는 하나님의 명령에 정면으로 맞서는 조치이다. 애굽 왕 바로가 하늘과 땅의 왕 하나님께 맞서고 있다.

출애굽은 애굽 땅을 벗어나는 길이다. 헬라어 엑소도스(exodus)는 "에크"(나온다, 떠난다)라는 접두어와 "호도스"(길)라는 명사가 합쳐진 말이다. 문자 그대로 엑소도스는 길을 떠나는 행진이다. 옛 길을 버리고 새 길을 찾아 떠나는 행진이다. 옛 삶을 버리고 새 삶을 찾아 나서는 행진이다. 옛 가치를 버리고 새 가치를 찾아 나서는 행진이다. 출애굽은 "~로부터 벗어나는 탈출"이 아니라 "~을 향하여 나아가는 행진"이다. 엑소도스는 애굽 왕 바로가 지배하는 곳을 떠나서 하나님을 예배하는 곳으로 나아가는 행진이다. 바로를 섬기던 자들이 하나님을 섬기려 하는 행진이다. 엑소도스는 경건운동이다. 그릇된 신앙을 버리고 참된 믿음을 찾아서 나아가려는 경건운동이다. 이런 경건운동을 이 땅에서 이루기는 쉽지 않다. 훼방하는 세력이 있기 때문이다. 방해하는 자들이 있기 때문이다. 바로 왕의 명령이 바로 그것을 보여준다.

출애굽기 5:10-21이 묘사하는 이스라엘의 처지는 거칠고 힘든 세상살이이다. 억압받는 세상이다. 무시당하는 세상이다. 하나님의 백성 이스라엘이 애굽 땅에서 온통 멸시를 받고 있다. 매를 맞고 있다. 5:10-21에서 가장 많이 반복되는 단어는 "벽돌"과 "짚", "감독들"과 "기록원들"이다. 그들의 일상은 노역이다. 벽돌 만드는 작업이다. 모세와 아론이 애굽 왕 바로와 대면(5:1-9)한 뒤로부터 벽돌 만드는 현장에는 더 무거운 짐이 부과되었다. 이스라엘은 벽돌을 만드는 데 드는 짚도 스스로 찾아내어 벽돌을 만들어야 한다(5:7-8, 10-11, 13-14, 16, 18). 바로의 궁정에서 있었던 충돌의 파장이 고스란히 노역 현장에 전가되고 있다.

본문에서 이스라엘은 심한 노역에 시달리고 있다. 작업반장격인 "이스라엘 자손의 기록원들"에게 시달리고, "감독들"(강제 노동 감독관들)에게 시달리며, 나아가 애굽 왕 바로에게 시달리고 있다. 출애굽기 5장에서 이스라엘은 "히브리인"이다. 천대받는 사람들이다(5:3). 노역에 눌려 사는 사람들이다. 애굽 왕 바로에게 매여 있는 자들이다. 그들의 일상은 벽돌 찧기이다. 진흙과 돌을 찾는 삶을 일상의 일과로 채우고 있다. 그마저도 사정이 더 악화되었다. 이제는 아예 짚을 찾아 줍는 자들이 되었다. "곡초 그루터기"를 거두어들이는 자들이 되고 말았다(5:12). 지푸라기를 줍는 자들이 되고 말았다. 이 매임에서 벗어나야 한다. 이 초라함에서 벗어나야 한다. 엑소도스가 그 처방이다. 하나님의 말씀이 그 대안이다. 엑소도스는 오늘도 일어나야 한다. 세상에 매이지 않고 은총을 누리게 하는 엑소도스는 오늘 세상에서도 일어나야 한다.

5:22-6:1 모세가 하나님께로 돌아가서 입을 연다. 모세가 하나님께 드리는 말(5:22-23)은 두 가지 성격을 지녔다. 하나는 세속 현장에서 본

학대를 하나님께 보고하는 것이고, 다른 하나는 하나님께 드리는 탄원(lament)이다. 전자에서는 "이 백성이 겪는 학대"(하레오타 라암 핫쩨, 5:22; 헤라 라암 핫쩨, 5:23)가 두 번 강조된다. 후자에서는 "어찌하여"(람마)라는 말이 두 번 강조된다. "어찌하여 이 백성이 학대를 당하게 하셨나이까 어찌하여 나를 보내셨나이까"(5:22). 모세가 괴로운 것은 그가 바로에게 하나님의 이름으로 말한 뒤부터 바로가 이스라엘을 더욱 괴롭히고 있다는 현실이다. 하나님의 말씀(6:1)은 모세의 괴로움에 대한 하나님의 응답이다. 이스라엘이 당하는 학대를 본 모세에게 이제 하나님이 바로에게 하실 일을 보게 되리라고 대답하신다. 두 번씩이나 "어찌하여"라고 외친 모세에게 하나님도 두 번에 걸쳐 "강한 손으로"(베야드 하짜카) 이루실 역사를 다짐하신다. "강한 손으로 말미암아 바로가 그들을 보내리라 강한 손으로 말미암아 바로가 그들을 그의 땅에서 쫓아내리라"(6:1).

출 6:2-7:7
하나님이 모세에게, 모세가 하나님께

출애굽기 6:2-7:7은 다시 한 번 하나님이 누구이신지, 모세는 누구인지를 되새기게 한다. 바로와의 첫 번째 대면에서 패배의 쓴잔을 맛본 모세가 하나님께 탄원(5:22-6:1)하자, 하나님이 모세에게 말을 거신다. 하나님의 말씀은 하나님이 누구이신지를 새삼 다짐하시는 말씀으로 채워진다(6:2-9). 이어서 하나님의 부르심을 받는 모세가 인간적으로는 어떤 인물인지를 다시금 소개하고 있다(6:10-7:7).

출애굽기 6:2-7:7에서 중요 역할을 하는 단어는 "알다"(야다)이다. 즉 "알게 하다"이다(6:3, 7; 7:5). "(나는) 너희를 내 백성으로 삼고 나는 너희의 하나님이 되리니 나는 애굽 사람의 무거운 짐 밑에서 너희를 빼낸 너희의 하나님 여호와인 줄 너희가 알지라"(6:7). "내가 내 손을 애굽 위에 펴서 이스라엘 자손을 그 땅에서 인도하여 낼 때에야 애굽 사람이 나를 여호와인 줄 알리라"(7:5). 본문의 전반부는 하나님이 어떤 분이신지를 알린다(6:2-9). 본문의 후반부는 모세가 어떤 인물인지를 일깨워 준다(6:10-7:7). 하나님을 알고, 모세를 알고! 우리는 알아야 한다. 하나님을 알아야 한다(참조, 호 6:3; 비교, 엡 1:17). 나를 알아야 한다. 나의 나 됨을 알아야 한다. 거기에서 위기는 기회로 바뀐다. 실패의 쓰라림은 나의 나 됨을 되돌아보게 하는 기회이다. 내가 감당해야 할 사명이 무엇인지를 되새기게 한다. 모세가 애굽 왕 바로와의 첫 대면에서 맛본 쓰라림으로부터 부르심을 되새기게 되는 것은 이 때문이다.

6:2-9 하나님이 누구이신지를 모세에게 다시 한 번 말씀하신다. "나는 여호와이니라 내가 아브라함과 이삭과 야곱에게 전능의 하나님으로 나타났으나 나의 이름을 여호와로는 그들에게 알리지 아니하였고"(6:2-3). 모세와의 첫 만남에서 하나님은 "스스로 있는 자"로 소개되었다(3:14). 그 하나님이 이번에는 자기 이름을 "여호와"라고 일러주신다.

출애굽기 6:2-9는 모세의 탄원(5:22-23)에 대한 하나님의 대답이다. 모세는 앞서 "주여(아도니) 어찌하여 이 백성이 학대를 당하게 하셨나이까"(5:22)라고 탄원하였다. "내가 바로에게 들어가서 주의 이름으로 말한 후로부터 그가 이 백성을 더 학대하며 주께서도 주의 백성을 구원하지 아니하시나이다"(5:23)라고 울부짖었다. 우리말 성경에서 "주"로 번역된 단어는 원어에서는 처음에는 "주"(아도니)였으나, 그 다음부터는 그냥 "당신"(2인칭 남성 단수)이다. "당신의 이름으로"(비쉠카) 바로에게 말한 뒤로, "당신의 백성(암메카)을 구원하지 아니하시나이다"이다. 그러니까 출애굽기 6:2-9는 모세가 "주"라고, "당신"이라고 부른 하나님이 "나는 여호와니라"(아니 야훼)라고 응답하시는 장면이다. 애굽 왕 바로를 만나고 나서 괴로워하는 모세에게 하나님은 모세를 바로에게 보내신 하나님이 누구이신지를 분명하게 가르쳐 준다. 이런 장면은 바벨론 포로기(기원전 587-538) 시절 절망에 매여 살던 이스라엘에게 하나님이 그 이름을 알려주시는 장면과도 흡사하다. "나 여호와가 의로 너를 불렀은즉 내가 네 손을 잡아 너를 보호하며 너를 세워 백성의 언약과 이방의 빛이 되게 하리니… 나는 여호와이니 이는 내 이름이라 나는 내 영광을 다른 자에게, 내 찬송을 우상에게 주지 아니하리라"(사 42:6, 8; 비교, 사 41:4; 44:6). 이사야가 전하는 하나님의 이름은 바벨론의 멍에에서 벗어나기를 바라는 자들에게 주는 해답이다. 하나님이 모세에게 그 이름을 다시 알려주시는 것도 모세가 지금 좌절하고 있기 때문이다. 하나님이 누구이신지를 바로 알 때 하나님의 사람은 그 위기에서 벗어날 수 있다.

이스라엘의 조상에게 나타나신 하나님은 원래 "전능의 하나님"(엘 샤다이)이었다(6:3; 참조, 창 17:1). 전능하신 하나님으로 나타나셔서 아브라함·야곱과 언약을 맺으셨다. 땅을 주기로 약속하셨다(6:4; 참조, 창 17:2-8; 35:9-11). 하나님이 그 언약을 기억하면서 말씀하신다. "나는 여호와라 내가… 너희를 속량하여 너희를 내 백성으로 삼고 나는 너희의 하나님이 되리니…"(6:6, 7). 조상들에게 다짐하셨던 언약을 야훼 하나님이 성취하신다. "엘 샤다이"(전능하신 하나님)로 나타나셨던 하나님은 사실은 "야훼"(여호와) 하나님이시다. 조상들에게 나타나실 때 하나님은 아브라함과 야곱의 이름을 새로 지어주셨다. 아브람을 아브라함으로, 야곱을 이스라엘로 바꾸어 부르셨다(창 17:5; 35:10). 전능하신 하나님을 만나는 순간 옛 사람은 가고 새 사람이 된다(고후 5:17). 그랬던 하나님이 출애굽기 6장에서는 자기 이름을 새롭게 하신다.[13] 모세의 이름을 바꾸신 것이 아니다. 자기 이름을 "엘 샤다이"에서 "야훼"로 새롭게 알려주신다. 그러면서 "애굽 사람의 무거운 짐 밑에서" 살던 이스라엘 자손을 약속의 땅에서 자유인으로 사는 이스라엘로 바꿔 주신다.

창조주 하나님은 "엘로힘"(하나님)으로 나타나셨다(창 1:1). 언약의 하나님은 "엘 샤다이"로 나타나셨다(창 17:1). 구원의 하나님은 "야훼"(여호와) 하나님으로 나타나신다. "나는 여호와라"(6:6a)라고 선포하시는 하나님이 출애굽기 6:6b-8에서 "너희" 이스라엘에게 무엇을 다짐하시는가? "너희를 빼내며", "너희를 건지며", "너희를 속량하여", "너희를 내 백성으로 삼고", "너희 하나님이 되고", "너희를 인도하고", "너희에게 주어 기업을 삼게" 하시리라! 몇 가지를 약속하시는가? 7가지이다. 천지창조 때 7일 동안 세상을 지으셨듯이(창 1:1-2:3), 제7일에 모세를 시내 산꼭대기로 오르게 하시듯이(24:16), 예배 달력의 중심이 일곱 번째 날, 일곱 번째 달이듯이(레 23:3, 23), 하나님의 속성이 7가지로 소개되고 있다. 야훼 하나님은 하나님의 백성을 위하여 일하시는 분이다. 역사 속에서 구속사를 역사(役事)하시는 분이다. 모세가 "주여"라고 고백하는 하나님이 바로 이 하나님이다. 이스라엘은 이 야훼 하나님의 목소리를 들어야 한다(비교, 6:9). 이 야훼 하나님을 이 땅의 사람들이 주님으로 힘차게 고백해야 한다(비교, 마 16:13-16). 거기에서 야훼 하나님의 구속사가 오늘 새롭게 다시 이 땅에서 전개될 것이다.

6:10-7:7 하나님이 누구이신지에 대한 소개에 이어서 모세가 어떤 인물인지가 소개된다. 하나님은 모세를 하나님의 선지자로 이 땅에 파송하신다(6:11, 13). 그 소명 앞에서 모세는 "나는 입이 둔한 자니이다"(6:12)라고 주저한다. 인간됨에서 모세는 모자라는 사람이다. 출애굽기 6:14-27의 족보는 이런 모세에게 작용하였던 하나님의 섭리를 밝혀 준다.

구약성경에서 족보는 역사를 설명하는 방식이다. 족보를 이해하기 위해서는 그 명단 맨 나중에 소개된 사람에게 주목해야 한다. 6:14-25의 족보에서 맨 나중에 소개되는 사람은 비느하스이다. 비느하스는 레위의 6대 손이다. 레위 → 고핫 → 아므람 → 아론 → 엘르아살 → 비느하스로 이어지는 족보가 소개되고 있다. 왜 비느하스일까? 본문은 거기에 대해 아무 말도 하지 않는다. 하나님의 구속사가 그 해답을 대신한다. 비느하스는 모압 땅에 당도한 이스라엘이 바알브올 숭배에 빠지게 될 때 그 주동자를 신속·과감하게 적발하여 처단하는 일에 쓰임 받는 주인공이다(민 25:1-9). 하나님의 구속사에서 비느하스는 이스라엘 자손이 하나님 외 다른 신을 섬기는 것을 용납하지 않았던 장본인이다. 그런 식으로 비느하스는 이스라엘 자손의 죄를 속해 준다(민 25:13). 하지만 본문의 참 의도는 비느하스나 "아론의 자손 제사장"(Aaronites)의 뿌리를 밝히는 데 있지 않다(비교, 28:1). 본문은 레위에서 비느하스에 이르는 레위 가문의 열매가 아론과 모세임을 밝히려고 한다.

> 이스라엘 자손을 그들의 군대대로 애굽 땅에서 인도하라 하신 여호와의 명령을 받은 자는 이 아론과 모세요 애굽 왕 바로에게 이스라엘 자손을 애굽에서 내보내라 말한 사람도 이 모세와 아론이었더라(6:26-27)

"아론과 모세"(6:26), "모세와 아론"(6:27)은 출애굽을 이끌도록 하나님이 세우신 사람들이다. "이스라엘 자손을 그들의 군대대로(알-치브오탐)" 애굽 땅에서 인도하여 낼 사명이 그들에게 주어졌다. 그들은 군대를 이끄는 지도자와도 같다. 이 지도자들이 족보에서는 "아론과 모세" 순이다. 출애굽의 리더십에서는 모세 → 아론 순이다.

본문의 족보에서 레위 가문은 게르손과 고핫과 므라리를 중심으로 이어진다(6:16-19; 비교, 민 26:57-58). 눈여겨볼 것은 "레위의 아들들"(6:16)이 소개되기 전에 르우벤 가족과 시므온 가족이 먼저 소개되고 있다는 점이다(6:14-15). 우리말 성경 출애굽기 6:14-15는 원문에서는 "이들은 그 조상집(베트-아보탐)의 어른들이다. … 르우벤의 아들들은… 이들은 르우벤의 가족들(미쉬펙호트)이다. 시므온의 아들들은… 이들은 시므온의 가족들(미쉬펙호트)이다"이다. 우리말 성경은 히브리어 "베트-아보탐"을 "조상을 따라/따른 집"으로 번역하면서 히브리어 "미쉬파하"("미쉬펙호트"는 복수형)를 처음에는 "(르우벤의) 족장"으로, 나중에는 "(시므온의) 가족"으로 옮겨 놓았다. 이 두 용어는 6:25에도 나온다. "이들은 레위 사람의 조상을 따라 가족의 어른들이라." 다르게는 "그 가족들에 따른 레위 집안의 어른들이다"(엘레 로쉐이 아보트 할레비임 레미쉬펙호탐, 새번역에서는 "이들이 다 가문별로 본 레위 일가의 조상이다").

히브리어 "베트-아보트"(조상을 따른 집)는 이스라엘/유다 왕국이 망한 뒤 여기저기 흩어져 살던 이스라엘 자손을 가족 단위로 일컫는 말로 간주된다. 경우에 따라서는 성전을 중심으로 모여 살던 가족 단위를 일컫는 명칭으로 보기도 한다.[14] 그럴 경우 6:14-15에 소개된 르우벤·시므온의 가족들은 6:16-25에 소개된 레위의 가족들과 한데 모여 살던 집안이 된다. 야곱의 처음 세 아들인 르우벤, 시므온, 레위의 가족들(미쉬텍호트)이 한데 모여 출애굽의 역사를 이루는 가문(베트 아보트)이 되었다는 것이다.

하나님은 아론과 모세가 태어나기 전부터 그들을 "레위 일가의 조상"이 되도록 작정하고 계셨다. 6:14-25의 족보의 명단과 거기에 딸린 족보의 의미(6:26-27)가 그것을 드러낸다. 하나님은 모세에게 선지자의 사명을 다하라고 거듭 주문하신다(6:28-29). 모세는 여전히 "나는 입이 둔한 자"라고 항변한다(6:30). 하나님의 대안은 모세의 형 아론을 모세의 대언자로 삼으시는 것이다. 하나님은 모세 홀로 내보내지 않는다. 아론과 묶어서(!) 내보내신다(비교, 눅 10:1-3). 하나님이 계획하시는 출애굽은 애굽에게는 심판이 되고, 하나님의 백성 이스라엘에게는 축복이 된다(7:5). 출애굽을 통해서 온 누리가 하나님이 "야훼"(여호와)이신 줄 알게 되리라. 모세에게 자기를 알리신 하나님이 이번에는 온 애굽에게 하나님이 여호와(야훼)이신 것을 알게 하실 것이다. 모세는 하나님이 말씀하신 대로 실행하였다. 그때 모세는 80세였고, 아론의 나이는 83세였다(7:7).

1) Fretheim, *Exodus*, 51; 비교, Dozeman, *Exodus*, 112-115.
2) Dozeman, *Exodus*, 117-118, 122.
3) 참조, R. J. Clifford, *The Cosmic Mountain in Canaan and the Old Testament* (Cambridge: Harvard University Press, 1972), 100-110.
4) Fretheim, *Exodus*, 55.
5) Fretheim, *Exodus*, 57-58.
6) 예를 들어 B. S. Childs, *The Book of Exodus: A Critical, Theological Commentary* (Philadelphia: Westminster, 1974), 60-70을 보라.
7) "에흐예 아쉐를 에흐예"를 사역형으로 읽은 대표적인 선구자는 올브라이트이다. W. F. Albright, "The Name Yahweh," *JBL* 43(1924), 370-378; D. N. Freedman, "The Name of the God of Moses," *JBL* 79(1960), 151-156.
8) Dozeman, *Exodus*, 135.
9) Dozeman, *Exodus*, 153-154.
10) Fretheim, *Exodus*, 141.
11) Fretheim, *Exodus*, 78-79.
12) Fretheim, *Exodus*, 79.
13) Dozeman, *Exodus*, 166.
14) J. Weinberg, *The Citizen-Temple Community*, JSOTSup 151(Sheffield: Sheffied Academic, 1992); Dozeman, *Exodus*, 173-174.

"그 날에 여호와의 군대가 다 애굽 땅에서 나왔은즉"

출 7:8–13:16

출애굽기 7:8-13:16은 하나님과 바로의 대결을 전한다. "거룩한 전쟁" 으로 여겨지는 대결이 여기에 소개되고 있다.[1] 이 대결에서 모세와 아론은 하나님의 대리인(agent)이다. 모세가 "내 백성을 보내라"는 하나님의 명령을 바로에게 전달하면서부터 싸움이 벌어진다. 그 대결이 벌어지는 현장은 애굽 땅이다. 모세와 아론이 바로와 첫 대면하는 장면(7:8-13)에서부터 시작된 그 대결은 이스라엘이 애굽 땅을 박차고 나서는 순간(12:37-13:16)까지 계속된다.

하나님이 바로를 꺾고자 택하신 수단은 "이적"이다. 하나님은 바로에게 "이적"을 보여주면서 하나님이 누구이신지를 알게 하고, 이스라엘을 그 땅에서 인도하여 내고자 하신다. "이적"/"표징"(오트, 4:17; 7:3; 8:23; 10:1-2)이나 "기적"/"이적"(모페트, 4:21; 7:3, 9; 11:9-10)은 애굽을 심판하고 이스라엘을 인도하여 내는 수단이다. 그 심판의 서막은 아론의 지팡이가 뱀이 되는 이적으로 열린다(7:8-13). 뒤를 이어 열 가지 재앙기사가 나오고(7:14-12:36), 마침내 애굽 땅을 떠나는 이스라엘의 행진이 보도된다(12:37-13:16).

출애굽기 7:8-13:16의 중심은 열 가지 재앙 기사이다(7:14-12:36). 그 서막이 아론이 보여주는 지팡이/뱀이고(7:8-13), 그 종막이 이스라엘의 출애굽 행진이다(12:37-13:16). 이 기사가 전하는 열 가지 재앙은 다음과 같다. (1) 나일 강물이 피로 변하다(7:14-25). (2) 애굽의 온 땅이 나일 강에서 튀어나온 개구리로 덮이다(8:1-15; 7:26-8:11[H]). (3) 땅의 티끌이 이로 변하다(8:16-19; 8:12-15[H]). (4) 온 집에 파리 떼가 가득하다(8:20-32; 8:16-28[H]). (5) 온 가축이 악질에 걸려 죽다(9:1-7). (6) 재가 독종이 되다(9:8-12). (7) 우박이 온 땅을 치다(9:13-35). (8) 메뚜기가 온 지면을 뒤덮다(10:1-20). (9) 흑암이 온 애굽을 뒤덮다(10:21-29). (10) 처음 난 것들이 죽임을 당하다(12:29-36). 이 재앙들은 모두 "하나님이 여호와인 줄을 알게 하고자" 하나님이 애굽 사람에게 보여주시는 "표징"이다(10:1-2). 세상에 하나님 같은 자가 없음을 알게 하려고 하나님이 일으키시는 "재앙"이다(9:14; 11:1). 하나님이 애굽 땅에서 행하신 "기적"(11:9, 10)이다. 하나님이 "치고"(8:2; 12:29; 비교, 7:17b; 8:16) "보내고"(8:21), "있게 하고"(9:3; 10:21), "생기게 하고"(9:10), "내리고"(9:18), "불러들이고"(10:13; 비교, 10:4-5), "죽이는"(11:4-5) 재앙이다. 이 하나님의 역사(役事)를 두고 이스라엘 신앙은 하나님이 강하고 크신 팔로 이스라엘을 애굽에서 이끌어내셨다고 기억한다(참조, 시 78; 105편).

열 가지 재앙 기사(7:14-12:36)는 대체로 세 재앙을 한 사이클(cycle)로 간주하는 방식으로 다루어졌다.[2] 사실 열 가지 재앙 기사는 그 재앙의 소재만 하나씩 바꿔갈 뿐 이야기의 형식·주제·배경 등에서 대체로 비슷하다. 하나님이 모세·아론에게 명령하고 → 모세·아론이 그 명령을 실행하고 → 재앙이 일어나고 → 거기에 대해 바로가 반응하는 방식으로 진행된다. 이 기사는 모두 "내 백성을 보내라 그러면 그들이 광야에서 나를 섬길 것이니라"(7:16; 8:1, 20; 9:1, 13; 10:3)는 하나님의 지시에 바로가 정면으로 맞서면서 야기한 사태를 다룬다.

열 가지 재앙 기사를 포함한 7:8-13:16은 하나의 내러티브(narrative)를 이룬다. 내러티브는 사람·삶·세계를 이해하고 해석하는 수단이다. 사람은 누구나 이야기를 구상하고, 그것을 스토리로 엮어서 자신과 자신의 세계를 풀어나간다. 7:8-13:16도 내러티브 형식으로 출애굽 시대의 역사·신앙·세계 등을 설명하고 있다. 그 내러티브에 삶이 담겨 있다. 그 삶이 내러티브를 닮는다.

출애굽기 7:8-13:16을 하나의 내러티브로 읽을 때 그 짜임새(plot)는 다음과 같다. 발단(7:8-13) → 전개(7:14-9:7) → 위기(9:8-11:10) → 절정(12:1-36) → 결말(12:37-13:16). 이야기의 발단은 모세·아론과 바로의 첫 대면이다. 이 대면은 수포로 끝난다(7:13). 이어지는 이야기의 전개(7:14-9:7)는 "바로의 마음이 완강하여"(7:14; 8:12, 19, 32; 9:7) 바로가 이스라엘을 내보내기를 거절하는 사건들로 채워진다. 열 가지 재앙 중 처음 다섯 개가 여기에 속한다. 이 이야기의 처음과 마지막은 같은 말로 시작해서 같은 말로 끝난다. "여호와께서 모세에게 이르시되 바로의 마음이 완강하여 백성을 보내기를 거절하는도다"(7:14). "…그러나 바로의 마음이 완강하여 백성을 보내지 아니하니라"(9:7).

여기에서부터 출애굽기의 재앙 기사는 "여호와께서 바로의 마음을 완악하게 하셨으므로 그들의 말을 듣지 아니하였으니 여호와께서 모세에게 말씀하심과 같더라"(9:12; 10:1, 20, 27; 11:10)는 이야기로 채워진다. 처음 다섯 재앙이 바로가 그 마음이 완악하여 모세·아론의 말을 듣지 않았다는 소리로 끝났다면, 나중 다섯 재앙은 하나님이 바로의 마음을 완악하게 하셨기에 바로가 모세·아론의 말을 듣지 않았다는 말로 끝난다. 이처럼 재앙 기사는 그 재앙에 대한 바로의 반응을 나타내는 방식에서 크게 둘로 구분된다. 여기에 예외가 하나 있다. 일곱 번째 재앙 기사 (9:13-35)는 "하나님이 바로의 마음을 완악하게 하셨다"가 아니라 "바로의 마음이 완악하여 이스라엘 자손을 내보내지 아니하였으니"(9:35)로 끝난다. 하지만 이 예외는 여섯 번째에서 열 번째에 이르는 재앙 이야기의 틀에서 바로 새겨야 한다. 여섯 번째 재앙 기사에서 열 번째 재앙 기사에 이르기까지 본문은 "…여호와께서 바로의 마음을 완악하게 하셨으므로 그가 이스라엘 자손을 그 나라에서 보내지 아니하였더라"(11:10)와 같은 후렴구를 5번 반복한다(9:12; 10:1, 20, 27; 11:10). 하나님이 바로의 마음을 완악하게 하셨다는 것이다. 이것은 바로에 대한 하나님의 심판을 나타낸다(참조, 시 81:11-12).[3]

출애굽기 7:8-13:16에서 이야기의 절정(12:1-36)은 애굽 땅을 떠나는 이스라엘의 준비에 해당된다. 그 준비는 절기예식으로 채워진다. 첫 유월절·무교절에 대한 규례와 그에 따른 실천을 전하고 있다. 출애굽의 첫 발걸음을 떼는 시간은 이스라엘에게는 한 해의 첫째 달이 된다(12:2). 이제부터 이스라엘은 출애굽의 날을 기념하여 하나님 앞에서 "절기"를 지켜야 한다(12:14). 그날을 기억하는 거룩한 모임을 영원히 이어가야 한다(12:16-17). 온 이스라엘 자손이 그 명령대로 하였다. 그 결과가 이야기의 대단원(12:37-13:16)으로 나타난다. 애굽 땅을 떠나 광야로 향하는 이스라엘의 여로(旅路, itineraries)가 비로소 소개되는 것이다.[4] "이스라엘 자손이 라암셋을 떠나서 숙곳에 이르니 유아 외에 보행하는 장정이 육십만 가량이요"(12:37). "…이는 여호와께서 그 손의 권능으로 우리를 애굽에서 인도하여 내셨음이니라"(13:16). 이스라엘 자손이 라암셋을 떠나 숙곳에 이르니! 이스라엘이 드디어 행진에 나서고 있다. "여호와께서 이스라엘 자손을 그 무리대로 애굽 땅에서 인도하여" 내신 것이다(12:51; 참조, 12:42, 13:16; 비교, 13:3, 5, 9, 14).

바로의 요구, "너희는 이적을 보이라"

재앙 기사의 서막은 아론의 지팡이가 뱀이 되는 이적으로 시작한다. 이 이적은 바로의 요청으로 제시된다. "여호와께서 모세와 아론에게 말씀하여 이르시되 바로가 너희에게 이르기를 너희는 이적(모페트, wonder)을 보이라 하거든…"(7:8-9a). 하나님이 모세와 아론을 바로에게 보내시면서 바로가 이적을 요청할 것이라고 예측하고 있다. 하나님의 말씀 속에서 인용된 바로의 어투는 단호하다. "제시하라, 너희를 위하여 이적을"(테누 라켐 모페트, 새번역에서는 "바로가 너희에게 이적을 보여 달라고 요구하거든). 아론의 지팡이가 뱀이 되는 이적은 애굽 왕 바로의 요구로 시작된다. 이에 비해서 7:14-12:36에 소개되는 열 가지 재앙은 하나님의 주도로 진행된다. 아론의 지팡이가 뱀이 되는 이적(7:9-10)과 그 뒤에 소개되는 열 가지 이적(7:14-12:36)은 이 점에서 그 모티프가 서로 다르다. 전자는 바로의 요구로 제시되었으나, 후자는 하나님의 지시로 제시되었다.

아론이 바로와 그 신하 앞에 지팡이를 던지니 그 지팡이가 "뱀"이 되었다(7:10). 여기 "뱀"은 히브리어로 "탄닌"이다. 이것은 앞서 모세가 지팡이를 땅에 던졌을 때 변했던 "뱀"(낙하쉬, 4:3)과 명칭이 다르다. "낙하쉬"는 그냥 땅에 기어 다니는 뱀(snake)이다. 이에 비해 히브리어 "탄닌"은 "스네이크"(snake)보다는 큰 뱀(serpent)이다. 보다 정확하게는 "바다에 사는 큰 뱀"(sea dragon)이다.[5] 구약성경에서 탄닌은 "큰 바다 짐승"(창 1:21), "바다 괴물"(욥 7:12), "뱀 리워야단"(사 27:1), "용"(사 51:9)을 가리킨다. 어의(語義) 상 탄닌은 히브리어 "테홈"(혼돈)과 연결된다. 이스라엘의 시인은 창세기 1장과는 다르게 하나님이 천지창조 때 "리워야단"의 머리를 깨부수셨다고 찬양한다(시 74:12-14). 창조주 하나님이 혼돈(chaos)을 바꾸어 창조세계(cosmos)가 되게 하셨다는 것이다.

　모세의 지팡이에서 변한 뱀(4:3)은 아론이 바로 왕 앞에 던진 지팡이/뱀(7:10b)과는 명칭에서 다르다. 아론의 지팡이에서 변한 뱀의 명칭이 모세의 것보다 더 위협적(?)이다. 다 같은 뱀인 데도 모세의 지팡이가 보여준 뱀은 히브리어로 "낙하쉬"이고, 아론의 지팡이가 보여준 뱀은 히브리어로 "탄닌"이다. 왜 그럴까? 두 가지를 추측해 볼 수 있다. 우선, 모세의 지팡이가 뱀이 된 이적은 이스라엘 자손에게 보여주기 위한 것이었다. 모세의 말을 신뢰하지 못할 이스라엘 자손에게 하나님이 보여주라고 제시한 표적(오트, sign)이 바로 모세의 지팡이가 뱀이 되는 일이었다(4:1-4). 그러나 아론의 지팡이가 뱀이 되는 이적은 이스라엘 자손이 아닌 애굽 왕과 그 신하들에게 보여주는 이적(모페트, wonder)이다. 이스라엘 백성에게는 지팡이가 뱀으로 변신하는 표적으로도 충분하였다. 하지만 애굽 왕에게는 지팡이가 뱀이 되는 이적의 결과가 파멸/혼돈(chaos)이라는 것을 보여주어야 했다. 그랬기에 아론이 던진 지팡이는 "낙하쉬"가 아니라 혼돈(chaos)을 일으키는 짐승인 "탄닌"이었을 것이다. 또 하나, 에스겔 29:3-7에서 애굽의 바로 왕이 "탄닌"(핫탄니임 학가돌, "큰 악어")이다. 그렇지만 그 애굽은 이스라엘 자손에게는 "갈대 지팡이"에 지나지 않았다(겔 29:6). 아론이 바로 앞에 던진 지팡이가 "탄닌"(뱀)으로 변했다는 것은 모세와 아론 앞에 버티고 있는 거대한 괴물(!)인 바로의 정체가 실상은 아론이 부리는 지팡이에 지나지 않다는 것을 넌지시 암시하고 있다.

　바로도 애굽의 현인들(학카밈), 마술사들(메카쉐셰펌), 요술사(하르툼밈)들을 부른다(7:11). 그 가운데 요술사들이 자기 지팡이를 던져 뱀(탄니임, "탄닌"의 복수형)이 되게 하였다. 애굽의 요술사들도 애굽 문명을 파멸(혼돈)로 내몰 능력이 있다는 뜻이다. 애굽의 요술사들이 던진 지팡이(7:11-12a)는 애굽문명과 애굽 종교, 애굽의 힘을 상징하는 도구이다. 두 문명이 서로 충돌하고 있다. 두 힘이 서로 대결하고 있다. 하늘과 땅이 대결하고 있다. 결과는 자명하다. "아론의 지팡이가 그들의 지팡이를 삼키니라"(7:12b).

모세와 아론이 보여준 이적은 하나님의 말씀에 대한 순종의 결과로 나타났다. "모세와 아론이 바로에게 가서 여호와께서 명령하신 대로 행하여"(7:10a). 하지만 애굽의 요술사들이 보여준 이적은 "요술"(라하팀, secret arts)이다. "그 애굽 요술사들도 그들의 요술로 그와 같이 행하되"(7:11b). 여기 요술사는 애굽 종교의 핵심인 점술(divination)을 능숙하게 다루는 전문가이다. 그들이 보여주는 예식은 애굽종교의 신학을 반영한다. 그 요술사들이 아론의 맞수로 등장하였다. 이스라엘 종교의 제사장이 될 아론과 애굽 종교를 대변하는 사제들이 서로 맞서고 있다. 아론의 도구는 순종이다. 애굽 사제들의 도구는 요술이다. 애굽의 술객들이 보인 이적은 술법의 결과이다. 겉으로 나타난 현상에서는 아론이 보여준 이적이나 애굽의 술객들이 보여준 이적이나 비슷하다. 그러나 결과(열매)에서는 큰 차이가 난다. 아론의 지팡이가 애굽 술객들의 지팡이를 삼켜버렸다. 순종이 요술보다 크다. 순종이 술법보다 세다. 순종이 재치보다 소중하다. 내 손에 들린 도구로 하나님의 위대하심을 드러내는 수단이 되게 하라! 하나님의 말씀에 순종하여 일하는 자들에게는 세상의 권세를 물리치는 이적이 따르게 된다. 그렇지만 한 번의 이적이 세상을 변화시키지는 않는다. 세상을 놀라게는 해도 변화시키지는 못한다. "그러나 바로의 마음이 완악하여 그들의 말을 듣지 아니하니 여호와의 말씀과 같더라"(7:13).

출 7:14-9:7

바로의 대응, 마음이 완강해서 이스라엘 보내기를 거절하다

출애굽기의 열 가지 재앙 기사는 바로의 완악함(7:13)에 대한 하나님의 대응이다. 출애굽기 7:14-9:7은 열 가지 재앙 중 처음 다섯 가지 재앙을 다룬다. (1) 나일 강물이 피가 되는 재앙(7:14-25). (2) 개구리가 나일 강에서 올라와 온 땅이 개구리로 덮이는 재앙(8:1-15; 7:26-8:11[H]). (3) 땅의 티끌이 이가 되는 재앙(8:16-19; 8:12-15[H]). (4) 온 땅에 파리가 가득한 재앙(8:20-32; 8:16-28[H]). (5) 모든 가축이 병들어 죽게 되는 재앙(9:1-7). 이 다섯 가지 재앙 기사를 한데 묶어 살펴보는 이유는 그것들이 모두 바로가 그 마음이 완강하여 이스라엘 보내기를 거절하였다는 설명으로 끝나기 때문이다(7:22; 8:15, 19, 32; 9:7; 비교, 7:14). 이 기사에 따르면 다섯 가지 재앙은 그 피해를 당하는 대상이 강물(첫째 재앙) → 땅(둘째 재앙) → 티끌(셋째 재앙) → 집/궁궐(넷째 재앙) → 가축(다섯째 재앙)으로 옮겨가고 있다. 그 피해 내용도 골칫거리(피로 변한 나일 강물) → 소동(개구리 소동, 이 소동, 파리 소동) → 재산상의 손실(가축의 죽음)로 확대되고 있다. 한 마디로 애굽 사회의 웰빙(well-being)이 점진적으로 위협을 받는 구도를 띤다.[6] 바로가 고집을 부려 모세와 아론의 말을 듣지 않자, 하나님이 재앙의 강도를 한 단계씩 높여가고 있다.

7:14-25 첫째 재앙은 나일 강이 피로 변하는 사건이다. 본문은 재앙을 예고하는 하나님의 말씀(7:14-19)과 하나님의 지시를 실행에 옮기는 모세와 아론의 행동(7:20), 그리고 그 재앙에 대한 애굽 사람들의 반응(7:21-25), 셋으로 이루어져 있다. 본문에서 하나님의 말씀은 긴박하다. 짧은 본문이지만 네 차례에 걸쳐 "이르시되"가 숨 가쁘게(?) 반복되고 있다(14, 16, 17, 19절). 그만큼 다급하게 지시하고 있다. 지시하고, 또 지시하고! 바로가 그 마음이 완악하여 이스라엘을 애굽에서 내보내기를 거절할 것을 하나님이 아시기 때문이다(7:14). 하나님이 내리시는 재앙은 완악한 바로에 대한 길들이기이다.

하나님은 모세에게 "아침"에 바로에게 가라고 시키신다(7:15; 비교, 8:20; 9:13). 아침에 물가로 나오는 바로를 "나일 강 가에서"(알-세파트 하예오르) 맞으라고 말씀하신다. 히브리어 본문은 그냥 "강"(예오르)이라고 한다. 애굽에 있는 강은 나일 강이다. 우리말 번역을 비롯한 번역 성경들은 모두 이 강을 나일 강으로 읽는다. 애굽 사람들에게 나일 강은 단순한 수자원이 아니다. 그들은 나일 강을 풍요를 가져다주는 신으로 여겼다. 나일 강이 있는 까닭에 애굽 사람들은 일찍부터 문명을 이룰 수 있었다. 바로는 아침마다 그 나일 강을, 나일 강의 신을 참배하였다. 모세가 아침에 바로에게 가게 된 것은 나일 강 신을 참배하는 바로를 깨우치기 위해서다. 그런 바로를 향해서 외치게 하신다. "히브리 사람의 하나님 여호와께서 나를 왕에게 보내어 이르시되 내 백성을 보내라 그러면 그들이 광야에서 나를 섬길 것이니라 하였으나 이제까지 네가 듣지 아니하도다" (7:16). 모세의 주문은 분명하다. 바로가 나일 강을 숭배하듯이 이스라엘로 하여금 하나님을 섬기게 하라!

모든 재앙에는 그럴 만한 전조가 있다. 사람의 허물 탓에 생태계가 재앙을 겪는다. 하나님이 애굽 땅에 재앙을 내리신 이유는 바로가 하나님의 백성 이스라엘을 내보내지 않기 때문이다. 이스라엘에게 하나님을 섬기는 자유를 주지 않기 때문이다. 사람의 정체성은 그가 섬기는 대상에서 구별된다. 땅을 숭배하면 땅에 매인 사람이다. 하늘을 경배하면 하늘에 속한 사람이다. 강을 숭배하면 강에 매인 사람이다. 이스라엘은 이스라엘이 되어야 한다. 이스라엘은 말 그대로 "하나님(엘)과 씨름하는(이스라)," 또는 "엘(하나님)이 다스리는(이스라)" 백성이 되어야 한다(비교, 창 32:28). 하나님의 백성 이스라엘이 애굽을 섬기며 사는 시대, 천대받는 "히브리 사람"으로 매인 시대는 이제 그만 청산되어야 한다.

하나님이 애굽에 내리는 첫째 재앙은 애굽 문명의 심장부를 향한 심판이다. "…볼지어다 내가 내 손의 지팡이로 나일 강을 치면 그것이 피로 변하고"(7:17). 정확하게는, "강의 물(함마임 아셰르 브예오르)을 치면 그것이 피(담)로 변하고"이다. "치다"(나카)는 말은 매로 때리듯이 때리신다는 뜻이다. 그때 물(마임)이 피(담)로 바뀔 것이다. 하나님이 나일 강의 물을 치시면 강물이 피로 변해서 그 강의 물고기들이 죽고, 그 강에서 악한 냄새가 나서 애굽 사람들이 그 물을 마시지 못하게 될 것이다(7:17-18). 재앙에는 교육적 의도가 있다. 하나님이 누구이신 줄 알게 하는 것이다. 그 하나님의 역사를 위해서 모세와 아론이 협동한다. 모세는 모세의 지팡이로 나일 강을 치고, 아론은 아론의 지팡이를 애굽의 온 수자원(강, 운하, 못, 호수) 위에 내밀어야 한다(7:17, 19). 모세와 아론이 하나님의 지시를 수행한다. 나일 강을 비롯한 애굽의 모든 물이 다 피로 변했다(7:21). 바로가 하나님의 뜻에 맞선 탓에 애굽의 "온 땅에 피가 흐르는"("피가 있는", 7:21) 참변이 일어났다. 이것은 천재지변(天災地變)이기 이전에 인재(人災)이다. 사람의 허물로 인해 물이 피가 되는 재앙을 가져왔다. 애굽의 요술사들도 모세와 아론의 행동을 따라하였다. 바로는 모세와 아론이 보여준 재앙에 아무런 동요도 하지 않는다. 아니, 아예 아무 관심도 없다(7:23). 애굽 사람들만이 마실 물을 구하고자 여기저기 땅을 파는 야단법석을 떨었다. 그런 소란스런 시간이 이레 동안 지속되었다(7:25). 세상에서 일어나는 비극의 원인은 사람에게 있다. 재앙은 참회하라는 신호이다. 그 신호가 이레 동안 계속되었지만 바로는 뉘우치지 않았다. 그 마음이 완악하기 때문이다. 그 마음이 무겁기 때문이다(7:22b).

8:1-15 둘째 재앙은 개구리가 물에서 땅으로 올라오는 소동이다. 이본문의 단락도 셋으로 구분된다. 모세에게 주는 하나님의 말씀(8:1-5), 아론의 실행(8:6), 바로의 대응(8:7-15). 그러나 첫째 재앙 기사에 비해서 재앙에 대처하는 바로의 처사가 더 장황하게 소개된다. 하나님이 바로에게 재앙을 내리시는 이유는 똑같다. 바로가 이스라엘을 애굽에서 내보내기를 거절한다면 하나님이 개구리(체파르데임)로 애굽의 온 땅을 치실 것이다(8:2). 본문은 복수이다. 개구리(체파르데아)가 아니라 개구리 무리

(체파르데임)이다.

하나님이 모세를 통해서 바로에게 경고하신다(8:3-4). 개구리 재앙은 네 단계로 진행될 것이다. 개구리가 나일 강에서 무수히 생긴다 → 개구리가 땅으로 올라온다 → 개구리가 바로의 궁과 침실과 침상과 그 신사의 집과 그 백성과 바로의 화덕과 떡 반죽 그릇에 들어간다 → 개구리가 바로와 그 백성과 신하에게 기어오른다. 생기고, 올라오고, 들어가고, 기어오르고! 개구리의 움직임이 물에서 뭍으로 향하고, 뭍에서 사람에게로 오르고 있다. 하나님의 말씀은 모세를 통해서 아론에게도 전달된다. "…네 지팡이를 잡고 네 팔을 강들과 운하들과 못 위에 펴서 개구리들이 애굽 땅에 올라오게 하라…"(8:5). 아론이 그 지팡이를 들고 수행한 일은 그 개구리들을 뭍으로 올라오게 한 것이다(8:6). 그 행동을 애굽의 요술사들도 따라하였다(8:7).

개구리는 원래 물과 땅의 경계선에 사는 짐승이다. 그런 개구리가 경계선을 침범하여 땅으로 올라오고, 집안으로 들어가고, 사람에게 기어오르고 있다. 창조질서가 헝클어지고 있다. 온 땅에 개구리 소동이 벌어진다는 것이다. 물가에 있어야 할 개구리들이 애굽의 온 땅에 올라와서 소동을 벌이고 있다. 개구리들 때문에 사람이 제대로 먹지 못하고, 자지 못하고, 나다니지 못하는 소동이 벌어진다는 것이다. 이스라엘 신앙에서 개구리는 부정한 생물이다(레 11장). 애굽 종교에서 개구리는 생명의 번영을 뜻하는 심벌(symbol)이다. 애굽의 풍요를 나타내는 심벌이어야 할 개구리가 오히려 애굽의 왕과 신하와 백성들을 괴롭히는 골칫거리로 돌변하고 만다. 하나님이 애굽의 종교를 조롱하고 있다.

바로는 모세와 아론에게 땅으로, 궁궐로, 집으로, 식탁으로, 침실로 올라온 개구리들을 없애 달라고 요청한다. "여호와께 구하여 나와 내 백성에게서 개구리를 떠나게 하라"(8:8a). 바로의 목소리가 다급하다. "개구리를 떠나게 하라." "내가 이 백성을 보내리니 그들이 여호와께 제사를 드릴 것이니라”(8:8b). 여기, 두 종류의 떠나기가 있다. 개구리가 떠나야 하고, 이스라엘 자손이 떠나야 한다. “(네가) 떠나게 하라”와 “내가 보내리라”가 대조된다. 바로의 판단은 틀리지 않았다. 애굽 땅에 들끓는 개구리들을 오고 가게 하는 것은 하나님이다. 애굽 땅의 이스라엘을 내보내는 것은 자기 권한에 속한다. 모세가 바로에게 제안한다. 언제 “개구리를 왕과 왕궁에서 끊어 나일 강에만 있게” 하는 것이 좋을지 묻는다. 모세는 개구리의 생태계를 알고 있다. 개구리는 나일 강에 있어야 한다.

바로가 대답한다. “내일이니라”(8:10). 오늘이 아니라 내일이다. 바로는 개구리 까닭에 괴롭더라도 그보다는 이스라엘 자손을 하루라도 더 애굽에 붙들어 놓고자 한다. 그래서 오늘이 아니라 내일이다. 회개는 미뤄서는 안 된다. 오늘 해야 할 결단을 내일로 미루어서는 안 된다. 하나님이 모세의 간구에 응답하신다. 집과 마당과 밭에서 나와서 죽어간 개구리들이 무더기를 이루자 그 땅에서 악취가 나게 된다. 하지만 바로는 약속을 지키지 않는다. 그러나 바로는 한숨을 돌리게 되자, 하나님이 말씀하신 대로 또 고집을 부리고 모세와 아론의 말을 듣지 않았다(8:15).

8:16-19 셋째 재앙은 “땅의 티끌”(아파르 하아레츠)이 이(킨님)가 되는 재앙이다. 이 재앙도 하나님이 예고하시고(8:16), 아론이 모세에게 주신 하나님의 지시대로 행하자(8:17), 거기에 대한 애굽 사람의 반응(8:18-19)이 소개되는 방식을 따른다. 아론이 지팡이로 땅의 티끌을 치자 애굽 온 땅의 티끌이 이가 되어 사람과 가축에게 기어오른다. 여기 “이”(“킨님”은 복수, 단수에서는 “켄”)가 무엇인지 정확하지 않다. 번역 성경은 대체로 “이”(lice, gnat)로 옮기지만 그것이 무엇인지는 확실하지 않다. 분명한 것은 “킨님”(이)이 “땅의 티끌”(아파르 하아레츠)에서 생긴다는 사실이다. “땅의 티끌”(dust)은 “마른 땅”(dry ground)을 가리키는 명칭이다. 마른 땅은 애굽 사람들에게는 중요하다. 나일 강은 매년 때마다 범람하였다. 그

뒤 생겨난 마른 땅은 곡식을 재배하기에 참으로 좋은 토양이었다. 애굽 종교에서 마른 땅(아파르 하아레츠)을 신성시한 이유는 이 때문이다. 그렇게 대접받던 애굽의 마른 땅을, 그 땅의 티끌을 하나님이 아론의 지팡이로 치신다(8:17). 재앙의 소재가 물에서 땅으로 올라오고 있다. 처음 두 재앙(나일 강물이 피가 되다, 개구리가 올라오다)의 소재는 물이었다. 이제부터는 하나님이 때리시는 매의 대상이 물에서 땅으로 옮겨진다.

땅의 티끌은 다른 말로 "땅의 먼지"(아파르 하아레츠)이다. 땅의 먼지가 이가 된다는 뜻이다. 땅의 흙(아파르 민-하아다마)이 이가 된다는 뜻이다. 창조주 하나님은 "땅의 흙"(아파르 민-하아다마)으로 사람(아담)을 지으셨다(창 2:7). 그랬던 하나님이 이번에는 땅의 먼지가 사람의 몸을 괴롭히는 이(킨님)가 되는 재앙을 내리신다. 창조주 하나님은 땅의 것을 가지고 창조도 하시고, 심판도 하신다. 재료나 소재가 중요한 것이 아니다. 하나님의 뜻이 중요하다. 하나님의 손에 붙들린 땅의 흙은 창조의 작품도 되고, 심판의 도구도 된다.

출애굽기의 재앙 기사에서 모세는 예언자이다. 하나님이 주신 말씀을 전하는 선지자이다. 아론은 하나님의 지시를 행동으로 실행하는 사람이다. 하나님 → 모세 → 아론으로 이어지는 하나님의 뜻이 애굽 땅에 펼쳐지고 있다. 하나님의 마음이 모세에게 전달되고, 모세의 뜻이 아론에게 전달되어, 하나님의 역사가 애굽 땅에 펼쳐지고 있다. 애굽의 요술사들도 아론을 따라서 해보고자 했다. 그들이 의지하는 것은 술법이다. 그러나 이번에는 따라하지 못한다. 대신 바로에게 소리친다. "이는 하나님의 권능이니이다"(에츠바 엘로힘 히). "이는 하나님의 손가락(에츠바)입니다." 땅의 티끌이 이로 변하는 재앙 앞에서, 그 이가 사람과 가축에게 생기는 재앙 앞에서 애굽 궁궐의 술사들이 마침내 하나님의 솜씨(!)를 인정하고 있다. 하나님은 그 손으로 땅의 흙(아파르 민-하다마)을 빚어 사람을 지으셨고, 그 솜씨로 "땅의 티끌"(아파르 하아레츠)이 이가 되게 하셨다.

바로는 하나님의 권능을 인정하지 않는다. 하나님의 손의 위력을 인정하지 않는다. 하나님의 손의 솜씨를 인정하지 않는다. 이번에도 바로는 모세의 말을 듣지 않는다. 바로의 마음이 완악하기 때문이다. 마음이 무거워서는 하나님이 하시는 일을 포착할 수 없다. 마음이 가벼워야 한다. 마음이 순결해야 한다. "마음이 청결한 자는 복이 있나니 그들이 하나님을 볼 것임이요"(마 5:8). 마음이 청결해야 하나님의 손가락을 볼 수가 있다. 그 마음에 하나님의 말씀이 있어야 눈이 밝아질 수 있다. "여호와의 교훈은 정직하여 마음을 기쁘게 하고 여호와의 계명은 순결하여 눈을 밝게 하시도다"(시 19:8).

8:20-32 넷째 재앙은 파리 소동이다. 이 기사도 재앙 예고(8:20-23), 재앙의 실현(8:24), 재앙에 따른 사람들의 반응(8:25-32) 순으로 진행된다. 보기에 따라서는 재앙을 예고하는 하나님의 말씀(8:20-23), 하나님의 실행(8:24), 재앙에 따른 바로와 모세의 설전(8:25-29), 모세의 간구와 하나님의 응답(8:30-31), 바로의 반응(8:32)으로 구분할 수도 있다.

하나님이 모세에게 바로에게 가서 재앙을 경고하라고 말씀하신다. 하나님을 섬기려는 이스라엘을 바로가 애굽 땅에서 내보내지 않으면 하나님이 바로와 그 신하와 그 백성과 그 백성들의 집에 파리를 보내실 것이다. 재앙을 맞게 될 대상을 구체적으로 하나하나씩 언급하고 있다. 그래서 애굽의 집집마다 파리(아로브)가 들끓게 되고 애굽의 온 땅이 파리로 뒤덮게 될 것이다(8:20-21). 히브리어 "아로브"는 "떼를 지어 날아다니는 작은 곤충"을 의미한다. 하나님이 애굽의 온 집과 온 땅에 날아다니는 곤충 떼가 들끓게 하시겠다는 것이다. 이 경고가 독특한 것은 앞에서 다룬 세 재앙과는 달리 그 재앙이 벌어진 날에 하나님이 애굽 사람들이 사는 곳과 이스라엘 백성이 사는 곳을 구별하겠다고 말씀하고 있다는 점이다.

그 날에 나는 내 백성이 거주하는 고센 땅을 구별하여 그 곳에는 파리가 없게 하리니 이로 말미암아 이 땅에서 내가 여호와인 줄을 네가 알게 될 것이라 내가 내 백성과 네 백성 사이를 구별하리니 내일 이 표징이 있으리라 하셨다 하라 하시고(8:22-23)

파리 소동이 벌어지는 "그 날에" 하나님은 이스라엘이 거주하는 고센 땅을 애굽 사람들이 사는 땅과 구별하실 것이다. 파리 소동이 벌어지는 "그 날에" 하나님은 하나님의 백성과 바로의 백성을 구별하실 것이다. 앞에 나오는 "구별하다"는, 달리 말하면, 구분한다("팔라"의 사역형, to set apart)는 뜻이다. 구획을 나누겠다는 것이다. 재앙이 있는 곳과 재앙이 없는 곳으로 구분 짓겠다는 것이다. 이스라엘 자손이 거주하는 곳을 바로의 백성이 사는 곳에서 떼어 놓겠다는 것이다. 뒤에 거론된 "구별하다"는 직역하면, "차이를 둔다"(to make a difference)는 소리이다. 하나님이 하나님의 백성과 바로의 백성 사이에 차이를 두시겠다는 것이다. "차이를 두다"에서 "차이"(페두트)는 "구원"(redemption)을 뜻하는 말이다. 하나님의 백성 이스라엘과 바로의 백성 사이에 어떤 차이가 있는가? 그 차이는 구원의 유무(有無)에 있다. 하나님은 이스라엘 자손이 거주하는 고센 지역을 애굽의 다른 지역들과 구분해 놓으시고, 그 고센에 거주하는 이스라엘 자손에게 구원을 베푸실 것이다.

고센은 처음에는 가나안에서 애굽으로 이주해 온 야곱의 식구들이 목축하며 살고자 자리 잡은 곳이다(창 47:1-6). 야곱의 가족이 고센에 자리 잡은 것은 애굽 사람이 목축을 "가증히"(토에바) 여겼기 때문이다(창 46:34). 그러던 고센이 이제는 재앙이 침입하지 못하는 땅으로 구별된다(8:22). 하나님은 이스라엘 자손이 누릴 구원과 바로의 백성이 시달릴 재앙이 서로 어떻게 다른지를 "표징"(오트)으로, 사인(오트, sign)으로 보여주려고 하신다. 아! 세상에는 두 종류의 사람이 있다. 누리는 사람과 시달리는 사람이다. 누가 구원을 누리고, 누가 재앙에 시달리는가? 하나님의 백성만이 구원을 누린다. "내 영혼아 네가 어찌하여 낙심하며 어찌하여 내 속에서 불안해 하는가 너는 하나님께 소망을 두라 그가 나타나 도우심으로 말미암아 내 하나님을 여전히 찬송하리로다"(시 43:5).

하나님이 파리 재앙을 애굽 땅에 직접 내리신다(8:24). 모세나 아론의 지팡이를 통하지 않고 하나님이 직접 재앙을 일으키신다. "여호와께서 그와 같이 하시니 무수한 파리가 바로의 궁과 그의 신하의 집과 애굽 온 땅에 이르니 파리로 말미암아 그 땅이 황폐하였더라"(8:24). "파리로 말미암아 그 땅이 황폐하였더라"(팃샥하트 하아레츠 미프네 헤아로브)는 말은 "파리 떼 때문에 그 땅이 황폐해졌다!"(수동태)는 소리이다. 들끓는 파리 떼 때문에 애굽 사람들이 사는 땅이 황폐해지고 말았다(비교, 창 6:13). 지금까지 바로와 바로의 애굽은 하나님이 모세와 아론을 통해서 내리신 여러 재앙에 시달렸다. 그러나 그 땅이 폐허가 되는 일은 아직 없었다. 파리 떼들이 몰고 온 소동을 당하고 나서야 그 때문에 애굽 땅이 황폐해졌다는 지적이 비로소 등장한다. 파리 떼가 애굽 땅에 들끓게 된 것은 순전히 바로가 이스라엘을 애굽에서 내보내기를 거절하였기 때문이다. 바로 탓에 그 백성들이 시련을 겪는다. 지도자 탓에 그 주민들이 수난을 겪는다. 사람 탓에 그 땅이 황폐해진다. 사람이 바로 되어야 한다. 먼저 사람이 바로 되어야 세상도 바로 선다. 하나님이 바로에게 그럴 기회를 주신다. 그러나 바로는 그런 기회를 애써 무시하고 말았다. 바로와 모세가 주고받는 협상(8:25-29)이 바로 그것을 보여준다.

바로가 모세와 아론을 불러서 타협을 시도한다. 수없이 많은 파리 떼 때문에 땅이 폐허가 되는 현실을 타개하고자 바로가 모세와 아론을 부른다(8:25a). "너희는 가서 이 땅에서 너희 하나님께 제사를 드리라"(8:25b). 애굽 땅에서 하나님을 섬기라는 것이다. 광야로 나가는 것은 허락할 수 없지만, 애굽 땅에서 이스라엘의 하나님께 제사를 드리는 것은 허락하겠다는 것이다. 바로의 태도가 한결 누그러졌다. 그러나 모세는 그 제의를 단호하게 거절한다. 이스라엘은 반드시 "사흘 길쯤 광야로 들어가서" 하나님께 제사를 드려야 한다. 이스라엘이 "여호와께 제사를 드리는 것"을 애굽 사람들이 "싫어하기"(토에바) 때문이다(8:26). 이스라엘은 애굽 사람들이 "싫어하는" 예배를 애굽 땅에서 드릴 수가 없다. 애굽 사람들이 싫어하는, 애굽 사람들이 "부정하게 여기는"(토에바), 애굽 사람들이 "가증히 여기는"(토에바) 이스라엘의 예배를 애굽 땅에서는 실현할 수가 없는 것이다. 바로가 다시 제안한다. "…너희가 너희의 하나님 여호와께 광야에서 제사를 드릴 것이나 너무 멀리 가지는 말라…" "너무 멀리는 가지 말라!" 바로의 두 번째 제안 속에는 이스라엘을 향한 미련이 있다. 파리 소동은 잠재우고 싶으면서도 이스라엘 자손이 제공해 준 노동력은 잃고 싶지는 않다는 바로의 속내가 그 말에 감추어져 있다. 그러면서도 바로의 제안은 이기적이다. "…그런즉 너희는 나를 위하여 간구하라."

모세는 바로에게 다짐을 시킨다. 내일 파리 떼가 바로와 바로의 신하와 바로의 백성에게서 떠나도록 간구하겠지만, 이스라엘이 애굽에서 나가 하나님을 섬기는 일에 다시는 거짓을 행하지 말라고 한다(8:29). 모세의 간구에 하나님이 응답하셨다. 파리 떼가 바로와 그의 신하들과 백성에게서 모두 떠나서 단 한 마리도 남아 있지 않게 하셨다. 그러나 바로는 "이 때에도 그의 마음을 완강하게 하여" 이스라엘을 내보내지 않았다(8:32).

9:1-7 다섯째 재앙은 가축의 죽음이다. 다섯째 재앙도 세 단계로 진행된다. 하나님의 경고(9:1-5), 하나님의 실행(9:6), 바로의 반응(9:7). 재앙의 시작은 하나님의 말씀이다. 하나님이 모세를 보내 바로에게 경고하신다. 하나님을 예배하려는 이스라엘을 바로가 내보내기를 거절하고 계속 붙잡아 두려고 한다면, "여호와의 손"(야드 야훼)이 들에 있는 바로의 가축들을 치실 것이다! 바로가 키우는 말과 나귀와 낙타와 소와 양 떼를 쳐

서 "심한 돌림병"(데베르 카베드)이 들게 할 것이다(9:3). 하나님의 "손"은 하나님의 권능을 나타낸다. 하나님이 손수 하시는 징계를 의미한다. 하나님이 그 손으로 애굽의 가축을 치시자 애굽 땅에 가축 "돌림병"(데베르)이 번진다. 히브리어 "데베르"가 무엇인지는 확실하지 않다. 이것을 두고 개구리 재앙 때 사람들이 무더기로 쌓아 놓았던 개구리 사체(死體)가 돌림병을 일으켰다고 보기도 한다(참조, 8:14).[7]

분명한 것은 앞서 살펴본 파리 떼 재앙이 바로와 그 신하들과 백성들과 그 집들에 닥친 재앙이었다면, 돌림병 재앙은 들판에 있는 바로의 말과 나귀와 낙타와 소와 양 떼에게 닥친 재앙이라는 것이다. 돌림병 재앙에는 두 가지 의미가 있다. 한편으로 하나님은 애굽 사람들이 소중히 여겼던 재산에 심판을 내리신다. 가축은 재산이다. 말, 나귀, 낙타, 소, 양 등은 당시 애굽 사람들이 소중하게 지녔던 재산 목록이다. 그런 재산에 하나님이 벌을 내리시고 있다. 이스라엘 신앙은 이 하나님의 벌을 다음과 같이 기억한다. 하나님의 말씀에 순종하지 않는 자에게는 "여호와께서 애굽의 종기와 치질과 괴혈병과 피부병으로… 치시리니… 치유 받지 못할 것이며"(신 28:27). 다른 한편으로 하나님은 애굽 사람들이 숭상하는 거짓 종교에 심판을 내리신다. 애굽의 종교는 다신론이다. 애굽의 만신전(pantheon)에 올라 있는 신들의 모습은 다 반수반인(半獸半人)이다. 즉 상체는 짐승이고, 하체는 사람의 모습을 하고 있다. 말, 나귀, 낙타, 소, 양 등을 돌림병으로 치시는 하나님의 손은 애굽 사람들이 의지했던 종교에 대한 하나님의 심판이다.

출애굽기 9:1-7의 재앙 기사에서 특이한 것은 하나님이 이스라엘의 가축과 애굽의 가축을 "구별하시고"("팔라"의 사역형) 있다는 것이다(9:4). 파리 떼 재앙에서는 고센 땅이 애굽의 다른 지역과 구별되었는데, 가축 돌림병 재앙에서는 이스라엘의 가축이 애굽의 가축들과 구별되고 있다. 바로의 가축을 포함한 애굽의 가축들이 병들어 죽던 날, 이스라엘 자손의 가축들은 한 마리도 죽지 않았다(9:6). 하나님은 하나님의 백성을 위하여 세 가지를 구별하신다. 이스라엘이 거주하고 있는 동네를 애굽 땅에서 구별하셨다(8:22). 하나님의 백성 이스라엘을 애굽 사람들과 구별하셨다(8:23). 이스라엘이 기르는 가축을 애굽의 가축들과 구별하셨다(9:4). 하나님의 돌보심이 거주지 → 사람 → 가축으로 이어지고 있다. 이스라엘이 받은 은총이 사람에서 가축에게까지 넘쳐나고 있다.

하나님은 재앙의 기한을 정하셨다. 재앙의 때를 정하셨다. "여호와께서 기한을 정하여 이르시되 여호와가 내일 이 땅에서 이 일을 행하리라 하시더니 이튿날에 여호와께서 이 일을 행하시니…"(9:5-6). 오늘 애굽의 바로가 벌인 죄악의 책임을 내일 물으시려고 한다. 오늘 사람들이 벌인 잘못의 책임을 내일 가축에게 물으려고 한다. 내일까지 아직 시간이 남아 있다. 물론 많이 남아 있는 것은 아니다. 재앙의 날까지 남아 있는 시간은 아주 촉박하다. 그렇지만 그 재앙의 날은 오늘이 아니라 내일이다. 회개하라! 지금이라도 회개하라!

바로는 회개하지 않는다. 뉘우치지 않는다. 도리어 특이한 반응을 보이고 있다. 재앙이 나자 애굽 사람의 가축은 다 죽고 이스라엘 자손의 가축은 한 마리도 죽지 않았다. 그 사실을 바로가 사람을 보내서 확인하였다(9:7a). 확인하였지만 그것뿐이다. 자기 몸이 다치지 않아서, 자기 삶에 직접 해가 끼치지 않아서 고집을 풀지 않았다. "바로의 마음이 완강하여 백성을 보내지 아니하니라"(9:7b).

출 9:8-11:10

하나님의 심판, 바로의 마음을 완악하게 하셨으므로

출애굽기 9:8-11:10은 열 가지 재앙 중 나중의 다섯 가지 재앙을 전한다. 정확하게 말하면 나중 네 가지 재앙을 전하고 마지막으로 처음 난 것들의 죽음을 경고하는 이야기로 끝난다. 즉 (6) 재가 독종이 되는 재앙 (9:8-12). (7) 우박이 온 땅에 내리는 재앙(9:13-35). (8) 지면을 뒤덮은 메뚜기 재앙(10:1-20). (9) 흑암 재앙(10:21-29). (10) 처음 난 것들의 죽음에 대한 경고(11:1-10). 열 가지 재앙 중 여섯째에서 아홉째에 이르는 네 재앙은 하나님이 바로의 마음을 완악하게 하셨다는 지적에서 하나로 묶인다. 하나님께서 바로의 마음을 완악하게 하셨으므로(9:12; 10:1, 20, 27; 11:10) 바로가 이스라엘 보내기를 거절하였다는 것이다. 하나님이 바로의 마음을 완악하게 하셨다는 것은 하나님이 바로를 심판하셨다는 뜻이다. "내 백성이 내 소리를 듣지 아니하며 이스라엘이 나를 원하지 아니하였도다 그러므로 내가 그의 마음을 완악한 대로 버려 두어 그의 임의대로 행하게 하였도다"(시 81:11-12). 출애굽기 9:8-11:10은 바로의 대응에 대한 하나님의 심판을 구체적으로 다루고 있다.

여섯째 재앙부터는 재앙의 소재가 땅에서 공중(하늘)으로 옮겨간다. 7:14-12:36에 수록된 열 가지 재앙 기사에 따르면 재앙의 소재가 물 → 땅 → 하늘로 옮겨가고 있다. 재앙을 겪는 대상도 사물 → 가축 → 사람으로 옮겨가고 있다. 사람이 겪는 재앙도 사람의 몸이 겪는 시련에서 사람의 마음이 겪는 아픔으로 뻗어가고 있다. 그 가운데서 9:8-10:29가 다루는 여섯째(악성 종기), 일곱째(우박), 아홉째(흑암) 재앙은 모두 모세가 "하늘을 향하여" 손이나 지팡이를 드는 동작을 주의 깊게 소개하고 있다(9:8, 23: 10:22). 여덟째(메뚜기) 재앙 기사에는 그런 언급이 나오지 않지만, 모세가 애굽 땅 위에 그 지팡이를 내밀 때 바람(동풍)이 메뚜기 떼를 몰고 온다(10:13)는 점에서 이 재앙의 소재도 공중과 관련되기는 마찬가지다.

9:8-12 여섯째 재앙은 악성 종기가 사람과 짐승에게 생기는 재앙이다. 이 재앙 기사도 하나님의 말씀(9:8-9), 모세의 실행(9:10), 애굽 사람들의

반응(9:11-12) 순으로 진행된다. 이때 애굽 사람들의 반응에는 요술사의 반응(9:11)과 바로의 반응(9:12)이 담겨 있다.

여섯째 재앙은 화덕의 재가 땅의 티끌이 되고 그것이 사람과 짐승에게 붙어서 악성 종기가 되는 재앙이다. "여호와께서 모세와 아론에게 이르시되 너희는 화덕의 재 두 움큼을 가지고 모세가 바로의 목전에서 하늘을 향하여 날리라 그 재가 애굽 온 땅의 티끌이 되어 애굽 온 땅의 사람과 짐승에게 붙어서 악성 종기가 생기리라"(9:8-9). 화덕의 재(그을음) → 땅의 티끌 → 악성 종기 순으로 재앙이 나타나게 된다. 하나님이 모세와 아론에게 "화덕(키브샨)의 재(피악흐)를 양 주먹(호프나임)에 움켜쥐고" 그것을 "하늘을 향하여"(핫샤마에마) "날리라"(짜라크)로 말씀하신다. 하늘을 향하여 "뿌리라"(짜라크)는 것이다. 그러면 화덕의 재가 땅의 티끌(아바크)이 되고, 그것이 사람과 가축의 피부 위에 붙어 악성 종기가 생기게 할 것이다(9:9). 땅의 티끌(아바크)은 흙 위에 있는 먼지를 가리킨다. 사람이 땅 위에서 씨름하며 뒹굴 때 사람 몸에 달라붙는 흙먼지를 지칭한다. 얍복 나루에서 야곱도 이런 "씨름을 한"(예아벡크) 적이 있다. 그때 야곱은 흙먼지를 뒤집어쓰면서 엉덩이뼈를 다쳤다. 대신 새 이름을 얻었다(창 32:27-28). 이번에는 다르다. 흙먼지를 뒤집어쓰지만 더 악한 것이 된다. 모세가 쥔 화덕의 그을음이 애굽 온 땅 위에서 먼지(아바크)가 되자 그것을 뒤집어쓴 애굽 사람과 집짐승에게 악성 종기가 생기게 된다.

모세가 쥔 화덕의 재(그을음)는 단 두 움큼에 불과하다. 그것을 하늘을 향하여 뿌리자 화덕의 재가 온 땅의 흙먼지가 되었다. 그 흙먼지가 사람과 짐승의 온몸에 붙어서 악성 종기가 번지게 하였다. 모세는 하나님의 말씀대로 화덕의 그을음을 양 손에 움켜쥐고 바로 앞에 서서 공중에 뿌렸다. "하늘을 향하여" 날렸다. 그러자 그것이 먼지가 되어 사람과 짐승의 피부에 붙어서 악성 종기를 일으켰다(9:10). 모세가 한 일은 화덕의 재 두 움큼을 하늘을 향해 날린 것뿐이다. "하늘을 향하여" 날렸다는 것은 하늘이 이루실 일을 기대하는 자세이다. 재가 하늘에서 내려오면서 땅의 먼지가 되고 그것이 애굽의 온 땅의 사람과 짐승에게 붙어서 악성 종기가 생기게 되었다는 것이다. 소량의 재가 변해서 먼지가 되고, 그 먼지가 온 땅에 붙어서 악성 종기가 되었다. 하나님은 어제도, 오늘도, 그리고 내일도 땅의 작은 것을 통해서 온 땅 위에서 사는 자들을 심판하신다.

우리말 번역의 "악성 종기"는 정확하게는 "부스럼으로 솟아올라 퍼지는 종기"(섹힌 포렉아흐 아바부오트)이다. 종기(섹힌)이지만 꽃처럼 피어나는(포렉아흐) 부스럼(아바부오트)이다. 한 곳에만 나는 부스럼이 아니다. 온몸에 번지면서 곪고 터지는 종기이다. 우리말 번역은 이것을 가리켜 "악성 종기"라고 불렀다. "종기"(섹힌)는 사람을 부정하게 한다(레 13:18-23). 욥이 바로 이 종기에 시달렸다. "사탄이 이에 여호와 앞에서 물러가서 욥을 쳐서 그의 발바닥에서 정수리까지 종기가 나게 한지라"(욥 2:7). 욥이 겪게 된 "종기"가 바로 "악성 종기"(섹힌 라)이다. 이 종기에 시달리게 된 욥은 "잿더미에 앉아서"(요세브 브톡크-하에페르) 옹기 조각을 가져다가 자기 몸을 긁을 수밖에 없었다(욥 2:8).

모든 애굽 사람과 요술사들에게 이런 종기가 생겼다. 화려한 제복으로 그 몸을 치장하던 자들이 욥처럼 옹기 조각으로 자기 몸을 긁어야 하는 신세에 빠졌다. "요술사들도 악성 종기로 말미암아 모세 앞에 서지 못하니"(9:11). 지금까지 애굽의 요술사들은 그들의 술법으로 모세·아론의 공격(?)을 막아보고자 했다. 그들은 나일 강이 피가 되고 나일 강의 개구리가 물 위로 올라오게 하는 것까지는 술법으로 모세·아론과 똑같이 할 수 있었다(7:22; 8:7). 하지만 땅의 티끌(아파르 하아레츠)이 이가 되는 셋째 재앙부터는 모세·아론을 따라할 수가 없게 된다(8:18). 대신 "이는 하나님의 권능이니이다"라고 실토할 수밖에 없었다(8:19). 그때부터 애굽의 요술사들은 하나님이 내리시는 재앙을 관망하는 관객(?)이 된다. 파리 떼로 시달리고, 돌림병으로 가축들이 죽어가는 현장을 고스란히 지켜보고만 있었다. 그러다가 마침내 악성 종기가 생기는 여섯째 재앙에 와서는 그 재앙의 피해를 고스란히 당하는 당사자가 된다(9:11). 애굽의 요술사들이 하나님이 하시는 일에 맞서다가 → 소리치다가 → 바라보다가 → 피해를 당하는 주체로 소개된다는 것이다. 애굽 종교의 최후의 방어선(?)이 무너졌다. 바로가 의지하고 의존하던 거짓 술법이 마침내 그 허망한 실체를 드러내고 말았다.

그러나 바로는 모세와 아론의 말을 듣지 않는다. "그러나"가 중요하다. 히브리어 원문에서는 그냥 "그리고"(봐브)이다. 이 "봐브"(and)를 번역 성경은 문맥에 따라서 "그러나"(but)로 옮겼다. "그러나 여호와께서 바로의 마음을 완악하게 하셨으므로 그들의 말을 듣지 아니하였으니 여호와께서 모세에게 말씀하심과 같더라"(9:12). 지금까지 다룬 재앙 기사와는 달리 "하나님이 바로의 마음을 완악하게 하셨으므로"(봐익크바드 렙 파르오) 하는 지적이 출애굽기 재앙 기사에서 처음으로 나오고 있다. "여호와께서 바로의 마음을 완악하게 하셨으므로!" 바로의 마음이 무거운(카베드) 것이 아니다. 하나님이 바로의 마음을 무겁게 하신(익크바드) 것이다. 바로가 이미 심판을 받고 있다. 하나님이 그의 마음을 완악함으로 몰고 가신 것이다.

9:13-35 일곱째 재앙은 우박이 내리는 재앙이다. 이 재앙기사는 독특하다. 큰 틀에서 보면 이 본문도 하나님의 말씀(9:13-22), 재앙 보도(9:23-26), 바로의 반응(9:27-35)으로 구분된다. 그러나 출애굽기 9:13-35 본문은 세부적인 항목에서 지금까지 살펴본 재앙기사와는 다르다. 이 본문은 모세에게 주시는 하나님의 말씀(9:13-19), 하나님의 말씀(재앙 경고)에 대한 바로의 신하들의 반응(9:20-21), 모세에게 주시는 하나님의 말씀(9:22), 재앙 보도(9:23-26), 바로의 회개(9:27-28), 모세의 말과 기도(9:29-33), 바로의 반응(9:34-35) 순으로 전개되고 있다.

이 본문도 다른 재앙 기사들처럼 재앙을 경고하는 하나님의 말씀으로 시작한다. 그러나 지금까지 다룬 본문들에 비해서 훨씬 더 길고 자세하다. 재앙의 모티프가 하나님을 섬기려는 이스라엘을 내보내지 않는 바로를 향하고 있다는 점은 똑같다(9:13-14). 그러나 재앙의 의도가 하나님이 누구이신지를 알게 하려는 데 있다는 것을 소개하는 대목에서는 훨씬 더 자세하다.

> 내가 이번에는 모든 재앙을 너와 네 신하와 네 백성에게 내려 온 천하에 나와 같은 자가 없음을 네가 알게 하리라 내가 손을 펴서 돌림병으로 너와 네 백성을 쳤더라면 네가 세상에서 끊어졌을 것이나 내가 너를 세웠음은 나의 능력을 네게 보이고 내 이름이 온 천하에 전파되게 하려 하였음이니라(9:14-16)

재앙은 하나님을 알게 하는 수단이다. "여호와가 이같이 이르노니 네가 이로 말미암아 나를 여호와인줄 알리라…"(7:17). "…모세가 이르되… 왕에게 우리 하나님 여호와와 같은 이가 없는 줄을 알게 하리니"(8:10). "…이로 말미암아 이 땅에서 내가 여호와인 줄을 네가 알게 될 것이라"(8:22). 하나님이 내리신 재앙은 하나님을 애굽 사람들에게 알게 하려는 하나님의 수단이다. 재앙에는 교육적 의도가 있다. 하나님은 사람들을 깨우치시기 위해서 이 세상에 재앙을 보내신다. 그런 의도를 가진 재앙이 출애굽기 9:14-16에 와서는 그 폭이 더 넓어진다. "…온 천하에 나와 같은 자가 없음을 네가 알게 하리라"(9:14). "…내 이름이 온 천하에 전파되게 하려 하였음이니라"(9:16). "온 천하에"(브콜-하아레츠)라는 말이 두 번 강조되고 있다. 애굽 사람들에게만 하나님을 알리려는 것이 아니다. "온 누리에"(브콜-하아레츠) 하나님을 알리려고 하신다는 것이다. 하나님은 이스라엘만의 하나님이 아니시다. 하나님은 온 세상 백성의 하나님이

시다. 하나님은 바로를 애굽 왕으로 세워서 하나님의 능력을 그에게 보이고 그를 통해서 하나님의 이름이 온 천하에 전파될 것을 기대하셨다 (9:16). 그렇지만 그 기대가 수포로 돌아갔다. 하나님을 이스라엘 민족의 하나님으로만 단정해서는 안 된다. 하나님의 위상을 지역 신(local deity)으로 간주해서는 안 된다.[8] 하나님은 온 세상의 하나님이시다. 모세를 통해서 바로에게 선포하는 하나님의 말씀(9:13-19)에는 예언자적 선포가 새겨져 있다. "그 날"이 오면 애굽도 하나님의 백상으로 불릴 것이다 (사 19:24-25).

> …보라 여호와께서 빠른 구름을 타고 애굽에 임하시리니 애굽의 우상들이 그 앞에서 떨겠고 애굽인의 마음이 그 속에서 녹으리로다… 그 날에 애굽 땅 중앙에는 여호와를 위하여 제단이 있겠고 그 변경에는 여호와를 위하여 기둥이 있을 것이요 이것이 애굽 땅에서 만군의 여호와를 위하여 징조와 증거가 되리니 이는 그들이 그 압박하는 자들로 말미암아 여호와께 부르짖겠고 여호와께서는 그들에게 한 구원자이자 보호자를 보내사 그들을 건지실 것임이라… 여호와께서 애굽을 치실지라도 치시고는 고치실 것이므로 그들이 여호와께 돌아올 것이라 여호와께서 그들의 간구함을 들으시고 그들을 고쳐 주시리라(사 19:1, 19-20, 22)

출애굽기 9:13-19에 소개된 하나님의 말씀에는 애굽을 향한 하나님의 기대가 담겨 있다. 훗날 이사야 선지자가 그런 기대를 "그 날에 애굽 땅 중앙에는 여호와를 위하여 제단이" 있을 것이라는 방식으로 선포하게 된다. 하나님이 바로를 돌림병으로 치지 않고 왕의 자리에 세워둔 것은 하나님의 이름이 온 천하에 전파되게 하기 위함이었지만, 바로가 교만하여 그런 기대를 충족시키지 못했다. 그 교만한 바로에게 하나님이 "무거운 우박"(바라드 카베드 메오드)을 내리시려고 한다. "대단히 무거

운 우박"(바라드 카베드 메오드)이다. 이 우박은 애굽에 나라가 생긴 이래
로 지금까지 한번도 내린 적이 없는 매우 매서운 우박이다. 들에 있는 사
람이나 짐승들이 그 우박에 맞으면 누구나, 무엇이나 금방 다 죽게 될 것
이다. 이 말씀에 대한 사람들의 반응은 그때나 지금이나 둘로 나뉜다. 하
나님의 말씀을 마음에 두는 사람은 구원을 받고, 하나님의 말씀을 마
음에 두지 않는 사람은 벌을 받으리라(9:20-21). 하나님이 다시 모세에게
지시한다. "너는 하늘을 향하여 손을 들어" 애굽 온 땅의 사람과 짐승과
밭의 채소에 우박이 "내리게 하라"(9:22). 원문은 "내리게 하라"가 아니
다. 모세가 하늘을 향해서 손을 내밀면 우박이 애굽의 온 땅에 "있게 될
(하야) 것이다"이다. 새번역은 이것을 "쏟아질 것이다"라고 옮겼다.

　　우박 재앙(9:22-26)은 지금까지 살핀 다른 어떤 재앙보다도 맹렬하고
심각하다. 모세가 하늘을 향해 지팡이를 들었을 때에 "여호와께서 우렛
소리와 우박을 보내시고 불을 내려 땅에 달리게" 하셨다(9:23a). 새번역
에 따르면 "주께서 천둥소리를 나게 하시고 우박을 내리셨다. 벼락이 땅
에 떨어졌다."이다. 하나님이 땅에 번개와 우박과 불을 내려 보내신다. 정
확하게는 "하나님이 보내셨다, 엄청난 소리와 우박을. 그리고 불이 땅으
로 치달리게 하셨다"(봐야훼 나탄 콜로트 우바라드 봣티할라크 에쉬 아르차)
이다. 하나님이 보내신 것은 "큰 소리"(콜로트)이다. 하늘에서 땅으로 내
려오는 큰 소리는 천둥소리이다. 번개가 땅에 떨어진 것이다. 하나님이 보
내신 것은 우박(바라드)이다. 그러나 우박만 보내신 것은 아니다. 불(웨
쉬)이 땅을 향해서(아르차) 달리게 하셨다(티할라크). 다른 말로는, "하나
님이 번개와 우박을 보내자 불이 땅에 꽂혔다!"(the Lord sent thunder and
hail, and fire darted to the ground, JKJV) 쉽게 말해 하나님이 애굽 땅에 우
박을 비처럼 퍼부으신 것이다(9:23b). 우박을 비처럼 내리게 하신 것이다.
이스라엘 자손이 거주하는 고센 땅을 제외하고는 애굽의 온 땅에, 온 땅
의 사람과 짐승들에게, 밭의 채소와 들의 모든 나무 위에 우박이 세차게

내리쳤다.

구약성경에서 우박은 하나님의 임재를 드러내는 상징이면서도 세상을 심판하는 하나님의 병기(?)이다. "여호와께서 하늘에서 우렛소리를 내시고 지존하신 이가 음성을 내시며 우박과 숯불을 내리시도다 그의 화살을 날려 그들을 흩으심이여 많은 번개로 그들을 깨뜨리셨도다"(시 18:13-14). "여호와께서 그의 장엄한 목소리를 듣게 하시며 혁혁한 진노로 그의 팔의 치심을 보이시되 맹렬한 화염과 폭풍과 폭우와 우박으로 하시리니 여호와의 목소리에 앗수르가 낙담할 것이며 주께서는 막대기로 치실 것이라"(사 30:30-31). 애굽 땅에 내리꽂히는 우박은 바로의 죄악에 대한 하나님의 엄중한 책벌이다.

하나님이 세차게 때리시는 회초리에 드디어 바로가 회개한다. "바로가 사람을 보내어 모세와 아론을 불러 그들에게 이르되 이번은 내가 범죄하였노라 여호와는 의로우시고 나와 나의 백성은 악하도다"(9:27). "내가 범죄하였노라." 바로의 입에서 "내가 죄를 지었다"(하타아티)는 소리가 나오고 있다. "여호와는 의로우시고"(야훼 핫차디크), 바로와 바로의 백성은 "악하다"(라샤)는 소리가 나오고 있다. "죄를 지었다"는 말은 과녁을 어겼다는 소리이다. 목표에서 빗나갔다는 소리이다. 바로가 하나님의 기대를 어겼다. 마침내 바로의 입에서 신앙고백(?)이 터져 나온다. 하나님은 의로우시고, 나는 악하다! 바로가 또 다시 모세에게 중보기도를 부탁한다. 하나님이 치시는 천둥소리와 우박을 그치게 해주소서! 그러면서 다짐한다. 이스라엘을 내보겠노라. 이스라엘은 더 이상 애굽에 머물지 않아도 된다! 그러나 바로의 고백은 마음으로부터 우러나오는 신앙고백은 아니다. 모세가 그것을 간파하고 있다. 바로와 그 신하들이 아직은 하나님을 경외하지 않고 있다(9:30). 바로는 지금 하늘에서 퍼붓는 재앙을 두려워하는 것이지, 그 재앙을 조종하시는 하나님을 두려워하는 것이 아니다. 하나님 경외는 말씀에 대한 순종에서 나온다. 그것이 참 신앙이다. 결코 재앙을 피하려는 두려움이나 무서움에서 나오지 않는다.

모세가 바로 왕 앞을 떠나서 하나님을 향하여 "손을 편다"(봐이프로스 카파브, 9:33a). 모세가 그 손(카프)을 하나님께로 뻗었다(파라스). 모세가 하나님께 손을 들어 기도하였다. 우렛소리와 우박이 그치고 땅에 비가 내리지 않게 되었다. 그러자 바로가 다시 죄를 짓는다. 또 고집을 부린다. "바로의 마음이 완악하여 이스라엘 자손을 내보내지 아니하였으니 여호와께서 모세에게 말씀하심과 같더라"(9:35). 재앙은 아직 더 계속되어야 한다.

10:1-20 여덟째 재앙은 메뚜기가 땅을 뒤덮는 재앙이다. 이 기사도 재앙 경고(10:1-11), 재앙 보도(10:12-15), 바로의 반응(10:16-20)으로 이루어져 있다. 그러나 다른 재앙기사에 비해서 이 재앙 기사는 재앙 경고에 관한 말씀을 길고 상세하게 다룬다.

메뚜기 재앙을 다루는 기사는 하나님이 바로와 그 신하들의 마음을 완악하게 하셨다는 보도로 시작한다(10:1-2). 이 보도에는 메뚜기 재앙에 대한 구체적 경고가 없다. 여기에서는 다만 하나님이 바로와 그 신하들의 마음을 완악하게 하신 이유만 소개된다. 하나님이 바로와 그 신하들의 마음을 완강하게 하신 것은 하나님의 "표징"을 바로와 그 신하들에게 보여주기 위함이다. 이스라엘 자손들은 그 표징을 보고 하나님이 여호와(야훼)인 줄을 알게 될 것이다.

메뚜기 재앙 경고는 모세와 아론이 바로에게 가서 전하는 하나님의 말씀 속에 들어 있다(10:3-6). 바로가 이스라엘을 계속해서 붙잡아 두고자 한다면 하나님이 온 땅이 어둡게 될 정도로 엄청나게 많은 메뚜기(아르베)를 바로의 궁궐 안에 들어가게 하실 것이라고 모세와 아론이 선포한다. 구약에서 메뚜기는 종종 심판의 도구로 활용된다(신 28:38, 42; 렘 51:27; 암 4:9; 7:1; 욜 1:4, 7, 17-20; 2:9-10, 25). 하나님께서는 메뚜기 떼가 지면을 덮어서 사람들이 땅을 볼 수 없을 정도가 되게 하실 것이다. 메뚜기 떼가 우박에 상하지 않았던 밭의 채소와 나무 열매까지 다 먹어치우는 일이 벌어질 것이다. 하나님이 우박을 비처럼 퍼붓던 재앙 때는 보리가 이삭이 나고, 삼은 꽃이 피어 있던 시절이었다. 그래서 삼과 보리가 모두 피해를 입었지만 밀과 쌀보리는 이삭이 팰 때가 아니었기에 피해를 입지 않았다(9:31-32). 그랬던 밀과 쌀보리를 메뚜기 떼가 다 먹어 치울 것이다.

메뚜기 재앙 기사가 특이한 것은 모세와 아론의 경고를 들은 바로의 신하들이 바로에게 보인 반응이다. "어느 때까지 이 사람이 우리의 함정이 되리이까 그 사람들을 보내어 그들의 하나님 여호와를 섬기게 하소서 왕은 아직도 애굽이 망한 줄을 알지 못하시나이까"(10:7). 바로의 신하들의 눈에 비친 애굽은 이미 망한 나라이다. 바로의 신하들의 눈에 비친 모세와 아론은 애굽을 패망의 늪에 빠지게 한 함정이다. 그래서 바로의 신하들이 주문한다. 지금이라도 "그 사람들을 보내어 그들의 하나님 여호와를 섬기게 하소서."

바로가 미완의 해결책을 모세에게 내놓는다(10:8-11). 하나님 앞에서 절기를 지키려면 남녀노소를 비롯한 양과 소를 데리고 가야 한다는 모세에게 바로는 "너희 장정만 가서 여호와를 섬기라"고 마지못해 말한다. 바로는 온 이스라엘을 애굽에서 내보낼 생각이 없다. 이스라엘의 어린아이들이라고 붙잡아 놓고자 한다. 아니, 어린아이들을 붙잡으면 그들의 부모들도 덩달아 애굽에 남게 될 것이라고 계산하고 있다. 바로에게는 애굽 사회를 몰락으로 몰고 가는 늪이 보이지 않는다. 바로에게는 오직 눈앞의 이익만 보일 뿐이다. 그런 바로 앞에서 모세와 아론은 오직 내쫓길 뿐이다(10:11).

모세가 애굽 땅 위에 그 지팡이를 들자 하나님이 동풍을 일으키신다(10:12-15). 하나님이 온 낮과 밤에 동풍을 일으키자 동풍을 따라서 엄청나게 많은 메뚜기 떼가 날아 왔다. 동풍이 메뚜기 떼를 불어 들였다. 그 메뚜기 떼가 애굽 땅에 남아 있던 채소나 푸른 것을 닥치는 대로 먹어치웠다. 바로가 모세와 아론을 급히 다시 부른다. "내가 너희의 하나님 여호와와 너희에게 죄를 지었으니 바라건대 이번만 나의 죄를 용서하고 너희의 하나님 여호와께 구하여 이 죽음만은 내게서 떠나게 하라"(10:16-17).

하나님이 이번에는 강렬한 서풍이 불게 하셨다. 메뚜기 떼를 하나도 남기지 않고 홍해로 몰아넣으셨다. "그러나 여호와께서 바로의 마음을 완악하게 하셨으므로 이스라엘 자손을 보내지 아니하였더라"(10:20).

10:21-29 아홉째 재앙은 흑암(호세크)이 땅을 덮는 재앙이다. 흑암은 하나님이 세상을 심판하시는 도구이다(사 8:22; 겔 32:7-8; 욜 2:2; 습 1:5). 온 애굽 땅에 흑암이 내린다는 것은 천지창조의 첫째 날 이전으로(창 1:2) 돌아가게 한다는 뜻이다.[9] 애굽 사회가, 애굽 문명이, 애굽 왕국이 창조 이전의 혼돈(chaos)으로 되돌아가게 된다는 뜻이다. 하나님이 모세를 통해서 이 흑암을 경고하고(10:21), 모세가 "하늘을 향하여" 손을 내밀자 사흘 동안 이스라엘이 거주하는 곳을 제외한 온 애굽 땅에 흑암이 있게 된다(10:22-23). 이 흑암은 사람들이 서로의 얼굴을 볼 수 없을 정도로 깜깜한 흑암이다. 그런 흑암이 온 애굽 사회를 지배하는 동안 "이스라엘 자손들이 거주하는 곳에는 빛이 있었더라"(10:23).

바로의 반응은 양과 소를 제외한 사람들은 다 함께 데리고 가라는 말로 요약된다. 이번에는 어린 아이들도 데리고 가라고 외친다. 그러나 소나 양은 안 된다. 그것은 당장 사용 가능한 애굽의 재산이기 때문이다. 모세는 소나 양을 재산의 측면에서 보지 않는다. 하나님께 드릴 제사와 번제물의 수단으로 본다(10:25-26). 모세는 가축을 결코 양보하지 않는다. 하나님이 바로의 마음을 완악하게 하셨기 때문이다(10:27). 바로가 모세에게 선언한다. "너는 나를 떠나가고 스스로 삼가 다시 내 얼굴을 보지 말라 네가 내 얼굴을 보는 날에는 죽으리라"(10:28). 바로의 얼굴을 다시 보지 않으리라고 마음먹기는 모세도 마찬가지다. 모세도 바로를 향하여 외친다. "내가 다시는 당신의 얼굴을 보지 아니하리이다"(10:29).

여기에서 주목할 것은 흑암이 애굽 땅을 지배하는 동안이라도 "이스라엘 자손들이 거주하는 곳에는 빛이 있었더라"는 지적이다(10:23). 열 가지 재앙 중 넷째 재앙에서부터 출애굽기 본문은 이스라엘이 사는 땅 고센이 애굽 땅과 구별되어 있음을 지적하고 있다(8:22; 9:4, 26; 10:23; 11:7). 맨 마지막 세 재앙은 애굽의 태양 숭배에 대해서 내린 하나님의 심판이다. 재앙의 소재로 거론되는 대상이 점증적으로 확대되고 있다. 강 → 육지 → 집 → 가축 → 사람 → 사람의 몸 → 사람의 마음으로 파고들고 있다. 특별히 첫째 재앙이 애굽 사람이 신성시하는 나일 강에 대한 풍자라면, 아홉째 재앙은 애굽의 태양신 아문-라(Amun-Ra)에 대한 조롱이다. 애굽 사회에서 애굽 왕 바로는 한 사람의 군주로 그치지 않는다. 그는 온 애굽의 술사와 박사, 술객, 제사장들에 둘러싸인 애굽 사회를 대표하는 살아 있는 신이다. 출애굽 이야기에서 애굽의 백성들은 이 바로를 위해서 종사하는 농노에 지나지 않는다.

모세가 하나님의 뜻을 실행에 옮겼다는 사실은 그가 단순히 한 사람의 완고한 군주와 맞서 싸웠다는 것만을 가르치지 않는다. 모세는 오랜 세월(최소한 2,000년 동안!) 지속되어 온 애굽의 전 문명과 맞서 싸우고 있다. 하나님의 일을 한다는 것은, 하나님의 뜻을 세속 속에 구현하기 위해서 노력한다는 것은 세속에 거슬려 홀로(!) 나서야 된다는 것을 의미한다.

11:1-10 이 본문은 예고이다. 하나님이 모세에게 말씀하신다. "내가 이제 한 가지 재앙을 바로와 애굽에 내린 후에야 그가 너희를 여기서 내보내리라…"(11:1). 한 가지 재앙이 더 있고 난 다음에야 바로가 이스라엘을 애굽에서 내보낼 것이다. 이스라엘은 이제 구체적으로 출애굽을 준비해야 한다. 여행물자를 준비해야 하고(11:2), 마지막으로 바로에게 최후통첩을 해야 한다(11:4-8). 여기에서 이스라엘의 남녀는 그 이웃에 사

는 남녀에게 각각 "은붙이와 금붙이를 요구하게 하여라"(11:2, 새번역)는 지시가 떨어진다. "요구하라"(솨알)는 지시는 애굽 사람들의 물품을 약탈하거나 빌리라는 소리가 아니다. 이 요청은 오랫동안 애굽 사람들 밑에서 노예살이를 했던 이스라엘에게 애굽 사람들이 정당한 품삯을 지불하라는 소리로 들어야 한다.[10] 노예를 내보내는 주인은 누구나 그 노예를 결코 빈손으로 내볼 수 없다는 법적인 요구가 이 말에 담겨 있다. 드디어 이스라엘이 애굽 사람들의 은혜를 받게 되고 모세와 아론은 바로와 그 신하, 그 백성들의 눈에 위대하게 비쳐지게 된다. 곧 하나님이 밤중에 애굽 가운데로 들어가실 것이다. 그러면 애굽 땅에 있는 처음 난 것들은 모두 죽게 될 것이다. 애굽 온 땅에 전무후무한 큰 부르짖음이 있게 될 것이다. 그러나 이스라엘 자손에게는 그런 일이 닥치지 않을 것이다. 하나님이 애굽 사람과 이스라엘 사이를 구별하셨기 때문이다. 그 후에 바로와 바로의 온 신하가 모세에게 와서 "너와 너를 따르는 온 백성은 나가라"고 외치게 될 것이다.

본문은 왜 애굽 땅에 재앙이 연이어 일어나게 되었는지를 설명한다(11:9-10). 재앙이 연거푸 일어난 것은 바로가 모세의 말을 듣지 않았기 때문이다. 재앙이 점점 더 강도를 높이게 된 것은 바로가 이스라엘 자손을 그 나라에서 보내지 않았기 때문이다. 바로가 그 마음을 완악하게 먹도록 하나님이 바로의 마음을 심판하셨기 때문이다. 애굽에 내린 재앙은 하나님이 누구이신 줄을 알게 하는 하나님의 놀라운 일(*magnalia Dei*)이다. 하나님이 일련의 재앙을 주도하신 목적은 "네가 이로 말미암아 나를 여호와인 줄 알리라"는 말에 들어 있다(7:17; 8:10, 22; 9:14, 29; 10:2, 7; 11:7). "여호와"(야훼) 하나님이 누구인줄을 알게 한다는 것은 "여호와"(야훼) 하나님의 주권에 대한 인식을 확실하게 한다는 뜻이다.

출애굽기 11:9-10은 하나님이 바로의 마음을 완고하게 함으로 출애굽 사건이 지연되었음을 밝힌다. 기억해야 되는 것은 하나님께서 바로 왕의 마음을 강퍅하게 하셨다는 사실이다. 바로 왕의 강퍅함이 하나님으로부터 비롯되었다는 것이다. 하나님이 흑암을 온 애굽 사회에 드리우게 한 것은 태양의 아들로 여겨지는 바로조차 "여호와"(야훼) 하나님의 장중(掌中)에 있음을 일깨워 주기 위함이다. 바로 왕의 마음이 완악해지는 것이 재앙의 원인이 아니다. 바로 왕의 마음이 완악하기에 재앙이 애굽 땅에 내린 것이 아니라, 야훼 하나님의 특별하신 계획에 따라 애굽 땅에 재앙이 내린 것이다. 하나님은 애굽 왕의 마음이 완고해지는 과정을 통해서 애굽 땅에 행하는 이적을 "증대시키고" 있다. 애굽 땅에 내린 재앙을 "하나님의 폭력"으로 단정 지어서는 안 된다. 그것은 히브리 사람을 해방시키려는 하나님의 "자기 계시"로 보아야 한다.

하나님은 바로 위에 군림(!)하신다. 바로의 강퍅함은 하나님의 구원사에 요청되는 소도구이다. 하나님이 이스라엘과 유다를 징계하시기 위해서 앗수르와 바빌론의 왕들을 도구로 활용하신 것처럼, 출애굽의 역사에서도 하나님은 애굽의 바로를 활용하고 있다. 애굽의 바로를 활용해서 하나님의 주권을 극적으로 나타내고 있다.

출 12:1-36

바로의 절규, "일어나 내 백성 가운데 떠나라"

출애굽기 12:1-36은 열째 재앙을 다룬다. 이 본문은 지금까지 살펴본 일련의 재앙 기사들과는 그 구성에서 약간 차이가 있다. 유월절에 관한 규례와 무교병을 먹는 절기에 관한 가르침이 본문 서두에 길게 자리 잡고 있다. 그러나 재앙을 예고하는 하나님의 말씀이 유월절·무교절 절기에 관한 하나님의 지시 속에 섞여 있다는 것만 다를 뿐 본문의 진행이 재앙 예고(12:1-27a), 재앙 보도(12:27b-30), 재앙 뒤의 반응(12:31-36) 순으로 이어지고 있다는 점에서는 다르지 않다.

열째 재앙 기사에서 두드러지는 것은 긴 재앙 예고(12:1-27a)이다. 그 재앙 예고 속에 유월절·무교절을 지키라는 하나님의 말씀이 먼저 나오고 (12:1-20), 뒤를 이어서 이스라엘 자손에게 첫 유월절을 지키라고 권고하는 모세의 가르침이 나온다(12:21-27a). 또 그 말씀에 대한 이스라엘의 순종(12:27b-28)이 재앙 보도(12:29-30) 바로 앞에 자리 잡고 있다는 점도 독특하다. 여태까지 이스라엘 자손은 하나님이 예고하시는 재앙 소식에 그 어떤 반응도 보이지 않았다. 그러나 이번에는 다르다. 이스라엘 백성이 모세의 말을 듣고는 "머리 숙여" 하나님을 경배하였다. 그러고는 모세·아론을 통해서 들은 하나님의 말씀을 그대로 행동으로 옮겼다. 그리고 밤중에 터진 열째 재앙은 바로와 애굽 사람들의 기세를 꺾고 마침내 이스라엘 자손들에게 출애굽 행진의 발걸음을 떼게 한다(12:34-36).

12:1-27a, 27b-28 왜 하나님은 열째 재앙을 예고하시기 전에 유월절 절기에 관한 말씀을 먼저 하실까? 아니, 왜 처음 난 것들의 죽음을 예고하는 경고가 유월절·무교절 절기를 지키라는 긴 말씀 속에 짤막하게 (12:12-13) 삽입되어 있을까? 그것은 신앙절기가 역사를 꾸미기 때문이다.[11] 하나님의 시간이 역사를 인도하기 때문이다. 예배가 출애굽 사건을 구현하기 때문이다. 유월절은 하나님이 주신 절기이다. 출애굽은 그 유월절의 실현이다.

출애굽기 12:1은 하나님이 "애굽 땅에서" 모세와 아론에게 말씀하셨다는 것을 새삼 밝히고 있다. 하나님이 유월절을 지키라고 말씀하신 곳이 애굽이고, 유월절을 지키라고 말씀하신 때가 출애굽 행진 직전이라는 것을 밝히고 있다. 이스라엘은 출애굽의 날을 "달의 시작(로쉬 하다쉬) 곧 해의 첫 달이" 되게 해야 한다(12:2). 하나님의 구원을 경험하게 된 날을 시간의 들머리로 삼아야 한다. 하나님의 백성으로 구원받은 그 첫날을 시간의 출발로 삼아야 한다. 세속의 시간표를 하나님이 이끄시는 역사에 맞추라는 것이다. 일상의 시간표를 하나님이 주장하시는 구속사에 맞추라는 것이다.

유월절 절기는 두 주간 지속된다. 출애굽이 개시된 달 열흘에 이스라엘은 각 가족대로 그 식구를 위해 어린 양을 정하고, 그 달 열나흘날까지 간직하였다가 해 질 때에 그 양을 잡고, 그 피를 양을 먹을 집 좌우 문설주와 인방에 바르고, 그 고기를 불에 구워 무교병, 쓴 나물과 함께 신속하게 남김없이 먹어야 한다. 출애굽 여정의 첫 두 주간은 유월절 희생과 함께 보낸다. 여기에서 주목해야 하는 것이 유월절 희생으로 잡은 양의 피를, 양을 먹을 집 좌우 문설주와 인방에 바른다는 사실이다. 그 양의 피가 하나님이 애굽 땅을 칠 때에 이스라엘을 위한 표적이 된다.

> 내가 애굽 땅을 칠 때에 그 피가 너희가 사는 집에 있어서 너희를 위하여 표적이 될지라 내가 피를 볼 때에 너희를 넘어가리니 재앙이 너희에게 내려 멸하지 아니하리라(12:13)

유월절 양의 피는 이스라엘을 위한 표적이다. 하나님이 보고 "넘어가실" 사인(sign)이다. 이스라엘 신앙에서 피는 본래 생명을 담는 그릇이다(레 17:11, 14). 피 속에 생명이 있다. 피가 곧 생명이다. 그 피를 하나님이 구원의 도구로 삼으신다. 창조됨의 상징을 구원받음의 도구로 사용하신다. 피가 구원의 열매를 낳는다. 구원받음은 피 값이다.

유월절 규례(12:3-11)는 하나님이 이스라엘을 애굽에서 구원하신 날을 "기념하기 위하여"(르지카론) 대대로 지키는 "여호와의 절기"(하그 라야훼)이다(12:14). 이스라엘의 절기가 아니다. 하나님의 절기이다(12:11, 14, 27). "절기"(하그)는 반복된다. "절기"는 특별한 잔칫날이다. 하나님이 하신 일을 기억하여 하나님 앞에서 지키는 절기이다(12:42). 하나님이 이루신 구원을 기억하고 그 구원을 감사하며 소망하는 절기이다. 과거에 하나님이 이루신 구원, 오늘 하나님이 이루시는 구원, 내일 하나님이 이루실 구원을 기억하고 감사하고 소망하는 절기이다. 하나님이 역사 속에서 이루신 사건이 출애굽이라면 유월절은 그 출애굽을 기억하고 감사하고 소망하는 절기이다.

유월절 절기 동안 이스라엘은 무교병과 쓴 나물을 먹어야 한다(12:8). 유월절이 무교병을 먹는 절기(12:15-20)로 이어지는 것은 이스라엘이 종살이하던 애굽에서 나온 날을 기념하기 때문이다. 유월절 절기 두 주간 동안 이스라엘은 무교병과 쓴 나물을 먹어야 한다. 누룩이 들어가지 않은 빵을 먹어야 하는 것은 출애굽 행진이 개시되던 날 밤에 이스라엘이 "발교되지 못한 반죽 담은 그릇을 옷에 싸서 어깨에 메었던"(12:34) 것을 기억하기 때문이다. 하나님이 이스라엘을 애굽 땅에서 인도하여 내던 날을 기억하기 때문이다.

유월절·무교절은 출애굽을 낳은 절기이다. 출애굽을 기억하는 절기이다. 출애굽을 기념하는 절기이다. 하나님이 역사 속에 오셔서 큰 구원을 일으키신 것을 상기하는 절기이다. 이스라엘은 유월절·무교절의 은총을 자녀들에게 가르쳐야 한다. "여호와께서 애굽 사람에게 재앙을 내리실 때에 애굽에 있는 이스라엘 자손의 집을 넘으사 우리의 집을 구원하셨느니라…"(12:27a; 비교, 13:8). 유월절에는 두 가지 뜻이 있다. 구약의 유월절은 신약에 와서는 예수 그리스도의 고난 → 부활 절기와 겹친다. 유대교의 유월절 절기 때 예수께서는 골고다에서 십자가에 달리셨다. 그때 예수 그리스도가 지신 십자가의 피가 세상을 구원하였다. 유월절 절기를 지킬 때 잡았던 양의 피는 십자가의 피에 와서 그 의미가 새롭게 된다. 또 구약의 유월절은 오늘날 교회력으로는 성탄절의 은총과도 겹친다. 하나님이 역사 속에 오신 날을 기념하는 절기가 출애굽기의 유월절이다. 하나님이 세상을 구원하시고자 아기 예수로 역사 속에 오신 날을 기념하는 절기 성탄절이다.

12:29-36 하나님이 경고(12:12-13)하신 대로 "밤중에"(바-라엘라) 하나님이 애굽 땅을 두루 다니시며 사람이나 짐승이나 그 처음 난 것들을 치셨다. 질병으로 치시던 하나님이, 생태계의 혼돈으로 치시던 하나님이, 이번에는 "파괴자"(마쉬히트)가 되어 애굽 사회를 심판하신다. 애굽에서 처음 난 것들을 죽이신다. 그 밤에 통곡하는 소리가 온 애굽 땅을 울렸다. 출애굽의 밤은 애굽 사람들에게는 통곡의 밤이다. 그러나 이스라엘에게는 새 생명이 시작되는 밤이다. 여기에 죽음과 생명의 엇갈림이 있다. 심판과 구원의 엇갈림이 있다. 그날 한편에서는 죽음을 애도하지만, 다른 한편에서는 구원을 찬양한다. 그날 구원 받는 자와 심판받는 자로 사람들이 갈라지게 되리라!

열째 재앙은 "밤중"에 일어났다. 하나님이 그 밤에 애굽 땅에 있는 모든 처음 난 것들을 다 치셨다. 하나님이 애굽에서 처음 난 것들을 치신 것은 애굽 땅에서 태어난 히브리 유아들을 학살했던 바로의 죄악에 대한 징계이다(참조, 1:22). 하나님이 애굽 땅에서 난 맏배들을 치신 것은 미디안을 떠나 애굽으로 가려던 모세에게 하나님이 주신 약속의 실현이다(참조, 4:23).

이스라엘 신앙에서 밤은 아침을 준비하는 시간이다. 창조의 첫 일주일은 때마다 "저녁이 되고 아침이 되니 이는 몇 째 날이다"라고 밝히고 있다. 이스라엘 신앙에서 시간은 저녁에서 아침으로 간다. 밤에서 새벽으로 간다. 이스라엘에게 밤은 새벽을 맞이하고자 준비하는 시간이다. 이스라엘에게 저녁은 아침을 맞이하고자 채비하는 시간이다. 저녁이 경건해야 한다. 밤이 경건해야 한다. 그래야 아침이, 새벽이 건강해진다. 그렇지만 출애굽의 날 애굽 사람이 맞은 "그 밤"은 통곡의 밤이다. 장례를 준비해야 하는 밤이다. 반(反)하나님으로 살아왔던 시간의 열매를 쓰게 맛보아야 하는 시간이다. 출애굽의 밤의 명암이 이스라엘과 애굽에게 엇갈리고 있다. 출애굽의 밤은 오늘의 교회에도 교훈을 준다. 예수 그리스도 안

에서 새 길을 걷는 여정이 기독교 신앙의 출애굽이다. 그 여정은 과거형이
어서는 안 된다. 그 여정은 언제나 현재진행형이어야 한다. 그 여정에 나
서는 자는 밤의 문화를 청산해야 한다. 밤의 향락을 거두어야 한다. 아침
을 준비하자. 새벽을 준비하자. 출애굽의 막이 오르는 새 삶을 기대하자.

출 12:37-13:16

이스라엘의 해방, "사백삼십 년이 끝나는 그 날에"

출애굽은 탈출이 아니다. 이스라엘이 스스로 노력해서 애굽으로부터
벗어난 해방이 아니었다. 출애굽기에 이스라엘이 애굽에서 "나왔다"는
언급이 없는 것은 아니지만(참조, 13:4) 이스라엘은 스스로 애써서 나온
것이 아니라, 나오도록 인도함을 받았다. 하나님이 이스라엘 자손을 "그
무리대로 애굽 땅에서 인도하여 내셨더라"(12:51; 13:9b, 16b). 출애굽은
전적으로 하나님이 이스라엘에게 베푸신 은총이다.

열 가지 재앙에 이어 이스라엘 자손이 애굽에 거주한 지 430년 만에
드디어 애굽 땅을 떠나게 된다(12:37-42). 하나님이 이스라엘을 인도하
여 내신다. 마침내 이스라엘이 "여호와의 군대"(치브오트 야훼)로 불린다
(12:41). 라암셋을 떠난 이스라엘은 처음에 숙곳에 이르렀다(출 12:37; 민
33:5-6; 비교, 수 13:27). "이르렀다"는 말은 장막을 쳤다는 뜻이다. 라암
셋을 떠난 이스라엘 무리의 행렬이 맨 처음 캠프를 차린 곳은 숙곳이다.
숙곳은 애굽과 광야를 나누는 경계선 근처의 고을을 가리킨다. 그러나
숙곳이 히브리어에서는 초막절(Feast of Booth)을 가리키는 명칭(참조, 레
23:33-43)이기도 하다는 점에서 이스라엘이 라암셋을 떠나 처음 진을 친
곳은 다름 아닌 하나님께 예배드리는 곳이었다는 뜻이 되기도 한다.[12]
지금도 이스라엘의 유대인은 초막절에 애굽을 떠나 약속의 땅 가나안에
오기까지 그 조상들이 거쳐 왔을 광야생활을 생각하며 신앙절기로 지킨

다. 애굽에서 약속의 땅으로 오는 길을 순례 길의 범례로 간주하여 하나님이 베푸신 구속의 은총을 기억하는 예배를 드린다. 그런 점에서 이스라엘의 행렬이 맨 먼저 숙곳에 이르렀다는 것은, 바로를 섬기던 자들이 이제부터는 하나님을 섬기는 자가 되었다는 것을 암시한다.[13] 하나님은 이스라엘의 발걸음을 인도하시는 주님이시다. 역사를 관장하시는 하나님이시다.

출애굽의 밤은 "여호와의 밤"이다(12:42). 이 밤은 이스라엘이 기억해야 한다. 이스라엘과 함께하는 회중이라면 누구나 하나님이 이스라엘 자손을 애굽 땅에서 인도하여 내셨던 "여호와의 밤"을 지켜야 한다. 그것이 바로 무교병을 먹는 절기이다(13:1-10). 이스라엘은 가나안 땅에 들어가서는 "태에서 처음 난 모든 것"을 그것이 사람이든지 가축이든지, "여호와의 것으로" 하나님께 돌려 드려야 한다(13:11-16). 출애굽하던 날 하나님이 "애굽 나라 가운데 처음 난 모든 것은 사람의 장자로부터 가축의 처음 난 것까지 다 죽이셨기" 때문이다(13:15). 그러기에 이스라엘은 처음 난 모든 수컷을 하나님께 드려 대속함을 받아야 한다. 애굽을 기념하는 예식이다(12:43-13:16).

출애굽은 열 가지 재앙이 끝난 후에 얻어진 열매이다. 정확히 말해 열 번째 재앙의 결과가 출애굽을 이끌어냈다. 출애굽기 13:1-16은 거듭 출애굽 해방 사건을 기념하는 절기를 "달의 시작 곧 해의 첫 달이 되게 하라"고 강조한다. 문자적으로 이날은 아빕월 15일이다. 바벨론 포로기부터는 니산월 15일이다. 출애굽 사건은 "희생의 피"로 이루어진 대속적인 구원이다. 출애굽은 한 번 있었던 사건으로 그치는 사건이 아니다. 예배와 절기로 영원토록 기억하고 보존해야 할 사건이다. 열 번째 재앙에 대한 예고와 성취 사이에 "희생의 피"와 "고난의 떡"으로 기념되어야 할 절기에 대한 규정이 거듭 선포되고 있는 까닭을 바로 새겨야 한다. 출애굽의 밤은 "고난의 떡"을 먹으면서 대대로 기념해야 할 해방의 날이다. 이 출애굽의 밤은 오늘 우리 신앙인들에게 십자가의 고난을 통하지 않고는, 예수의 몸과 피에 동참하지 않고서는 부활의 기쁨이 없다는 것을 일깨워 주고 있다.

출애굽은 야훼 하나님의 유월절을 기념하는 사건이다. 하나님이 애굽 땅의 모든 초태생을 죽이시는 심판을 실시하실 때 양(염소)의 희생적 피를 통해서 속량되고 보호되었음을, 이스라엘 신앙은 절기로서 표현하고 지키게 된다. 열 번째 재앙기사는 바로 왕에 대한 징벌보다는 바로 왕에 대한 징벌의 와중에서 대속적 희생의 피로 구원받게 되는 이스라엘의 구원을 강조하고 있다. 예수 그리스도의 십자가는 죄 없이(!) 죽은 초태생들의 죽음을 전제한 유월절 사건의 완성이다(막 14:16; 고전 5:7). "보라 세상 죄를 지고 가는 하나님의 어린 양이로다"(요 1:29). "그러므로 너희가 그리스도와 함께 다시 살리심을 받았으면 위의 것을 찾으라"(골 3:1).

---

1) G. von Rad, *Holy War in Ancient Israel* (Grand Rapids: Eerdmans, 1991), 39–134.

2) Cassuto, *Exodus*, 92-93; Childs, *Exodus*, 151-153. 이를테면 첫째 사이클(강/피, 개구리, 이) + 둘째 사이클(파리, 가축의 죽음, 악성 종기) + 셋째 사이클(우박, 메뚜기, 흑암) + 처음 난 것의 죽음.

3) Fretheim, *Exodus*, 101.

4) 출애굽기에 소개된 지명의 쓰임새에 대해서는 M. D. Oblath, *The Exodus Itinerary Sites: Their Locations for the Perspective of the Biblical Sources* (New York: Peter Lang, 2004), 77-169; G. I. Davies, "The Wilderness Itineraries and the Composition of the Pentateuch," *VT* 33(1983), 1-13; G. W. Coats, "The Wilderness Itinerary," *CBQ* 34(1972), 135-152.

5) Dozeman, *Exodus*, 211-212.

6) Fretheim, *Exodus*, 105-106.

7) Sarna, *Exodus*, 44-45.

8) Fretheim, *Exodus*, 124-125.

9) Fretheim, *Exodus*, 129-130.

10) Cassuto, *Exodus*, 44.

11) Childs, *Exodus*, 195-206; Fretheim, *Exodus*, 133-136.

12) Dozeman, *Exodus*, 283.

13) Dozeman, *Exodus*, 206; J. Blenkinsopp, "Memory, Tradition, and the Construction of the Past in Ancient Israel," in *Treasures Old and New: Essays in the Theology of the Pentateuch* (Grand Rapids: Eerdmans, 2004), 1-17.

숙곳에서 시내 산까지, 이스라엘이 걷는 "홍해의 광야 길"

출 13:17-18:27

출애굽기 13:17-18:27은 애굽을 떠난 이스라엘이 "홍해의 광야 길"(13:18)을 따라서 시내 광야 시내 산에 이르는 여정을 소개한다. "바로가 백성을 보낸 후에"(또는 "바로가 백성을 내보냈을 때," 봐예히 브샬락흐 파르오 에트-하암, 13:17a)에서부터 "이스라엘 자손이 애굽 땅을 떠난 지 삼 개월이 되던 날 그들이 시내 광야에 이르니라"(19:1)까지가 본문이 다루는 범위이다. 애굽 땅에서 나온 이스라엘이 시내 광야 시내 산에 당도하기까지(19:1) 헤쳐 갔던 발걸음이 여기에 소개되고 있다. 애굽의 숙곳(13:20) → 에담(13:20) → 비하히롯(14:9) → 홍해(14:21-22) → 수르 광야(15:22) → 마라(15:23) → 엘림(15:27) → 신 광야(16:1) → 르비딤(17:1) → 시내 광야(19:1)에 이르는 여정이다.

이스라엘이 걷는 길은 광야 길이다. 애굽의 국경선 너머 맞이하는 바다를 건넌 다음부터는 광야 길을 걸어야 한다. 애굽에서 가나안으로 가는 가장 빠른 길은 "블레셋 사람의 땅의 길"(13:17)로 가는 것이었다. 그러나 하나님은 가까운 그 길을 놔두고 먼 길을 돌아서 가게 하신다. 이제부터 이스라엘은 야영하게 된다. 광야 길에 들어서면서부터 이스라엘은 장막을 치고 거두는 생활을 반복하게 된다. 시내 광야의 시내 산에 당도하기까지 이스라엘은 줄곧 "홍해의 광야 길"(데렉 함미드바르 얌-수프, 13:18)을 걸어야만 했다. 이 출애굽 여정에는 시련과 위기가 따른다. 광야 길로 돌아가기 때문이다. 그러나 하나님은 그때마다 이스라엘에게 하나님이 누구이신지를 보고, 듣고, 체험하게 하신다. 사람 편에서 보면 광야 길은 시련의 연속이다. 하나님 편에서 보면 광야 길은 배움의 길이다. 하나님의 사람이 되는 길이다.

하나님이 이스라엘에게 베푸시는 일은 작은 일이 아니다. 대단히 놀라운 일이다. 하나님은 이스라엘에게 "큰 일"을 베푸시면서 구원하신다. 이스라엘에게 바다를 물처럼 건너는 구원을 베푸신다. 애굽 사람들을 바다 가운데 함몰시켜 버리신다(14:1-31; 15:1-21). 타는 목마름으로 헐떡이던 이스라엘에게 물을 공급하시고(15:22-27; 17:1-7), 주린 배를 움켜잡고 하소연하던 이스라엘에게 떡(만나)을 공급하신다(16:1-36). 하나님을 시험하는 이스라엘을 하나님이 깨우쳐 주시고(17:1-7), 광야 길에 도사리고 있던 아말렉을 무찌르게 하신다(17:8-16). 광야는 하나님이 어떤 분이신지를 경험하고 고백하는 교실이다. 그 교실에서 이스라엘은 하나님이 신 중에서 가장 큰 신이신 것을 배우면서(18:1-12) 공동체 생활에 필수적인 제도를 갖추게 된다(18:1-27).

출 13:17-22

돌아가게 하는 길, 돌아가자는 길

출애굽 루트(route)는 "홍해의 광야 길"로 돌아서 가는 길이다. 하나님은 애굽을 떠나는 이스라엘을 "홍해로 가는 광야 길"로 돌아가게 하셨다. 빠른 길이 아니라 먼 우회로(迂廻路)로 인도하셨다. 하나님은 이스라엘 자손의 출애굽 루트를 블레셋 사람의 땅을 관통하는 길, 곧 지중해 해변 길을 따라 가나안으로 올라가는 길로 인도하지 않으셨다. 애굽에서 가나안까지 빨리 가는 길은 블레셋 사람의 땅의 길을 걷는 것이다. 이 길은 쉽게 가는 길이다. 그러나 하나님은 그 길로 인도하지 않으셨다. 이스라엘이 그 길로 가다가 블레셋과 전쟁이라도 하게 되면 애굽으로 되돌아가자는 소동을 벌이지 않을까 염려하셨기 때문이다.

출애굽 루트는 하나님이 인도하시는 길이다. 이스라엘이 나선 길이 아니다. 하나님이 인도하신 길이다. 출애굽은 해방이기보다는 구원이다. 하나님이 "인도하셨다"는 언급이 출애굽기 13:17-18 속에 연거푸 반복되고 있다. 출애굽한 이스라엘이 마주칠 가장 큰 위협은 환(還)애굽하려는 충동이다. 그래서 이스라엘은 먼 길로 돌아서 가게 된다. 그 길은 하나님이 이끄시는 길이다. 도로 돌아가자는 길은 사람들이 선동하는 길이다. 돌아가는 길이 아니다. 돌아서 가는 길이다. 하나님의 백성으로 나서서 가나안으로 가는 길은 돌아서 가는 길이다. 약속에서 성취로 나아가는 길은 지름길이 아니다. 그 길은 항상 돌아서 가는 길이다. 그 길을 걷는 자들이 극복해야 할 가장 큰 위험은 떠났던 곳으로 도로 돌아가자는 충동이다. 그 충동을 반드시 이겨내야 한다. 그래야 "하나님을 사랑하는 자 곧 그의 뜻대로 부르심을 입은 자들에게는 모든 것이 합력하여 선을 이루게"(롬 8:28) 되는 은혜를 체험할 수 있다.

이스라엘은 애굽 땅에서 나올 때에 "대열을 지어"(13:18) 나왔다. 홍해로 가는 광야 길로 돌아서 가게 되었지만 그 행렬은 "대열을 지어" 이동하는 행렬이다. 여기, "대열을 지어"(하무쉼)는 문자적으로 "다섯 부대로 편성된 군대로"라는 뜻이다.[1] "하무쉼"은 군대 용어로, 다섯 개의 부대로 편성된 군대를 가리킨다. 애굽 땅을 나올 때 이스라엘은 이미 하나님의 군대로 조직된 군사들이었다는 것이다. 하나님이 이스라엘을 "홍해의 광야 길로 돌려" 인도하셨지만, 그 길에 들어선 자들의 행렬을 하나님은 군사처럼 다듬어 놓으셨다. 그 뜻을 이해해야 한다. 그 섭리를 파악해야 한다.

이스라엘 자손은 대열을 지어 애굽 땅에서 나올 때 요셉의 유골을 가지고 나왔다(13:19). 요셉이 그렇게 해달라고 유언하였기 때문이다(창 50:24-25). 요셉은 죽어서, 죽어서라도 출애굽의 은총에 참여하게 될 것을 고대하였다. 야곱의 자손 중 맨 먼저 애굽으로 내려간 자는 요셉이다. 팔려갔던 길이지만, 요셉은 그 길 안에 하나님의 섭리가 있었다고 추억하였다. 자기를 팔았던 형들의 잘못을 용서하였다. "당신들은 나를 해하려 하였으나 하나님은 그것을 선으로 바꾸사 오늘과 같이 많은 백성의 생명을 구원하게 하시려 하셨나니"(창 50:20). 따지고 보면, 야곱의 식구들이 가나안에서 애굽으로 내려가게 된 것은 하나님이 하신 일이었다. 기근을 피해 잠시 머물고자 한 세월이 어느덧 430년이나 흘렀다. 이제는 올라가야 한다. 하나님이 아브라함과 이삭과 야곱에게 주리라고 맹세하신 땅으로 올라가야 한다. 그리고 하나님이 야곱의 후손들을 애굽에서 가나안으로 올라가게 하신다. 이스라엘은 애굽에 있어서는 안 된다. 가나안에서 애굽으로 가는 길을 연 첫 번째 사람이 요셉이었다면, 애굽에서 가나안으로 올라가는 길의 마지막 주자도 요셉이 되어야 한다. 그래서 모세는 요셉의 유골을 가지고 애굽 땅을 나선다.

애굽 땅을 나선 이스라엘이 애굽의 숙곳을 떠나서 광야 끝 에담에 장막을 쳤다(13:20). 이제부터 이스라엘은 "떠나고"(나사) "진을 치는"(하난) 야영객이 되어야 한다. 떠나기 위해서는 장막을 거두어야 한다. 장막을 치면 머물러야 한다. 이스라엘이 감당해야 하는 야영은 힘든 생활이다. 험한 생활이다. 그러나 하나님이 인도하시는 길이다. 이스라엘이 애굽의 숙곳을 떠나서 광야 끝 에담에 장막을 치기까지 하나님은 이스라엘의

"앞에서"(13:21) 가셨다. 하나님이 직접 인도자가 되신 것이다. 낮에는 구름기둥이, 밤에는 불기둥이 이스라엘 백성 앞에서 떠나지 않게 하셨다. 이스라엘의 행진이 낮이나 밤이나 계속될 수 있도록 이끄신 것이다.

출 14:1-31

"여호와께서 너희를 위하여 싸우시리니"

출애굽 여정의 첫 난관은 바다를 건너는 일이다. 이 이야기의 배경은 "바다"(얌)이다. 이스라엘이 바다를 건너는 이 이야기는 두 단락으로 구성된다. 하나는 바다를 건너기 전의 상황이고(14:1-18), 다른 하나는 바다를 건너는 장면이다(14:19-31).

출애굽기 14장에서는 "바다"라는 단어가 모두 17번 사용되는데 그중에 5번은 전자에, 12번은 후자에 나온다(2[2회], 9, 16[2회], 21[3회], 22, 23, 26, 27[3회], 28, 29, 30절). 신앙공동체는 이 "바다"를 홍해로 읽는다. 출애굽기 14장의 주제는 이스라엘이 홍해를 건너는, 하나님이 행하시는 크고 놀라운 일이다. 이 일을 애굽 사람들이 눈으로 보고 하나님을 알게 되고, 이스라엘 자손이 눈으로 보면서 모세를 믿게 된다. 출애굽기 14장의 두 단락은 각각 "안다"와 "믿는다"로 끝난다. "내가 바로와 그의 병거와 마병으로 말미암아 영광을 얻을 때에야 애굽 사람들이 나를 여호와인 줄 알리라"(14:18). "이스라엘이 여호와께서 애굽 사람들에게 행하신 그 큰 능력을 보았으므로 백성이 여호와를 경외하며 여호와와 그의 종 모세를 믿었더라"(14:31). 이스라엘이 바다를 건너는 일은 애굽 사람들이 하나님이 "여호와"(야훼)인 것을 알게 되는 일이다. 이스라엘이 "여호와"(야훼)를 믿게 되는 일이다.

14:1-18 하나님이 이스라엘 자손에게 "바다와 믹돌 사이의 비하히롯

앞 곧 바알스본 맞은편 바닷가에 장막을 치게" 하신다(14:1-4). 이스라엘이 진을 친 곳이 "바알스본 맞은편 비하히롯 곁 해변"(14:2, 9)이라는 점은 의미심장하다. "바알스본"은 가나안 신의 이름이다. 하나님은 이스라엘에게 일부러 "오던 길로 되돌아가서"(14:2, 새번역) 바알스본 맞은쪽 바닷가에 장막을 치라고 말씀하셨다. 바다 건너 맞은편에는 가나안의 신(바알스본)이 버티고 있다. 바다 이쪽 뒤로는 애굽의 신(바로)이 쫓아오고 있다. 애굽 땅을 나선 이스라엘이 바알과 바알스본 사이에 갇혀 있는 모양새이다. 이것이 바로의 눈에는 이스라엘 자손이 바다를 건너지 못하고 광야에 갇혀 있는 것으로 비쳐졌다. 하나님은 바로의 마음을 완악하게 해서 바로와 그의 군대를 심판하려고 하신다. 하나님이 바로와 그의 군대를 치시는 것을 보고서 애굽 사람들은 하나님이 "여호와인 줄" 알게 될 것이다(14:4; 참조, 14:18).

바로의 추격(14:5-9)은 집요하다. 사실 이스라엘을 애굽 땅에서 "내보낸" 자는 바로였다(13:17). 그러나 애굽 백성들이 바로에게 이스라엘이 도망쳤다고 알리자(14:5a), 바로가 생각을 바꾸었다. 후회하였다. "우리에게 종살이하던 이스라엘 백성을 이렇게 풀어 주어 놓아 보내다니, 어쩌자고 이렇게 하였는가?"(14:5b, 새번역) 바로가 병거와 기마와 기병과 보병으로 구성된 군대를 거느리고 추격하여 이스라엘 백성이 진을 치고 있는 비하히롯 근처 바알스본 맞은쪽 바닷가에 이르렀다. 본문의 강조는 "병거"에 있다(14:6-7). "당당하게 나가고 있는"(14:8) 이스라엘 자손을 "특수병거 육백 대로 편성된 정예부대와 장교들이 지휘하는 이집트 병거부대"(14:7, 새번역)가 총출동하여 맹렬히 뒤쫓았다.

바로의 추격에 대한 이스라엘의 반응(14:10-18)은 둘로 엇갈린다. 하나는 이스라엘 자손의 반응이고(14:10-12), 다른 하나는 모세의 반응이다(14:13-14). 이스라엘의 반응과 거기에 따른 모세의 대응은 서로 대구를 이룬다. 이스라엘의 부르짖음에는 모세의 큰 소리로, 죽게 되었다고 아우성치는 이스라엘의 불평에는 살 길이 열린다는 모세의 꾸짖음으로 맞서고 있다. 바로가 다가오고 있다는 소식은 이스라엘 자손에게 한 마디로 충격이었다. 바로의 추격이 이스라엘 자손들에게 죽음의 공포를 불러 일으켰다. 그들은 광야에서 죽는 것보다 애굽 사람을 섬기는 것이 더 나을 뻔 했다고 아우성을 친다. 죽음의 공포 앞에서 떨고 있는 이스라엘에게 모세가 큰 소리로 외친다. "너희는 두려워하지 말고 가만히 서서 여호와께서 오늘 너희를 위하여 행하시는 구원을 보라 너희가 오늘 본 애굽 사람을 영원히 다시 보지 아니하리라 여호와께서 너희를 위하여 싸우시리니 너희는 가만히 있을지니라"(14:13-14). 모세와 이스라엘이 같은 상황을 두고 서로 다르게 해석하고 있다. 이스라엘의 주장은 '아니오'이다. 모세는 이스라엘의 '아니오'에 대해 '예'라고 응수한다. 이스라엘 자손의 아우성은 불평과 탄핵이다. 모세의 꾸짖음과 선포는 그런 아우성에 대한 대구(對句)이다. 이스라엘 자손이 소리치는 아우성은 죽음에 대한 공포로 채색되어 있다. 광야에서 죽게 될 운명에 대한 원망을 강하게 토로하고 있다. 이들이 드러내는 죽음의 공포 속에는 하나님을 바로에 비해 힘없는 분으로 단정하는 고백이 담겨 있다. 그들은 차라리 애굽으로 돌아가자(還애굽!)고 소리친다(14:12). 그것이 죽는 것보다 낫겠다고 판단한 것이다. 그런 이스라엘에게 모세가 세 가지를 주문한다. "두려워하지 말라", "가만히 서 있으라", "여호와께서 오늘 너희를 위하여 행하시는 구원을 보라."

　모세의 주문은 이스라엘 자손의 아우성에 대한 강한 질책이다. 애굽으로 되돌아가자고 선동하는 자들에게 "두려워하지 말고 가만히 서서"(알 티라우 히트야츠부, 14:13a) 하나님의 구원을 보라고 외친다. "눈을 들어"(14:10) 자기들의 뒤를 쫓아온 애굽 군대를 보지 말고 "여호와께서 오늘 너희를 위하여 행하시는 구원을 보라"(14:13)고 선포한다. 생사의 갈림길은 무엇을 보느냐에 따라 달라진다. 세상의 위협을 보는 자는 죽게 되지만, 하나님의 구원을 보는 자는 생명을 얻게 된다. 모세는 "죽게 되었다"고 대굴대는 자들에게 죽지 않고 사는 길이 열린다고 선포한다. 그것은 "여호와께서 너희를 위하여 싸우시기"(야훼 일라헴 라켐, 14:14a) 때문이다. 이 전쟁은 이스라엘이 수행하는 전쟁이 아니다. 하나님이 용사가 되어 직접 애굽의 병거들과 싸우시고 이스라엘을 구원하시는 전쟁이다. 그러니 이스라엘 자손은 "가만히 있어야만"(타하리슌, 14:14b) 된다. 마음의 불안을 입 밖으로 내뱉어서는 안 된다. 두려워하지 않고 가만히 있으려면 그 마음에 하나님의 주권에 대한 강한 신뢰가 있어야 한다. 하나님의 은혜는 마음에서 몸으로 흘러간다. 우리 마음에 하나님의 말씀을 채우라. 우리 가슴에 하나님의 섭리를 품으라. 모세는 지금 장정만 육십만 명이나 되는 어마어마한 무리와 홀로 맞서고 있다. "하나님께 대한 절대적 신뢰"를 주장하는 모세의 목소리는 일종의 "구원신탁"이다. 거룩한 평안을 찾으라는 것이다. 하나님이 활동을 개시하신다는 것이다(비교, 사 7:1-9).

하나님이 선포하신다(14:15-18). "…이스라엘 자손에게 명령하여 앞으로 나아가게 하고 지팡이를 들고 손을 바다 위로 내밀어 그것이 갈라지게 하라 이스라엘 자손이 바다 가운데서 마른 땅으로 행하리라"(14:16). 하나님이 모세에게 내린 명령형 동사 세 개에 주목하자. (지팡이를) 높이 들어라(룸), (손을 바다 위로) 뻗어라(나타), (바다를) 가르라(바카). 지팡이를 "들고"가 아니다. 지팡이를 "높이 들어 올리고"이다. "손을 바다 위로 내밀어"가 아니다. 손을 바다 위로 "쭉 뻗어라"이다. 바다가 "갈라지게 하라"가 아니다. 바다를 "가르라"이다. 특히 히브리어 동사 "바카"는 "산산이 쪼개다"는 뜻이다. 그런데 그 쓰임새가 수동태가 아니다. 능동태이다. 바다가 갈라지는 현상이 아니라 바다를 쪼개는 동작을 나타내고 있다. 나무를 쪼개듯이 바다를 쪼개라는 명령이다. 모세가 하나님의 지시대로 지팡이를 높이 들고(룸), 손을 뻗어(나타), 바다를 가르듯이 칠(바카) 때 "이스라엘 자손이 바다 가운데서 마른 땅"을 밟으며 걸어가게 될 것이다

(14:16). 그때 하나님은 바로와 그의 병거와 기병들을 전멸시켜서 하나님의 영광을 온 누리에 드러내실 것이다. 애굽 사람들이 하나님이 "여호와"(야훼)인 줄 알게 될 것이다.

14:19-31 하나님이 이스라엘을 위해서 애굽 군대와 싸우신다. 본문에서 하나님은 용사(God as Warrior)이시다. 하나님의 백성 이스라엘을 위해서 애굽의 병거와 마병 등을 무찌르시는 용사이시다. 하나님의 백성 이스라엘을 구원하시고자 역사(歷史)의 무대에서 역사(役事)하시는 하나님이시다. 하나님이 이스라엘을 위해서 싸워 주시기에 이스라엘에게 바다는 두려움의 장소가 아니다. 하나님이 일하시는 현장이다. 믿음으로 하나님을 바라보는 자에게 시련은 실패의 자리가 아니라 소망의 자리가 된다. 본문은 이스라엘 자손이 "바다 가운데를 육지로 걸어가던" 때 하나님이 애굽 군대를 어떻게 바다 한가운데 빠뜨리셨는지를 숨 가쁘게 묘사하고 있다. 이 이야기는 둘로 나뉜다. 하나는 밤에 일어난 일이다(14:19-23). 다른 하나는 새벽에 일어난 일이다(14:24-31).

밤에 일어난 일(14:19-23)은 이스라엘의 행진을 인도하던 하나님의 사자가 이스라엘의 진영 뒤로 옮겨가는 것으로 시작된다. 진 앞에 있던 구름기둥도 진 뒤로 옮겨가서 애굽 군대와 이스라엘 진영 사이를 "밤새도록" 가로막고 선다. 그래서 애굽 사람들이 있는 쪽은 "구름과 흑암이 있고," 이스라엘 사람들이 있는 쪽은 "밤이 밝았다"(11:20). 출애굽기 14:20-21에 "흑암"(호세크), "밤"(라엘라), "밤새도록"(콜-할라엘라)이란 말이 연거푸 나오고 있다. 모세가 바다 위로 손을 내밀자 하나님이 "밤새도록" 강한 동풍을 불어오게 해서 바닷물을 "물러가게" 하신다. 이스라엘 자손은 바다 한가운데 드러난 마른 땅을 밟으며 걸어간다. 바닷물이 이스라엘의 좌우에 벽이 되어 서 있게 된다. 그러자 바로의 말과 병거와 기병이 이스라엘 백성의 뒤를 쫓아 바다 한가운데로 들어왔다.

출애굽의 밤은 구원의 밤이다. "밤중에"(바하치 할라예라) 하나님이 애굽 땅에서 처음 난 모든 것을 치셨다(12:29). "그 밤에"(라옐라 후) 애굽에 큰 통곡이 있었다(12:30). "밤에"(라옐라) 바로가 모세와 아론을 불러서 애굽에서 떠나라고 소리친다(12:31). "이 밤을" 이스라엘은 대대로 지켜야 한다(12:42a). "이는 여호와의 밤이다"(후-할라옐라 하제 라야훼, 12:42b). 그리고 하나님은 이스라엘을 위하여 "밤새도록" 구름기둥으로 애굽 진과 이스라엘 진 사이를 가로막으면서 강한 동풍으로 바닷물을 뒤로 밀어내고, 바다가 갈라져 마른 땅이 드러나게 하셨다(14:20, 21). 하나님은 밤중에 이스라엘을 위해서 싸우셨다. 이 밤을 기억해야 한다. 밤 시간을 소중하게 보내야 한다. 밤은 즐기는 시간이 아니다. 밤은 하나님의 역사를 기억하는 시간이다. "내가 주의 의로운 규례들로 말미암아 밤중에 일어나 주께 감사하리이다"(시 119:62). "한밤중에 바울과 실라가 기도하고 하나님을 찬송하매… 옥터가 움직이고… 모든 사람의 매인 것이 다 벗어진지라"(행 16:25-26).

새벽에 일어난 일(14:24-31)은 하나님이 불과 기름 기둥 가운데서 애굽 군대를 보시는 장면으로 시작한다. "새벽에(베아쉬모레트 하보케르) 여호와께서 불과 구름 기둥 가운데서 애굽 군대를 보시고" 애굽 진을 혼란 속에 빠뜨리셨다(14:24). 애굽 군대와 싸우시는 하나님의 전술은 실제적이다. 애굽의 군대가 바다 가운데로 들어오자 하나님이 그들을 혼란 속에 빠뜨리신다. 병거가 달리지 못하도록 바퀴를 벗기신다. 애굽 사람들이 외친다. "이스라엘 앞에서 우리가 도망하자 여호와가 그들을 위하여 싸워 애굽 사람들을 치는도다"(14:25). 하나님이 모세에게 손을 다시 바다 위로 내밀게 하신다. 이스라엘의 행로 좌우에 벽처럼 쌓여 있던 바닷물이 "새벽이 되어(르페노트 보케르) 바다의 힘이 회복"(14:27)되었고, 애굽 사람들이 물을 거슬러 도망을 가나 하나님이 그들을 바다 가운데 "엎으신다." 이스라엘 자손이 바다 한가운데로 마른 땅을 밟으며 지나가던 "그 날에" 하나님이 이스라엘을 애굽 사람의 손에서 구원해내셨다. "이스라엘이 여호와께서 애굽 사람들에게 행하신 그 큰 능력을 보았으므로 백성이 여호와를 경외하며 여호와와 그의 종 모세를 믿었더라"(14:31).

"새벽"은 하나님이 이스라엘의 대적을 무찌르신 시간이다. 새벽에 하나님은 이스라엘을 애굽 사람의 손에서 구원하는 일을 완성하셨다. 새벽은 하나님의 구원을 확인하는 시간이다. 창조의 시간표는 저녁에서 아침으로 간다. 저녁에 시작되어 아침에 완성된다. 오늘 우리에게 아침은, 새벽은 구원의 마중물이다. "내가 날이 밝기 전에 부르짖으며 주의 말씀을 바랐사오며 주의 말씀을 조용히 읊조리려고 내가 새벽녘에 눈을 떴나이다"(시 119:147-148).

이스라엘 자손이 바다 한가운데로 마른 땅을 밟으며 행진한 일은 신구약성서에서 하나님의 구원을 실감나게 증언하는 사례이다. 마가복음 4:35-41는 출애굽기 14장을 닮았다. 복음서에서 예수님은 정치 집단(애굽의 바로)과 싸우는 용사는 아니다. 예수님은 악마와 싸워 무찌르신다. 배를 타고 바다를 건너는 제자들을 죽음으로 내모는 바람을 주님이 잠잠케 하신다. 광풍을 만나 두려워 떨고 있는 예수님의 제자들은, 함께 계시는 주님은 보지 못하고, 눈앞의 성난 바람과 파도만을 보면서 두려워하고 있었다. 보아야 할 것(함께 계시는 주님)은 보지 못하고, 보지 않아도 되는 것(성난 바람과 파도)을 바라보다가 죽게 되었다고 소리친다. "선생님이여 우리가 죽게 된 것을 돌보지 아니하시나이까"(막 4:38)하고 외치는 제자들의 부르짖음을 듣고 성난 바다를 향해 "잠잠하라 고요하라"고 주님이 선포하셨다. 사실 고요하고 잠잠해야 할 대상은 성난 파도가 아니다. 고요하고 잠잠해야 할 대상은 다름 아닌 예수님의 제자들이다(막 4:40). 거친 세상의 도전만 보지 말고 임마누엘하시는 주님을 바라보라. 거기에 험한 세상을 이기는 길이 열린다.

"여호와께서 다스리신다," 모세의 찬양·미리암의 찬미

출애굽기 15:1-21은 애굽의 노예살이로부터 이스라엘을 구원하신 하나님의 능력을 기리는 찬양이다. 이 찬양과 함께 바로와 바로의 군대는 더 이상 이스라엘 자손을 괴롭히지 못한다. 바로에게 매여 살던 이야기는 이제 과거의 것이 되었다. 이제부터 이스라엘은 하나님을 섬기며 사는 백성이 된다. 하나님의 임재를 체험하며 살아가는 사람들이 된다. 출애굽기 15:1-21 이전 이야기의 배경은 애굽이었다. 15:1-21 이후부터 이야기의 배경은 광야이다. 바다 건너 시작된 수르 광야로부터 신 광야를 거쳐 만나게 되는 시내 광야가 이야기의 배경이다. 시내 광야에 있는 하나님의 산이 이야기의 배경이다. 15:1-21은 출애굽기를 둘로 구분하는 분수령이다. 모세의 찬양과 미리암의 찬미는 이런 분수령에 새겨진 믿음의 노래이다.[2]

출애굽기 15:1-21은 글의 형식에서 크게 네 단락으로 구성되어 있다. 이야기(15:1a), 노래(15:1b-18), 이야기(15:19-21a), 노래(15:21b). 이런 형식(a → b → a′ → b′)에서 이야기체 설명은 각각 노래가 불린 배경을 해설하고, 노래는 각각 이야기가 해설하는 상황을 해석한다. 이런 틀에서 처음 노래는 "모세와 이스라엘 자손"의 이름으로(15:1b-18), 두 번째 노래는 "아론의 누이 선지자 미리암"의 이름으로 불리고 있다(15:21b).

노래는 사건을 오래 기억하도록 돕는 수단이다. 이스라엘이 고백하는 찬양과 감사는 하나님이 하신 일을 오래도록 기억하게 하는 도구이다. 출애굽기 15:1-21에 수록된 두 개의 노래는 모두 용사이신 하나님을 찬양한다. 용사이신 하나님이 애굽 왕 바로를 크게 무찌르시고 영원무궁토록 이스라엘을 다스리신다는 것이다. 이 주제를 히브리어로 표현하면 단 두 마디가 된다. "야훼 함멜렉"(야훼, 그분이 왕이시다!) 이 주제를 모세의 노래는 장황하게, 미리암의 노래는 간결하게 표현하였다. 용사이신 하나님을 드높이는 노래는 시편에서도 반복된다(시 93-99편).

15:1a "이 때에 모세와 이스라엘 자손이 이 노래로 여호와께 노래하니…:" "이 때에" 곧 이스라엘을 뒤쫓던 애굽 사람들이 다 바다 한가운데 빠져서 죽은 것을 보았을 때에(14:30), 이스라엘은 하나님이 하신 놀라운 일을 노래로 묘사한다. 이 노래는 하나님이 하신 일에 대한 이스라엘의 화답이다. 하나님이 이루신 크신 역사를 노래로 기억하고자 한다. 노래라고는 하지만 곡조는 드러나지 않는다. 드러나는 것은 노랫말뿐이다. 이 노래는 합창이다. 모세와 이스라엘이 한 입으로 하나님이 애굽 사람들에게 행하신 크고 놀라운 일을 노래하고 있다. 혼자 부르는 노래가 아니다. 더불어 목청 높여 부르는 노래이다. 이 노래는 단순한 승리의 노래가 아니다. 사람을 향해서 부른 노래가 아니다. 하나님께 부른 노래이다. 하나님께 부른 노래이기에 찬양이다. 모세와 이스라엘 회중이 하나님께서 애굽의 바로를 무찌르신 것을 보고 하나님을 경외하면서(15:31) 부른 찬양이다.

15:1b-18 이 노래는 "내가 여호와를 찬양하리니"(아쉬라)라는 구절로 시작한다. 모세와 이스라엘 자손이 함께 부르는 노래이지만 노랫말의 서두는 "우리"가 아니라 "나"이다. "내가 여호와를 찬양하리니!" 모세를 비롯한 이스라엘 각 사람이, 하나님이 하신 일을 증언하는 증인이 되고자 한다. 하나님에 관해서 설명하는 자가 아니다. 하나님을 증언하는 자가 되고자 한다. 그 증인의 대표자가 모세이다. 그래서 이 노래를 모세의 노래라고도 부른다.

"내가 여호와를 찬양하리니." 문법적으로 청유형이다. "나로 여호와를 찬양하게 하라"이다. 이 어법 속에는 하나님이 하신 일을 노래로 표현하려는 벅찬 가슴이 담겨 있다. 하나님이 하신 일을 큰 소리로 증언해야겠다는 벅찬 설렘이 담겨 있다. 하나님의 증인은 설레야 한다. 하나님이 이루신 크고도 놀라운 일을 목격하였기 때문이다.

머리말에 이어 찬양은 하나님이 이루신 일(15:1b-12)과 하나님이 이루실 일(15:13-17)을 선포한다. 하나님이 이루신 일(15:1b-12)은 바로의 군대를 바다에 던지신 일이다. "내가 여호와를 찬송하리니 그는 높고 영화로우심이요 말과 그 탄 자를 바다에 던지셨음이로다"(15:1b). 하나님이 하신 일은 바로의 추격에서 이스라엘을 구원해내신 일이다. 그 구원의 현장이 바다이다. 15:1b-12에서 바다를 가리키는 용어는 셋이다. "홍해"(15:4), "깊은 물"(15:5), "바다 한가운데서 엉기는 큰물"(15:8). 모세의 노래에서 "바다"(얌-수프)는 "깊은 물"(테호모트)이거나 "깊음"(메촐로트)이고, 또 "바다 한가운데 있는 깊은 물"(테호모트 블레브-얌)이다. 단순한 홍해가 아니다. 태곳적의 혼돈에 해당되는 깊은 물이다. 그래서 히브리어 "얌-수프"를 모음을 바꿔서 "얌-소프"로 바꿔 읽자는 제안이 일찍부터 있었다.[3] 이 경우 출애굽기 15:1b-12가 노래하는 바다는 "땅 끝에 있는 바다"(sea at the end of the land)가 된다.[4]

하나님은 이스라엘을 위한 길(마른 땅)을 바다에 내시면서 "바로의 병거와 그의 군대를 바다에 던지셨다"(15:4). 여기 "던지셨다"(15:1b, 4a)는 말은 "부수셨다"(15:6b), "엎으셨다"(15:7a), "(지푸라기 같이) 살랐다"(15:7b)로 거듭 반복된다. 그래서 "깊은 물"이 바로의 병거와 군대를 "덮었다"(15:5a, 10a). 그러자 바로의 병거와 군대가 "홍해에 잠겼다"(15:4b), "거센 물에 납 같이 잠겼다"(15:10b). 사실 바로의 병거와 그 군사들은 이스라엘을 따라잡고 그 욕망을 채우고자, 칼을 빼들고 세차게 이스라엘의 뒤를 쫓았다(15:9). 그러나 "주의 오른손"(15:6)이, "주의 큰 위엄"(15:7a)이, "주의 진노"(15:7b)가, "주의 콧김"(15:8)이 바닷물을 쌓이게 하고, 엉키게 하고, 파도를 언덕 같이 일게 하면서 그들을 바다에 던지셨더니 "땅이 그들을 삼켜" 버렸다(15:12). 하나님은 위대한 용사이시다. 원수가 하나님을 당할 수 없다. 그래서 노래한다. "여호와는 나의 힘이요 노래시며 나의 구원이시로다 그는 나의 하나님이시니 내가 그를 찬송할 것이요 내 아버지의 하나님이시니 내가 그를 높이리로다"(15:2).

하나님이 이루실 일(15:13-17)은 바다를 건넌 이스라엘을 가나안으로 "인도하시는"(15:13, 17) 일이다. 가나안은 약속의 땅이다. 그곳으로 가려면 블레셋, 에돔, 모압 땅을 통과해야 하고 가나안에 가서는 가나안 주민들과 부딪혀야 하지만(15:14-16), 하나님은 이스라엘을 인도하여 "주의 거룩한 처소"에 들어가게 하신다(15:13). 이스라엘을 "주의 기업의 산"에 "심으려고" 하신다(15:17). 그래서 모세는, 이스라엘 자손은 하나님이 이루신 일을 고백하고, 하나님이 이루실 일을 감사하면서 다음과 같이 노래를 마감한다. "여호와께서 영원무궁 하도록 다스리시도다"(15:18). "여호와"는 영원히 이스라엘의 왕이시다. 이스라엘의 하나님이시다. 이스라엘의 주님이시다.

15:19-21a 본문은 미리암이 부른 노래의 배경을 설명한다. 이 설명도 바다에서 이루어진 이스라엘의 구원과 애굽의 패망을 전하고 있다. 그렇지만 "모세의 노래"로 불리는 본문하고는 이야기를 풀어가는 방식에서 차이가 난다. 출애굽기 15:1b-18에 의하면 바로와 그 병거는 바다에 빠져서 패망했다. 아니, 하나님이 권능의 손으로 그들을 깊은 바다에 빠뜨리셨다. 하지만 출애굽기 15:19-21a에서는 바로와 그의 병거가 바다로 들어간다(보…바얌). 그러자 하나님이 바닷물을 그들 위로 흐르게 하셨다. 그렇지만 이스라엘 자손은 바다 가운데 난 마른 땅을 걸어 나갔다. "아론의 누이 선지자 미리암이" 손에 소고를 잡고 모든 여인들도 그를 따라 나와 소고를 잡고 춤을 추었다. 미리암을 가리켜 "선지자"라고 부르고 있다. 미리암의 노래가 일종의 예언임을 암시하고 있다. 모세의 노래가 하나님의 역사를 바다에서의 구원과 가나안 땅으로의 인도로 구분해서

노래하고 있는 것과는 달리, 미리암의 노래는 바로와 그 군대를 무찌르신 하나님의 역사만을 구원의 핵심으로 노래하고 있다.

15:21b 바로의 군대의 패배와 이스라엘의 구원을 목도한 아론의 누이 선지자 미리암이 손에 소고를 들고 춤을 추면서 노래를 메겼다. "너희는 여호와를 찬송하라 그는 높고 영화로우심이요 말과 그 탄 자를 바다에 던지셨음이로다." 미리암의 노래는 짤막하다. 승리의 노래이다. 짤막한 찬양이다. 명령조의 가르침이다. "너희는 찬송하라." 찬양은 초대이다. 하나님을 높이는 노래이다. 하나님을 긍정하는 노래이다. 찬양하라는 초대에 이어 찬양해야 할 이유가 거론된다. 짤막한 구절 속에 하나님이 누구이신지, 하나님이 어떤 분이신지가 담겨 있다. 하나님은 높고 영화로운 분이시다. 하나님은 용사이시다. "말과 그 탄 자를 바다에 던지셨음이로다." 미리암은 하늘에 계신 주님이 이 땅에 내려오셔서 이스라엘의 원수를 바다에 던지셨다고 찬양한다. 미리암의 노래는 짧다. 짧은 만큼 강력하다. 미리암의 하나님은 역사 속에 개입해 들어오셔서 하나님의 백성의 원수를 단번에 무찌르시는 하나님이다. 세상은 하나님이 주님이심을 드러내는 무대이다. 악한 자를 꺾으시고 선한 자를 붙드시는 주님이심을 노래해야 한다. 온 세상이 그 노래를 듣게 해야 한다.

미리암의 노래는 입술로만 부르는 노래가 아니다. 손에 북을 들고 춤을 추면서 부르는 노래이다. 입술로는 노래하고, 손으로는 북을 치고, 몸으로는 춤을 춘다는 것은 미리암의 노래가 일종의 "리터지"(liturgy)인 것을 보여준다. 하나님이 이루신 구원의 감격을 예배로 되살리고 있다. 바로의 군대를 "바다에 던져" 버리신 하나님의 역사를 춤으로 경배하고 있다. 흥에 겨워 추는 춤이 아니다. 하나님을 기쁘게 해 드리고자 추는 춤이다.

미리암의 노래와 함께 출애굽기의 전반부(1:1-15:21)가 끝난다. 출애굽기의 전반부는 바로를 무찌르고 이스라엘을 애굽에서 이끌어내신 하나님의 구원을 전하는 이야기로 채워져 있다. 그 이야기의 첫 장면이 여인들의 이야기였듯이 그 구원 이야기의 마지막 장면도 여인들의 이야기로 꾸며진다. 첫 장면에서는 히브리 산파들과 미리암이 생명을 주시는 하나님의 도구로 쓰임 받았다. 마지막 장면에서도 미리암과 그를 따르는 여인들이 하나님의 구원을 소리 높여 외치는 증인으로 쓰임 받는다. 출애굽기 후반부(15:22-40:38)는 하나님의 인도를 따라서 이스라엘 백성이 광야를 헤쳐 가는 이야기로 넘어간다. 이제부터 출애굽기의 주제는 하나님의 구원에서 하나님의 임재로 넘어간다.

출 15:22-18:27

광야 길의 시련, 광야 길의 은총

출애굽기 15:22-18:27은 두 단락으로 구성된다. 출애굽기 15:22-17:16은 광야 길의 시련과 은총을 다루고 출애굽기 18:1-27은 광야라는 교실에서 터득한 지혜를 다룬다. 출애굽기 15:22-17:16은 광야 유랑기이다. 바다에서 구원받은 이스라엘이 광야를 행진해 시내 광야 시내 산에 당도하기까지 겪어야 했던 시련과 구원을 전하고 있다. 이스라엘은 가나안 땅에 들어서기 전에 먼저 광야를 겪어야 했다. 애굽의 풍요와 가나안의 평안 사이에는 거친 광야가 있다. 광야에서의 삶은 척박하다. 광야에는 시련이 있다. 위험이 있다. 배고픔이 있다. 목마름이 있다. 불평이 있다. 죽음이 있다. 광야는 반(反)생명의 공간이다. 홍해에서 구원받은 이스라엘에게 곧 광야의 시련이 주어진다는 것은 무슨 뜻일까? 수르 광야 → 엘림 → 신 광야를 거쳐 르비딤에 이르면서 출애굽한 이스라엘은, 사람은 무엇으로 사는가를 배워야 한다. 떡의 고마움을, 양식의 근본을 배워야 한다. 생존의 법칙을 새롭게 익혀야 한다. 신앙의 바탕을 다시 다져야 한다.

출애굽기 15:22-17:16이 전하는 이스라엘의 광야 유랑기에는 일정한 구도가 있다. 이스라엘이 광야 길을 걷는다 → 광야 길을 걷던 이스라엘에게 생존의 위기와 시련이 닥친다 → 이스라엘이 불평한다 → 모세가 하나님께 청원한다 → 하나님이 시련 중에 있는 이스라엘을 구원하신다. 이런 구도를 통해서 위기가 바뀌어 기회가 되고, 시련이 바뀌어 은총이 되는 사건이 펼쳐지고 있다. 이 같은 구도는 민수기에 소개된 이스라엘의 광야 유랑기와는 다르다. 출애굽기 15:22-17:16에 소개된 본문은 애굽과 시내 산 사이에 자리 잡고 있는 광야이다. 시내 산을 떠난 이스라엘이 가나안 땅에 당도하기까지 걸어야 했던 광야(민 10:11-36:13)하고는 그 성격이 다르다. 애굽에서 시내 광야에 이르는 광야는 이스라엘이 구원과 은혜를 경험하는 장소이다. 시내 산에서 모압 평원까지 이스라엘이 걸어야 했던 광야는 심판과 용서를 경험하는 장소이다. 왜 이런 차이가 생기는가? 그것은 시내 산에서 이스라엘이 하나님의 백성으로 다시 태어났기 때문이다. 시내 산 이야기(출 19:1-민 10:10)는 이스라엘의 광야여정을 둘로 가르는 분수령이다. 시내 산에서 이스라엘이 언약 백성으로, 하나님을 위해서 헌신하는 성막 공동체로 다시 태어나기 때문이다. 시내 산 이전 이스라엘이 걸었던 광야 길은 하나님이 먹이시고, 입히시고, 키우시는 여정이다. 시내 산 이후 이스라엘이 걸어야 했던 광야 길은 이스라엘이 하나님의 백성답게 고난과 역경을 헤쳐가야 했던 길이다. 하지만 이스라엘이 그렇게 하지를 못했기에 시내 산에서 모압 평원에 이르는 이스라엘의 광야 여정은 하나님의 심판으로 채워지게 된다.

15:22-27 광야 여정에서 이스라엘이 맞닥뜨린 첫 번째 문제는 마실 물을 얻는 일이다. 물(바다)에서 구원받은 이스라엘이 광야에 들어서서는 물(식수) 때문에 고통을 당하게 된다. 본문은 짧다. 그러나 짤막한 본문 속에 이스라엘의 광야살이의 전형이 담겨 있다. 모세가 이스라엘을

홍해(얌-수프)에서 인도하여 내자 이스라엘이 수르 광야로 들어섰다. 사흘(쉴로세트-야밈) 동안 걸으며 물(마임)을 찾다가 마라에 이르렀지만 그곳의 물이 써서(마림) 마실 수가 없었다. 그러자 이스라엘이 모세를 원망한다. 모세는 하나님께 부르짖는다. 하나님이 모세에게 한 나무를 가리키자 모세가 그것을 물에 던지니 물이 달게 되었다.

마라는 하나님이 이스라엘을 시험하신 곳이다. 수르 광야 마라 이야기는 상당히 교육적이다. 히브리어로 비슷한 소리를 내는 단어들이 연거푸 이어지고 있다. "얌"(바다), "야밈"(날들, days), "마임"(물), "마라", "마림"(쓰다). 이렇게 이어지는 낱말들은 수르 광야에서 무슨 일이 있었고, 그것을 누가 어떻게 극복하게 했는지를 기억하도록 돕는다. 하나님이 이스라엘의 목마름을 모세에게 나뭇가지(에츠)를 던지게 함으로써 해결하셨다.

마라는 하나님이 광야에 들어선 이스라엘에게 맨 처음 법도(훅크)와 율례(미쉬파팀)를 새기게 하신 곳이다. "훅크"(법도)는 새로 정한 규칙이다. "미쉬파팀"(율례)은 대대로 이어가는 관습이다. 사람의 눈에는 나뭇가지로 보이지만, 그 나뭇가지를 물에 던지라고 지시하신 하나님의 말씀에 순종할 때 쓴 것이 달게 되는 변화가 일어났다. 나뭇가지가 역사를 일으킨 것이 아니다. 순종이 역사를 일으켰다. 하찮은 도구이지만 하나님의 말씀에 순종하는 기구가 될 때 하나님의 일을 수행하는 수단이 된다. "너희가 너희 하나님 나 여호와의 말(콜)을 들어 순종하고 내가 보기에 의(하야사르)를 행하며 내 계명(미츠바)에 귀를 기울이며 내 모든 규례(훅크)를 지키면 내가 애굽 사람에게 내린 모든 질병 중 하나도 너희에게 내리지 아니하리니 나는 너희를 치료하는 여호와임이라"(15:26). 하나님의 말은 하나님의 목소리(콜)이다. 세상의 소리가 아니다. 하나님의 소리를 들어야 한다. 하나님 앞에서 "옳은 일"(하야사르)을 해야 한다. 하나님이 내리신 명령(미츠바)과 하나님이 정하신 규정(훅크)을 삶의 길[道]로 삼을 때 비로소 출애굽의 은총을 누리는 주인공이 된다. 출애굽은 역사이다. 출애굽의 역사는 하나님이 하신 놀라운 일로 점철되어 있다. 그 출애굽의 역사가 삶에서 구현되려면 하나님이 하신 말씀을 따라가야 한다. 신앙의 기조가 하나님의 행하심에서 하나님의 말씀하심으로 넘어가고 있다. 마라의 쓴 물, 아니 마라에서 붙든 나뭇가지는 출애굽 이후 이스라엘의 생존을 지켜주는 비결이 무엇인지를 다짐하게 한다. 하나님이 이스라엘의 발걸음을 엘림으로 이끄셨다. 거기에는 물 샘 열둘과 종려나무가 일흔 그루나 있었다.

16:1-36 이스라엘 자손이 엘림과 시내 산 사이에 있는 신 광야에 이르렀다. 신 광야에서 이스라엘은 배고픔에 직면하였다. 이스라엘 자손은 모세와 아론을 원망하였다. "너희가 이 광야로 우리를 인도해 내어 이 온 회중이 주려 죽게 하는도다"(16:3). 신 광야 이야기는 자못 도전적이다. 마라로부터 엘림으로 가는 여정(15:23-27)에서 이스라엘은 생존의 키(key)는 하나님의 말씀에 대한 순종에 있다는 것을 배웠다. 그 순종을 다짐했던 자들에게 이번에는 굶주림의 문제가 터진다.

굶주림 문제는 구속사 신앙을 창조신앙의 지평에서 되새기게 한다.[5] "음식은 인간 생존에 필수적이다. 그것은 억압에서 벗어나는 해방보다도 훨씬 더 필수적이다"(Food is essential for human survival, more essential even than deliverance from bondage).[6] 삶은 기본적으로 먹거리와 연관되어 있다. 먹지 않는 사람은 사람이 아니다. 사람은 누구나 먹어야 산다. 구원받은 백성이라도 먹어야 산다. 무엇을 먹어야 할까? 출애굽기 16장은 이 질문에 대한 해답이다.

출애굽기 16장은 크게 둘로 구성된다. 하나는 이스라엘이 겪는 굶주림에 대한 보도이고(16:1-3), 다른 하나는 그 굶주림에 대한 하나님의 처방이다(16:4-36). 출애굽한 이스라엘이 "엘림과 시내 산 사이 신 광야"에서 모세와 아론을 원망하게 된다. "우리가 애굽 땅에서 고기 가마 곁에 앉아 있던 때와 떡을 배불리 먹던 때에 여호와의 손에 죽었더라면 좋았을 것을 너희가 이 광야로 우리를 인도해 내어 이 온 회중이 주려 죽게 하는도다"(16:3). 광야에서 주려 죽게 되었다는 것이다. 그러면서 애굽에서 배불리 먹던 시절이 차라리 나았다고 회상하고 있다. 이스라엘은 애굽에서 결코 고기 가마 곁에 앉아 있지 않았다. 애굽에서 이스라엘은 히브리인 무리에 섞여서 강제부역에 종사했을 뿐이다(1:8-14). 애굽의 풍요를 과장하여 전하는 소리에는 출애굽과 반대되는 환(還)애굽의 충동이 도사리고 있다. 자유 대신 풍요가 더 낫다는 외침 속에는 늘 환애굽의 망상이 도사리고 있다. 이스라엘의 온 회중(콜-아다트 브네-이스라엘)이 그 망상에 사로잡혀 모세와 아론에게 원망하였다. "원망하다"(룬)는 말은 "불평하다"는 뜻이다. 구약은 이 말을 가지고 하나님께 대드는 이스라엘의 불신앙을 설명한다(출 15-17장; 민 14-17장; 수 9:18).[7] 히브리어 "룬"(원망하다)이 출애굽기 16:2-12에서만 모두 7번 나온다(2, 7[2회], 8[2회], 9, 12절). 하나님은 원망을 싫어하신다. 이스라엘이 1번 원망한 것(2절)을 하나님이 6번이나(!) 반복해서 지적하고 있다.

원망하는 이스라엘에게 주는 하나님의 처방(16:4-36)은 하늘에서 내리는 만나를 먹게 되리라는 약속이다. 저녁에는 고기를 주어 먹이시고, 아침에는 떡을 주어 배불리시겠다는 것이다. 저녁에는 하나님이 이스라엘을 애굽 땅에서 인도하여 내셨음을 알게 되고, 아침에는 이스라엘이 하나님의 영광을 보게 될 것이다(16:6-7). 광야에서 굶주려 죽게 된 자의 배를 하나님이 하늘에서 내리는 양식으로 채워주신다는 것이다. 땅(광야)에서는 먹을 양식을 구할 수 없다고 탄식하는 자들에게 양식은 하늘에서 내려온다고 가르치고 있다. 얻을 양식이 없어서 주려 죽는다고 아우성치는 이스라엘에게 모세는 하늘에서 (소리 없이!) 내리는 양식을 가르치고 있다. "너희가 해 질 때에는 고기를 먹고 아침에는 떡으로 배부르리니 내가 여호와 너희의 하나님인 줄 알리라 하라 하시니라"(16:12).

그 약속대로 저녁에는 메추라기가 와서 진에 덮이고 아침에는 만나가 내려서 이스라엘이 그것을 거둔다(16:13-21). 본문은 메추라기보다는 만나에 대해서 자세히 설명한다. 메추라기에 비해 만나는 생소하다. 처음 보는 것이다. 만나는 이슬처럼 내린다. 아침에 이스라엘이 "광야 지면에 작고 둥글며 서리 같이 가는 것"을 보고 "이것이 무엇이냐"(만 후)고 물었다. "만나"라는 명칭은 이 "만 후"에서 왔다. 만나는 하나님이 이스라엘에게 주어서 먹으라고 한 양식이다. 이스라엘은 각자 먹을 만큼씩만 거두어야 한다. "너희 각 사람은 먹을 만큼만 이것을 거둘지니 곧 너희 사람 수효대로 한 사람에 한 오멜씩 거두되 각 사람이 그의 장막에 있는 자들을 위하여 거둘지니라 하셨느니라"(16:16).

만나는 이스라엘이 광야에서 모두 함께 골고루 먹는 양식이다. 만나는 가나안으로 행진하던 출애굽 회중이 서로 평등하게 나누어 먹던 양식이다. 사람에 따라서 차별이 없었다. 인종에 따라서 차등이 없었다. 지위에 따라서 구분이 없었다. 많이 거둔 자도 남음이 없고, 적게 거둔 자도 부족함이 없었다(16:17-18). 출애굽 공동체는 평등공동체이다. 광야에서 이스라엘은 모두 공평하였다. 남는 자와 모자라는 자가 없었고, 버리는 자와 배고픈 자가 없었다. 하나님이 먹이시는 세상은 공평한 세상이다. 광야에서 만나를 먹은 이스라엘은 정의와 공평을 실현한 공동체였다. 초대교회는 은혜를 받은 뒤로 출애굽 공동체의 이상을 실천하였다(행 4:32-35).

하나님이 신 광야에서 이스라엘에게 베푸신 양식은 "모두가 먹는 양식"(all for food)과 "양식은 모든 자를 위한 것"(food for all)이라는 진리를 가르친다.[8] 만나는 모든 자가 골고루 먹었던 양식이다. 만나는 축적(蓄積)해서는 안 되었다(16:19). 만나는 하나님을 믿는 자만이 먹을 수 있다. 오늘 만나를 주신 하나님이 내일도 만나를 주신다는 믿음을 가진 자만이 만나를 거둘 수 있다. 만나는 하나님이 베푸신 식탁에서 먹는 양식이다. 만나를 먹음으로 이스라엘은 하나님의 식구가 된다. 만나를 먹음으로 이스라엘은 모두가 공평한 삶을 살아가는 연습을 한다.

만나는 일용할 양식이다. 만나는 날마다 거두는 양식이다. 만나를 거두는 삶을 통해서 하나님은 이스라엘이 하나님의 지시를 따르는지, 따르지 않는지를 시험하여 보신다(16:4). 그 시험의 클라이맥스가 여섯째 날이다. "여섯째 날에는 그들이 그 거둔 것을 준비할지니 날마다 거두던 것의 갑절이 되리라"(16:5). 평상시에는 아침마다 자기들이 먹을 만큼씩만 거두어야 했다. 아침까지 남겨두면 벌레가 생기고 악취가 풍겨서 먹을 수가 없었다. 그러나 여섯째 날은 다르다. 여섯째 날에는 이스라엘이 각각 먹거리를 두 배 곧 한 사람에 두 오멜씩 거두었다(16:22). 일곱째 날이 안식일이기 때문이다. 여섯 째 날은 안식일을 준비하는 날이다. 이날 이스라엘은 만나를 두 배로 거두어 구울 것은 굽고, 삶을 것은 삶아서 다음 날 먹을 수 있도록 아침까지 간수하게 된다. 이 가르침을 실천함으로 이스라엘은 하나님의 계명과 율법을 준행하는 사람이 된다.

만나라는 이름은 이스라엘이 붙였다(16:31). 하나님은 만나 한 오멜을 항아리에 간수하라고 시키신다. 하나님이 이스라엘을 애굽 땅에서 인도하여 낼 때에 광야에서 이스라엘을 먹이셨다는 것을 이스라엘의 자손 대대로 볼 수 있게 하라고 시키신 것이다. 아론은 하나님이 명령을 받아서 만나를 담은 항아리를 증거판 앞에 두어 간수하게 하였다. 이스라엘 자손은 가나안 땅 접경에 이르기까지 만나를 먹게 된다. 사람은 누구나 먹어야 산다. 그 먹거리를 창조주 하나님이 주신다. 생명과 음식은 창조 신앙의 핵심이다. 그 기억을 이스라엘의 시인은 다음과 같이 노래한다.

이 모든 피조물이 주님만 바라보며, 때를 따라서 먹이 주시기를 기다립니다. 주께서 그들에게 먹이를 주시면, 그들은 받아먹고, 주께서 공급하여 주시면 그들은 좋은 것으로 배를 불립니다(시 104:27-28, 새번역)

먹거리는 하나님이 주신다. 하나님이 때를 따라서 우리에게 먹을거리를 주신다(시 145:15). 양식은 본래 땅에서 난다. 하나님은 땅을, 양식을 내는 보금자리로 만드셨다(창 1:29). 하나님이 땅을 조성하신 것은 식물을 자라게 하여 피조물들의 생존을 유지하도록 하기 위해서다(창 1:11-12, 29-30). 이 점에서 광야는 예외적이다. 땅이면서도 식물을 내지 못하기 때문이다. 광야란 사람이 살 수 없는 곳이다(렘 2:6; 욥 38:26). 광야는 본래 양식을 내는 터전이 아니다. 그러나 따지고 보면 광야만 식물을 내지 못하는 것은 아니다. 땅에 가뭄(렘 14:4; 학 1:11), 지진(창 19:25), 전쟁(신 28:23; 사 1:7), 기근(창 47:13), 재앙(신 28:42; 시 105:34) 등이 든다면 인간의 생존은 커다란 위협에 직면하게 된다. 땅에 창조의 질서가 회복되어야 한다. 그래야 사람이 땅 위에서 살 수 있다. 땅이 스스로 식물을 내는 것이 아니다. 하나님께서 땅으로 하여금 식물을 내게끔 축복하셨다. 인간 생존의 근거가 땅이 아니라 하나님이라는 것이다. 하나님의 백성은 땅을 숭배해서는 안 된다. 자연을 신앙의 대상으로 삼아서도 안 된다. 땅이나 자연이나 사람이나 모두 피조물이다. 이 세상의 피조물은 모두 그 생존을 하나님께 의존하고 있다. 그런 점에서 광야는 사람의 생존을 보장하는 궁극적 근거가 하나님이심을 가장 극적으로 일깨워 주는 공간이다. 만나 이야기는 사람의 생존이 하나님의 손에 달려 있다는 것을 가르치고 있다(시 85:10-13; 호 2:21-23).

17:1-7 이스라엘 "온 회중"이 신 광야 르비딤에 장막을 쳤다. 르비딤은 물 없는 오아시스이다. "르비딤"이란 명칭을 히브리어 "라파드"(돕다, 새 힘을 주다)에서 온 말로 읽으면 그 뜻은 "쉼터"가 된다. 그러나 르비딤에는 그 이름과는 달리 마실 물이 없었다. 그래서 그곳에 당도한 이스라엘 회중이 모세와 다투게 된다. 모세와 "다투었다"는 말은 모세를 상대로 "법적인 소송을 걸었다"(립)는 뜻이다.

이스라엘이 수르 광야에 들어섰을 때 하나님은 마라의 쓴물을 단물로 바꾸어 주시면서 이스라엘을 위하여 "법도와 율례를" 정하시고 이스라엘을 시험하신 적이 있다(15:22-26). 엘림과 시내 산 사이에 있는 신 광야에 이스라엘이 들어섰을 때에도 하나님은 이스라엘이 하나님의 "율법"을 지키는지를 시험하고자 하늘에서 양식을 비같이 내리셨다(16:4). 하나님의 말씀을 따르며 광야 길을 걷던 그 이스라엘이 이번에는 신 광야 르비딤까지 왔다. 그때 마실 물이 없어서 고통을 당하는 일이 벌어진 것이다.

르비딤에서 일어난 소동은 이스라엘이 모세와 소송을 다투는 일로 번진다(17:2). "우리에게 물을 주어 마시게 하라." 이스라엘이 모세에게 법적 책임을 묻는 소송을 건 것이다. 하나님의 인도를 따른 이스라엘을 모세가 물이 없는 곳으로 데리고 왔다면 그 법적 책임을 물을 수 있는 권한이 이스라엘에게 있다고 생각한 것이다.[9] 이스라엘이 제기한 다툼에 모세가 대꾸하는 말이 그런 정서를 대변한다. "어찌하여 나와 다투느냐(립) 너희가 어찌하여 여호와를 시험하느냐(나싸)"(17:2). 모세와 벌인 법적 다툼이 이번에는 하나님을 시험하는 일로 번진다. 출애굽기 15-16장 이야기에서는 하나님이 이스라엘을 시험(test)했는데, 17장의 신 광야에서는 이스라엘이 도리어 하나님을 시험(test)하고 있다. "너희가 어찌하여 하나님을 시험하느냐." 모세의 질책에 이스라엘 회중이 그에게 원망을 퍼붓는다. 왜 이스라엘을 애굽에서 이끌어내어 광야에서 목말라 죽어가게 하느냐!

하나님은 이스라엘이 모세에게 제기한 소송에 대해서 아무런 꾸지람 없이 응대하신다. 이스라엘이 하나님을 시험하는 거친 자세에 대해서도 어떤 제재도 가하지 않으신다. 광야 길을 걷는 이스라엘의 불평과 원망에 대한 하나님의 반응은 시내 산 이야기(출 19:1-민 10:10)를 기점으로 그 이전과 이후가 다르다. 시내 산 이전에는(15:22-18:27), 즉 이스라엘이 시내 산에서 신앙공동체로 다져지기 이전에는, 이스라엘을 향한 하나님의 진노와 징계는 없다. 광야 길의 이스라엘을 향한 하나님의 분노와 심판은 이스라엘이 시내 산을 떠난 다음(민 10:11-36:13)부터 마주치게 된다. 본문에서 하나님은 모세에게 그의 지팡이로 "호렙 산에 있는" "그 반석"을 쳐서 물이 나오게 하라고 지시하신다(17:5-6). 모세가 손에 들고 반석을 친 지팡이는 그전에 나일 강을 쳐서 물이 피가 되게 한 그 지팡이이다(7:17). 그때는 물을 피로 변하게 해서 마시지 못하게 했지만, 이번에는 반석을 쳐서 물이 없는 곳에서 물이 솟구쳐 나와 마시게 한다.

르비딤의 이름이 달라진다. 이제부터 르비딤은 "맛사"이다. 히브리어 "나싸"(to test)에서 온 말이다. 시험한 곳이라는 뜻이다. 이스라엘이 하나님을 시험한 곳이다. 하나님이 이스라엘 중에 계신지의 여부를 시험한 곳이다. 동시에 르비딤은 "므리바"로도 불린다. 히브리어 "립"(to present a legal case)에서 온 말이다. 이스라엘이 모세와 법적 다툼을 벌인 곳이라는 뜻이다. 이스라엘 신앙은 맛사에서 있었던 일을 부정적으로 해석한다. 사람은 하나님을 시험해서는 안 된다(신 6:16-17; 9:22; 시 95:8; 마 4:7; 히 3:7-11). 출애굽기 17:7의 맛사는 이스라엘이 아직 신앙공동체로 탄생되기 이전에 있었던 일이다. 이스라엘이 하나님의 백성으로 다져지고 난 다음부터 맛사는 더 이상 재현되어서는 안 된다. 마귀가 예수님을 유혹하였다. "네가 만일 하나님의 아들이어든 뛰어내리라 기록되었으되 그가 너를 위하여 그의 사자들을 명하시리니 그들이 손으로 너를 받들어 발이 돌에 부딪치지 않게 하리로다 하였느니라"(마 4:6). 이에 대한 예수님의 말씀은 분명하다. "…주 너의 하나님을 시험하지 말라…"(마 4:7). 하나님을 시험하지 마라! 시험이 아니라 순종이다. 시험이 아니라 인내이다. "인내는 연단을, 연단은 소망을" 이룬다(롬 5:4).

17:8-16 르비딤은 물 없는 쉼터이다. 르비딤은 이스라엘이 감히 하나님을 시험한 곳이다. 이스라엘 중에 하나님이 계시는지의 여부를 이스라엘이 알고자 했던 곳이다. 그 르비딤에서 큰 싸움이 벌어졌다. 아말렉이

이스라엘을 뒤에서 습격하였다(참조, 신 25:17-19). 아말렉은 광야에서 활동하는 유목민족이다. 아말렉은 이스라엘을 괴롭히는 대적 중 하나이다(삿 6:3-4; 삼상 27:8). 따지고 보면 아말렉은 에서의 후손이다(창 36:12, 16). 그 아말렉이 광야 길을 걸어가는 이스라엘의 뒤를 덮쳤다. "그 때에 아말렉 사람들이 몰려와서, 르비딤에 있는 이스라엘 사람을 공격하였다"(17:8, 새번역). 르비딤에는 마실 물만 없지 않았다. 르비딤에는 쉼도 없었다.

르비딤에서 벌어진 싸움 이야기는 교차대구(chiasmus) 형식으로 진행된다. 전쟁보도(a, 17:8) → 모세가 여호수아에게 내린 지시(b, 17:9) → 전투(c, 17:10) → 모세가 손을 들면 이기고 내리면 지고(d, 17:11) → 모세의 손이 내려오지 않도록 양쪽에서 붙들고(d′, 17:12) → 전투/승리(c′, 17:13) → 하나님이 모세에게 내리는 지시(b′, 17:14) → 전쟁/승리 보도(a′, 17:15). 전쟁보도에서 시작된 르비딤 전투는 "모세가 손을 들면 이스라엘이 이기고 손을 내리면 아말렉이 이기는" 장면까지 치닫다가(a-b-c-d) 아론과 훌이 양쪽에 서서 모세의 팔을 각각 붙들어 올려 해가 질 때까지 모세가 그 팔을 내리지 않게 되면서 여호수아가 아말렉을 쳐서 무찌르게 되고, 그 결과 모세가 그곳에 제단을 쌓고 그곳 이름을 "여호와 닛시"라고 부르는 결말에까지 이른다(d′-c′-b′-a′).

전쟁이 일어난 것은 아말렉이 와서 이스라엘을 치고자 했기 때문이다. 전쟁은 이스라엘의 용사들이 수행한다. 용사이신 하나님이 이번에는 그 전쟁의 지휘를 모세에게 맡긴다. 홍해를 건너는 역사에서는 하나님이 바로의 군대와 홀로 싸우셨다. 이번에는 하나님이 그 용사의 역할을 모세와 그 이스라엘에게 맡기신다. 모세가 "하나님의 지팡이"를 손에 들고 산꼭대기에 올라 팔을 든다. 이전 이야기에서 모세는 그 지팡이를 가지고 호렙 산에 있는 반석을 쳐서 반석에서 물이 나오게 했다(17:6). 이제 모세는 산꼭대기에 올라가 그 지팡이를 손에 높이 들어서 이스라엘을 이기게 한다(17:11). 싸움은 사람이 하지만 승리는 하나님이 주신다. 하나님의 지팡이를 든 손을 모세가 높이 든 것은 하나님의 도움을 구하는 자세이다. 산 위의 기도가 산 아래 전쟁을 이기게 한다. 하나님의 지팡이를 든 손을 높이 들고 서 있는 것은 제 힘만으로는 부족하다. 아론과 훌이 돌을 가져와서 모세를 앉게 하고 양쪽에 서서 모세의 팔을 붙들어 올린다. 모세는 해가 질 때까지 그 팔을 내리지 않았다. 그동안 여호수아가 아말렉과 그 백성을 쳐서 무찔렀다. 여호수아가 힘으로 싸워서 이긴 것이 아니다. 여호수아가 수행한 것은 하나님의 승리의 열매를 거두는 조처이다. 모세의 손이 "해가 지도록 내려오지 않았기에," 모세가 든 하나님의 지팡이가 해가 지도록 내려오지 않았기에 여호수아가 승리의 열매를 거둔 것이다. 모세가 산꼭대기에서 들어올린 승리의 기호(하나님의 지팡이)를 여호수아가 산 아래에서 만끽한다. 골방의 기도가 끊어지지 않게 하라! 세상에서 거두는 승리는 기도방의 열매이다.

하나님이 모세에게 말씀하신다. 오늘의 승리를 책에 기록하여 사람들이 잊지 않도록 기념하게 하라신다(17:14). 하나님이 기념하라고 하는 말은 하나님의 다짐이다. "내가 아말렉을 없이하여 천하에서 기억도 못하게 하리라." 세상이 아말렉을 기억하지 못하도록 하라는 것이다. 하나님의 말씀은 아말렉을 향한 발람의 예언을 상기시킨다. 아말렉은 한때 민족들의 으뜸이었지만 그들은 마침내 망하고야 말리라(민 24:20). 여기에서 아말렉은 하나님의 백성을, 하나님을 대적하는 무리를 대표한다. 하나님을 대적하는 무리는 하나님이 영원히 없애 버리실 것이다. 모세가 거기에 제단을 쌓는다. 그곳의 이름을 "여호와 닛시"라고 부른다. 히브리어 "닛시"는 "네스"에서 온 말이다. 그 뜻은 "깃발"(banner)이거나 "장대"(민 21:8)이다. 모세가 하나님의 용사로서 치른 전쟁에서 승리를 거두었다. 그 감격이 제단을 쌓고서 그곳 이름을 "여호와 닛시"(야훼 닛시)라고 부르는 것으로 이어진다. "여호와 닛시!" "여호와가 나의 깃발이다." 헬라어 역 성경은 이 "닛시"를 "나의 피난처"(무 카타피게)라고 옮겼다. 이 경우 모세가 아말렉과 싸워 이기고 제단을 쌓은 뒤 부른 명칭은 하나님이 나의 피난처가 된다. 읽기에 따라서는 히브리어 "네스"는 히브리어 "나사"(시험하다)의 언어유희(wordplay)일 수도 있다. 이 경우 이스라엘이 벌인 아말렉과의 싸움은 하나님을 시험했던 이스라엘에 대한 하나님의 대응이 된다.[10] 하나님이 모세, 여호수아, 아론, 훌, 이스라엘 용사들을 시켜 아말렉을 무찌른 전쟁은 이스라엘 가운데 계시는 하나님의 임재를 증명하는 사건이었다는 것이다. 모세가 산꼭대기에서 하늘 높이 들어올린 하나님의 지팡이는, 그러기에 이스라엘을 향한 하나님의 시험(야훼 나사, the test of Yahweh)이었다는 것이다.[11]

이 이야기에서 아말렉은 하나님의 백성과 대적하는 무리를 가리킨다. 하나님의 백성이 가는 길에는 항상 대적이 있다. 대적이 없기를 기대하지 마라. 대적이 있더라도 그 대적을 물리치시는 하나님을 기려야 한다. 그래서 아말렉을 무찔러 이긴 이스라엘 이야기는 "여호와께서 맹세하시기를 여호와가 아말렉과 더불어 대대로 싸우리라 하셨다 하였더라"(17:16)는 말로 마친다. "여호와께서 맹세하신다"(키-야드 알-케스 야흐, 17:16a)로 옮긴 구절은 해석하기가 어렵다. 우선 "야흐"는 "야훼"를 줄여 쓴 말이다. 이 구절은, 직역하면, "손이 야훼의 '케스' 위에 있기에"이다. 히브리어 "케스"가 무엇인지가 분명하지 않다. 세 가지 해석이 가능하다. 첫째, 히브리어 "케스"를 히브리어 "킷세"에서 온 말로 간주하는 것이다.[12] 이 경우 본문은 "손이 야훼의 보좌 위에(또는 '야훼의 보좌를 향하여') 있기에"가 된다. 하나님의 보좌에 손을 두시고 하나님이 말씀하신다는 것이다. NKJV는 이것을 "주님이 맹세하였기에"(Because the Lord has sworn)로 읽는다. 우리말 성경 "여호와께서 맹세하시기를 여호와가 아말렉과 더불어 대대로 싸우리라 하셨다 하였더라"는 이런 시각을 따른다. 둘째, 히브리어 문장 "키-야드 알-케스 야흐"를 문맥에 따라서 "아말렉이 야훼의 보좌를 향하여 손을 추켜세웠기에"로 읽는 시각이다. 아말렉이 하나님의 전능하심에 맞서 손을 들었기에 "야훼와 아말렉 사이에 전쟁이 영원히 있게 된다"(밀하마 라야웨 바 아말렉 미도르 도르)는 것이다.[13] 셋째, 히브리어 "케스"를 "네스"로 고쳐 읽는 시각이다.[14] "손이 야훼의 깃발 위에 있기에," 하나님이 아말렉과 전쟁을 영원히 벌이신다고 말씀하신다는 것이다.

르비딤의 이름이 맛사, 므리바로 바뀌었다가 이번에는 다시 여호와 닛시로 바뀐다. 사람이 조성한 쉼터가 하나님을 의심하는 곳으로 등장했다가, 다시 하나님이 주시는 승리를 기억하는 장소로 바뀐다. 신 광야의 르비딤이 르비딤 → 맛사/므리바 → 여호와 닛시로 바뀌고 있다. 사람의 판단이 앞서는 곳에서는 항상 맛사의 시련이 있다. 사람의 시비가 앞서는 곳에서는 언제나 므리바의 다툼이 있다. 그러나 하나님의 인도하심이 앞서는 곳에서는 늘 승리가 따른다. 맛사를 닛시로 바꾸게 하라. 므리바를 닛시로 바꾸게 하라. 그러기 위해서는 산꼭대기로 올라가야 한다. 생존의 도구를 하나님이 사용하시는 지팡이가 되도록 높이 들어야 한다.

출 18:1-27

광야라는 교실에서

광야는 하나님이 어떤 분이신지를 경험하는 현장이다. 지금까지 다룬 출애굽기 13:17-17:16은 여호와(야훼)가 어떤 하나님이신지를 이스라엘이 경험하는 이야기로 채워졌다. 출애굽기 18:1-27은 한 편으로는 이스라엘이 체험한 하나님을 신앙고백 형태로 정리하고, 다른 한편으로는 19장에서부터 전해지는 규례와 법도를 들을 준비를 한다. 출애굽기 18:1-27에는 두 개의 스토리가 있다. 하나는 이스라엘이 경험한 하나님의 구원을 신앙고백의 형태로 정리하는 이야기이다(18:1-12). 다른 하나는 애굽의 노예살이에서 구원받은 이스라엘이 바르고 공평한 공동체로 세워지는 과정을 소개하는 이야기이다(18:13-27). 이 두 이야기에서 두드러지는 주인공은 모세와 모세의 장인이다. 모세의 장인 미디안 제사장 이드로가 출애굽의 지도자 모세에게 전해주는 깨우침이 이 두 이야기를 이끌어간다. 광야는 경험하는 장소로 그치지 않는다. 광야는 교실이다. 이스라엘 신앙의 참 본분이 무엇인지, 출애굽 공동체의 과제가 무엇인지를 익히고 배우는 교실이다.

18:1-12 모세의 장인이자 미디안 제사장인 이드로는 하나님께서 하신 일을 듣고, 십보라와 그의 두 아들 게르솜과 엘리에셀을 데리고, 모세가 진을 치고 있는 광야로 가서 모세를 만난다. 이 이야기는 세 단락으로 구분된다. 우선, 출애굽기 18:1-6은 이드로의 동작을 전한다. 이드로가 듣고(18:1), 데리고(18:2-4), 가서(18:5), 모세를 찾는다(18:6). 이 단락에서 이드로는 모세의 장인이다. 이드로가 들은 것은 구원의 소식이다. 하나님이 이스라엘을 애굽에서 인도하여 내셨다는 소식을 들었다. 이드로가 데리고 간 사람들은 모세가 친정으로 돌려보냈던 모세의 아내 십보라와 모세의 두 아들이다. 모세의 아들들의 이름이 뜻 깊다. 큰아들 게르솜은 "내가 이방에서 나그네가 되었다"는 뜻이다. 나이 사십에 애굽에서 도망쳐 나와 미디안 땅에서 나그네살이를 하던 모세의 처지가 생생하게 새겨져 있다. 모세는 그 나이가 팔십이 되도록 타국 땅에서 "게르"(나그네)로 살았다. 그렇게 고달팠던 모세의 인생살이가 게르솜이란 이름 속에 담겨 있다. 모세는 하나님을 만나기 전까지 양 떼와 함께 쏘다니던 나그네(게르)에 불과했다. 모세의 작은아들 엘리에셀은 "내 아버지의 하나님이 나를 도우셨다"는 뜻이다. 엘리에셀이라는 이름 속에는 모세가 하나님을 만나면서 경험한 구원의 감격이 서려 있다. "…이는 내 아버지의 하나님이 나를 도우사 바로의 칼에서 구원하셨다 함이더라"(18:4). 모세의 인생은 하나님을 만나고 난 뒤부터 제대로 되었다. 하나님을 만나기 이전 80년 동안 모세는 나그네 신분으로 살았다. 모세의 아들 게르솜은

그 시절을 대변한다. 하나님을 만난 뒤부터 모세는 하나님의 도구로 쓰임 받는 세월을 살게 된다. 모세의 아들 엘리에셀은 그 시절을 대표한다. 그 게르솜과 엘리에셀을 이드로가 십보라와 함께 모세가 진을 치고 있는 광야로 데리고 왔다. 곧 하나님의 산이 있는 곳이다(18:5).

출애굽기 18:7-8은 이드로를 맞는 모세의 동작을 전한다. 모세가 그의 장인을 맞아 절하고 입을 맞추며 문안하고 함께 장막에 들어갔다. 모세가 이드로에게 "여호와께서 이스라엘을 위하여 바로와 애굽 사람에게 행하신 모든 일과 길에서 그들이 당한 모든 고난과 여호와께서 그들을 구원하신 일을"(18:8) 자세히 말한다. 모세가 이드로에게 하는 말 속에는 이스라엘이 경험한 하나님의 역사가 담겨 있다. 모세의 말은 보고이다. 아니, 고백이다. 모세의 말을 이끄는 문장의 주어가 "여호와"인 것에 주목하라. 모세가 이드로에게 전하는 보고는 자기가 한 일이 아니다. 모세는 이드로에게 하나님이 하신 일을 보고하고 있다. 하나님이 "이스라엘을 위하여"(알 오도트 이스라엘, for the sake of Israel, 18:8) 행하신 일을 보고하고 있다. 광야 길에 들어서서 당한 고난이 없지는 않았지만, 하나님이 이스라엘을 "구원하신" 일을 보고하고 있다. 모세의 보고는 형식상 산문체이다. 모세의 보고는, 그러나 내용상 찬양이다. 하나님을 높이는 고백이다. 하나님은 구원의 하나님이시다. 구원의 하나님이 이스라엘을 위해서 일하고 계신다.

출애굽기 18:7-12는 모세의 동작과 그 고백에 대한 이드로의 화답이다. 이드로의 화답은 모세의 고백과 동작에 역으로 상응하는 순서를 띤다. 모세의 고백(18:8)에 이드로가 고백하고(18:9-11), 모세의 동작(18:7)에 이드로가 대응하는 방식이다(18:12). 모세의 동작은 짧다. 이드로의 동작은 길다. 모세의 고백은 짧다. 이드로의 고백은 길다. 이 대목에 묘사된 이드로는 단순히 모세의 장인이 아니다. 이 대목에서 이드로는 미디안의 제사장이다. 무엇보다도 이드로의 고백은 모세의 고백보다 더 적극적이

고 구체적이다. 이드로는 여호와(야훼) 하나님이 이스라엘을 애굽의 손
아귀에서 구원해내셨다는 소식을 듣고 입을 열어 하나님을 찬양한다.

> 여호와를 찬송하리로다 너희를 애굽 사람의 손에서와 바로의 손에서 건
> 져내시고 백성을 애굽 사람의 손 아래에서 건지셨도다 이에 내가 알았도
> 다 여호와는 모든 신보다 크시므로 이스라엘에게 교만하게 행하는 그들을
> 이기셨도다(18:10-11)

"여호와를 찬송하리로다!"(바루크 야훼) 정확하게는 "야훼에게 축복
있으라"(Blessed be the Lord). 히브리어 "바루크"는 수동 분사형이다. 이드
로의 말은 찬양이다. 이드로는 여호와(야훼) 하나님이 마땅히 찬양받으
실 분임을 확인한다. 모세의 고백과 이드로의 고백(찬양) 사이에는 미세
한 차이가 있다. 모세는 하나님이 하신 일을 설명하는 데 중점을 두었다.
이드로는 그 하나님이 "너희를", "백성을", 곧 자기 가족인 모세를 애굽
사람의 억압으로부터 건져 주신 사실을 확인하고 있다. 이드로의 찬양에
는 사위 가족을 향한 장인의 심정이 담겨 있다. 이드로는 모세의 백성을
구원하신 하나님을 드높이고 있다. "이제 내가 알았도다 여호와는 모든
신보다 크시므로 이스라엘에게 교만하게 행하는 그들을 이기셨도다!"
미디안 제사장 이드로의 입에서 "여호와가 모든 신보다 크시다"(가돌 야
훼 미콜-하엘로힘)는 고백이 선포되고 있다. 이스라엘의 하나님 "여호와"
(야훼)가 그 어떤 신(엘로힘)보다 위대하시다는 것이다. 출애굽이 전하는
이스라엘의 구원은 하나님이 "애굽의 모든 신을 심판하시는"(12:12) 현
장이다. 출애굽이 전하는 하나님의 구원은 "모노테이즘"(monotheism)을
가르치는 교실이다. "여호와"(야훼) 하나님이 참 하나님(엘로힘)이심을 체
득하는 현장이다. 출애굽 신앙이 전파하는 유일신 신앙은 하나님 외에
다른 신은 없다는 의미에서 선포되는 가르침과는 다르다(비교, 사 45:5-

6). 출애굽 신앙이 가르치는 유일신 신앙은 "여호와는 모든 신보다 크시다"는 의미에서 선포되는 고백이다. 이스라엘은 그 "야훼"(여호와) 하나님만을 섬겨야 한다. 이드로의 선포 속에는 이스라엘의 하나님 "여호와"(야훼)를 향한 당찬 신앙고백이 담겨 있다.

모세의 장인 이드로는 하나님께 번제물과 희생제물을 바쳤다. 아론과 이스라엘 장로들이 모두 와서 하나님 앞에서 모세의 장인과 함께 떡을 먹었다. 아니 모세의 장인과 함께 떡을 먹고자 아론과 이스라엘의 장로들이 모세에게로 왔다. 모세의 장인 이드로를 비롯한 모세의 식구를 이스라엘의 가족으로 품고자 한다. 떡을 먹는 행동은 일상생활의 기본이다. 떡을 함께 나눈다는 것은 가족이 되었다는 뜻이다. 미디안 제사장 이드로가 지금까지는 모세의 장인이었지만, 이제부터는 아론과 이스라엘의 모든 장로들과 더불어 떡을 떼는 사이가 되었다. 미디안 제사장 이드로의 입에서 이스라엘 신앙의 본분이 확인되고 있다. 이스라엘은 모든 신보다 크신 하나님의 백성이다. 떡을 떼어 먹는 이스라엘의 일상은 바로 그 하나님 앞에서 이루어진다.

18:13-27 모세의 장인이 모세를 찾아온 이튿날에 있었던 일이다. 모세는 "백성의 송사를 다루는"(리쉬포트 에트-하암) 자리에 앉았고 백성은 아침부터 저녁까지 모세 곁에 서 있었다. 앞에서 살펴본 아말렉과의 전쟁이 이스라엘 공동체가 외부의 침입으로 혼란에 빠지게 된 사건이었다면, 모세가 다루어야 하는 송사(샤파트)는 이스라엘 공동체 내부에서 야기한 혼란을 다루는 경우이다. 모세가 그 혼란을 처리하고자 재판장의 자리에 앉았고 백성들은 아침부터 저녁까지 모세의 판결을 받고자 기다리고 있었다(18:13). 이 상황을 놓고 모세의 장인과 모세가 입씨름을 벌인다(18:14-16). 출애굽기 18:13-27에서 모세의 장인 이드로는 시종일관 그냥 "모세의 장인"(호텐 모쉐)이다. 이스라엘 신앙의 바탕을 가르치던 이

야기(18:1-12)와는 달리 여기에서는 이드로라는 이름이 일체 거론되지
않는다. 그 모세의 장인이 모세에게 혼란을 극복하는 방침을 충고한다
(18:17-23). 모세가 그 충고대로 실천하게 되면서(18:24-26) 본문은 "모세
가 그의 장인을 보내니 그가 자기 땅으로 가니라"(18:27)는 맺음말로 이
야기를 끝낸다.

사람이 사는 곳에는 으레 시시비비를 가리는 문제가 생긴다. 사람들이
어울려 세운 공동체에도 잘잘못을 따져야 하는 상황이 발생한다. 신앙
공동체에도 재판으로 가려야 하는 문제가 생긴다. 신앙공동체가 건강하
려면 공동체 안에 공의로운 질서가 확립되어야 한다. 바른 삶 위에 바른
신앙이 세워진다. 바른 생활 위에 바른 신앙공동체가 세워진다. 모세의
재판은 "하나님의 율례와 그 법도"(훅케 하엘로힘 브에트 토로타브, 18:16,
20)를 백성들에게 가르쳐 주기 위한 것이다. 하나님의 "율례"(훅킴)는 하
나님이 새로 정한 질서이다. 여기 하나님의 "법도"(토로트)라는 말로 번역
된 히브리어는 하나님이 주신 말씀(토라)을 길[道]로 결정하는 판결이다.
재판은 사람의 이익을 위한 것으로 머물러서는 안 된다. 재판은 하나님
의 뜻을, 하늘의 뜻을, 하나님의 율례와 법도를 세상살이에 세우는 토대
가 되어야 한다. 출애굽 여정의 인도자 모세는 이 문제를 해결하고자 재
판장 자리에 앉는다. 문제는 그 재판을 모세 홀로 수행하는 상황에서 터
졌다. 모세의 판결을 받고자 백성들이 아침부터 저녁까지 서서 기다려야
하는 문제가 생긴 것이다.

모세의 장인과 모세가 나누는 대화는 자못 설전(舌戰)이다. 모세의 장
인이 문제 삼는 것은 그 긴 재판을, 그 많은 재판을, 그 힘든 재판을 모세
홀로 감당하고 있다는 점이다. "네가 이 백성에게 행하는 이 일이 어찌 됨
이냐 어찌하여 네가 홀로 앉아 있고 백성은 아침부터 저녁까지 네 곁에
서 있느냐"(18:14). "어찌 됨이냐"(마-하다바르 핫쩨), "어찌하여"(마두아)
가 이어지고 있다. 모세의 장인의 눈에 비친 모세의 처사는 정당하지 못

하다(어찌 됨이냐). 모세의 장인의 눈에 비친 모세의 처사는 이해되지 않는다(어찌하여). "어찌 됨이냐", "어찌하여"라는 말은 질책하는 용어이다. 모세의 대꾸는 당당하다. 모세는 백성들이 무슨 일이든지 생기면 자기에게로 오기에 그런 상황이 벌어진다고 대꾸한다. 백성이 오면 자기가 그들의 문제를 재판하여 주면서 하나님의 율례와 법도를 알려주기에 그런 일이 으레 벌어진다고 대꾸한다. 한 마디로, 하나님과 백성 사이에서 중재자 역할을 하고 있다는 것이다. 모세의 장인이 제기한 문제는, 모세는 앉아 있고 백성은 서 있는 상황이다. 모세가 재판 한 건에 매달려 있는 사이에 기약 없이 기다려야 하는 백성의 처지를 안타깝게 여기고 있다. 모세가 그의 장인에게 대꾸한 답변은 바른 판결을 해주어야 하는 상황이다. 하나님의 율례와 법도를 가르쳐 주어야 하는 상황이다.

모세의 장인이 모세에게 그런 혼란을 극복하게 하는 방침을 일러준다(18:19-23). 백성 위에 천부장, 백부장, 오십부장, 십부장을 세워서 그들이 사건이 생길 때마다 백성을 재판하도록 하라는 것이다. 짐을 나누어 지라는 것이다. 공의의 실천을 1,000명, 100명, 50명, 10명 단위로 이루게 하라는 것이다. 사실 천부장, 백부장, 오십부장, 십부장은 군대조직의 용어이다. 이스라엘 회중을 1,000명, 100명, 50명, 10명 단위로 나눠서 각 단위를 책임질 사람을 둔다는 것은 이스라엘을 하나님의 군대로 재편성하는 시도이다. 사실 이스라엘은 애굽 땅을 나올 때 이미 "여호와의 군대"(12:41)라고 불렸다. 모세의 장인이 모세에게 주는 충고는 그 "여호와의 군대"의 이상을 현실이 되게 하라는 말이다. 출애굽한 이스라엘이 체계와 제도를 갖춘 공동체가 되도록 돕는 방안이다. 천부장, 백부장, 오십부장, 십부장을 세워서 그들로 하여금 모세의 짐을 나누어 지게 하면 모세도, 백성들도 모두 "평안히"(브샬롬, in peace, 18:23) 지내게 된다는 것이다. 그러려면 천부장, 백부장, 오십부장, 십부장이 될 사람은 백성 가운데서 능력과 덕을 갖춘 사람, 곧 "하나님을 두려워하며 진실하며 불의한 이익을 미워하는”(18:21) 사람이어야 한다. 모세가 할 일은 그들에게 “율례와 법도를 가르쳐서 마땅히 갈 길과 할 일을”(18:20) 알려주는 것이다. 그래서 작은 재판은 그들에게 맡기고 큰 재판은 모세가 맡는 것이다.

모세가 그 충고를 따랐다. 모세는 구원받은 백성들이 평안(샬롬)을 누리는 백성이 될 수 있도록 이스라엘의 골격을 수선한다. 구원은 샬롬으로 이어져야 한다. 구원의 은총은 평화의 은총으로 연결되어야 한다. 구원받음의 열매가 평안으로, 평강으로, 평화로 맺어져야 한다. 구원은 하나님이 주신다. 평화는 사람들이 이루어야 한다. 모세가 이스라엘 사람 가운데서 “능력 있는 사람들”을 택하여 그들을 천부장, 백부장, 오십부장, 십부장의 자격으로 “백성의 우두머리”(백성의 지도자, 로쉬 알-하암)로 삼았다. 그 “우두머리들”이 때를 따라서 백성을 재판하였다. 사소한 일은 그들이 재판하고, 어려운 일은 모세에게로 가져왔다. 짐은 나누어 져야 한다. 짐은 더불어 져야 한다. 짐은 분량대로 져야 한다. 그래야 하늘의 뜻이 이 땅에 제대로 구현될 수 있다. 그래야 이스라엘이 출애굽한 무리에서 출애굽 공동체로 다져진다.

---

1) Dozeman, *Exodus*, 305, 309.

2) Childs, *Exodus*, 248-249.

3) N. H. Snaith, "yam-sop: The Sea of Reeds: The Red Sea," *VT* 15(1965), 395-398.

4) Snaith, "yam-sop," 397.

5) 출애굽기 16장 해석은 왕대일, 「구약신학」(서울: 감신대 성서학연구소, 2010), 333-364를 요약하였다.

6) A. Laffey, *The Pentateuch: A Liberation-Critical Reading* (Minneapolis: Fortress, 1998), 139.

7) G. W. Coats, *Rebellion in the Wilderness*, 21-28; 김이곤, "광야 전승의 고난신학적 의미," 「출애굽기의 신학」(서울: 한국신학연구소, 1989), 181-192; 민영진, "출애굽사건과 가나안 정착," 「새롭게 열리는 구약성서의 세계」 월요신학서당 (서울: 한국신학연구소, 1990), 38-39.

8) R. Knierim, *The Task of Old Testament Theology*, 232.

9) Dozeman, *Exodus*, 389.

10) Propp, *Exodus 1-18*, 619-620.

11) Dozeman, *Exodus*, 398.

12) Durham, *Exodus*, 233-234.

13) Durham, *Exodus*, 237.

14) Childs, *Exodus*, 312.

시내 산 언약, "너희가 내게 대하여 제사장 나라가 되며"

출 19:1–20:21

출애굽기를 애굽에서 가나안으로 가는 여정에서 살필 때, 출애굽기 본문은 애굽에서 시내 산까지 가는 여정과(1:1-18:27) 시내 산에서 있었던 사건(19:1-40:38)으로도 구분할 수 있다. 전자가 이야기 형식으로 하나님의 구원역사를 다룬다면, 후자는 구원받은 공동체에게 주시는 하나님의 말씀이다. 출애굽은 애굽으로부터의 해방에 그치지 않는다. 출애굽은 하나님의 백성이 되기 위한 해방이다. 시내 광야 시내 산은 이스라엘이 하나님의 백성으로 새롭게 태어나는 자리이다. 출애굽이 준 구원, 해방, 자유의 의미는 이스라엘이 시내 산에 당도한 이후 구체적으로 드러난다. 출애굽은 시내 산으로 나아가는 행진이었다.

시내 산에서 이스라엘은 하나님의 사람으로 창조된다. 하나님의 사람이 되기 위한 첫 번째 체험은 구원받는 체험이다(1-18장). 이 체험은 하나님과 언약을 맺은 백성이 되어 하나님이 다스리시는 세상을 이루어가는

삶으로 뻗어나간다(19:1-20:21; 20:22-24:18). 그런 이스라엘이 하나님을
위한 성소(聖所)를 건축하는, 아니 하나님이 기대하시는 성소가 되어가
는 생애를 이루어가게 된다(25:1-31:18). 이 여정을 단계별로 거친 뒤 이스
라엘은 하나님의 백성으로 다듬어져 간다. 출애굽기가 전하는 하나님의
백성은 야곱의 자손으로 "난"(being) 존재가 아니라 하나님의 사람으로
"되어가는"(becoming) 존재이다. "난 사람"이 아니라 "된 사람"이다. 그리
고 그 "됨"은 점진적이다.

출애굽기 19:1-20:21은 시내 산에서 일어난 기사(記事)의 들머리이다.
출애굽한 이스라엘은 시내 광야 시내 산에 당도한 뒤 하나님과 언약을
맺는다. 이스라엘의 정체성이 야곱의 자손에서 신앙공동체로 새롭게 변
화되어야 한다는 것을 전한다. 이제부터 이스라엘은 하나님과 언약을 맺
은 백성의 길을 걷게 된다. 하나님은 이스라엘이 "제사장 나라"(Priestly
Kingdom)가 되기를 원하신다. 하나님을 섬기는, 하나님을 위하여 구별된
나라가 되기를 원하신다. 구원의 은혜는 누구에게나 임하지만, 하나님
의 백성으로 자라는 것은 누구나가 아니다. 하나님의 말씀과 소통해야,
하나님의 말씀 안에서 성장해야, 하나님의 말씀대로 걸어가야 하나님의
소유, 하나님의 백성, 하나님의 뜻을 이루는 "제사장 나라"가 될 수 있다
(비교, 벧전 1:14-15).

출 19:1-2

애굽에서 시내 산까지

이스라엘 자손이 애굽 땅을 떠난 지 "삼 개월이 되던 날" 시내 광야에
"이르러" 산 앞에 "장막을 쳤다." 떠난 곳은 애굽 땅의 르비딤이다. 도착
해서 장막을 친 곳은 시내 광야의 시내 산 앞이다. "떠나다"(야차, 나사) →
"당도하다"(보) → "장막을 치다"(하나)라는 동사가 연이어서 나오고 있다.

이런 동사들은 모두 이스라엘의 이동을 전한다. 지평선을 따라서 걷고 또 걷는 움직임을 전한다. 애굽 땅 르비딤을 떠난 이스라엘이 시내 광야의 시내 산 앞에 장막을 치고 머물기까지 쉬지 않고 이동하였음을 전한다.

 "장막을 쳤다"는 것은 목적지에 당도해서 짐을 풀었다는 뜻이다. 지금까지 이스라엘은 걷고 또 걸어야 했다. 애굽 땅을 벗어나 거칠고 험한 광야를 통과하기 위해서다. 그런 이스라엘의 발걸음이 시내 광야 시내 산에 이르러 멈추게 된다. 장막을 쳤기 때문이다. 출애굽의 일차 목적지는 시내 산이다. 애굽의 르비딤을 떠나 시내 광야에 이르기까지 이스라엘 자손은 걷기를 멈추지 않았다. 지금까지 이스라엘이 거쳐 가야 했던 여정은 온통 광야 길이었다. 이 길을 걸으면서 이스라엘은 만나와 메추라기로 생존하였다. 바위에서 터진 샘물로 갈(渴)한 목을 축여야 했다. 아말렉의 기습을 막아내야 했다. 출애굽기 19:1-2는 13:17-18:27의 요약이다. 애굽 땅을 떠난 이스라엘이 마침내 성공적으로(?) 목적지에 다다르게 되었다는 것이다. 출애굽한 이스라엘은 시내 광야 시내 산에 당도해서야 마침내 그 발걸음을 추스르게 되었다는 것이다.

 언제 이스라엘이 시내 산에 당도하였는가? 이스라엘 자손이 애굽 땅에서 나온 지 세 번째 달이 시작되던 때이다. "이스라엘 자손이 애굽 땅을 떠난 지 삼 개월이 되던 날 그들이 시내 광야에 이르니라"(19:1). 새번역은 이 구절을 "이스라엘 자손이 이집트 땅에서 나온 뒤, 셋째 달 초하룻날, 바로 그날, 그들은 시내 광야에 이르렀다."라고 옮기고 있다. "애굽 땅을 떠난 지 삼 개월이 되던 날"(바호데쉬 핫쉴리쉬 르체트 브네-이스라엘 메에레츠 미츠라임)이란 애굽 땅에서 나온 지 세 번째 달이 시작되던 날이다. 이스라엘은 애굽 땅을 떠난 날을 달의 시작, 곧 해의 첫 달로 삼았다(12:2). 그 출애굽은 유월절 지키기로 시작되었다. 유월절 지키기는 두 주간 동안 행해졌다(12:6). 유월절 제14일에 양을 잡고, 그 피를 집의 문설주와 인방에 바르고, 그 고기를 불에 구워 급히 먹고, 그 밤에 하나님이 애굽 땅에서 처음 난 것들을 치시자 이스라엘 자손은 애굽의 라암셋을 서둘러 떠나게 되었다(12:6-11, 29-42). 출애굽 행진은 출애굽의 제14일 "밤중에" 개시되었다(12:29). 출애굽기 12장은 마치 뉴스를 보도하는 앵커처럼 "그 밤에"(12:30), "밤에"(12:31) 일어났던 장면을 쉬지 않고 보도한다. 출애굽의 처음 두 주간은 이스라엘에게는 아직 "밤중"이었다. 출애굽 행진이 개시되던 밤은 하나님의 밤이었다. "이 밤은 여호와의 밤이라!"(12:42)

애굽을 떠난 지 삼 개월이 되던 날 시내 광야 시내 산에 당도했다는 것은, 출애굽 역사의 제7주간이 시작되던 때에 이스라엘이 시내 광야 시내 산에 당도했다는 말이다.[1] 애굽 땅에서 나온 뒤 셋째 달이 시작되던 날이란 출애굽의 여정이 시작된 지 제9주간이 시작되는 때이다. 그런데 이스라엘은 그 9주간 가운데 2주간을 유월절을 지키느라 애굽 땅에서 보내야 했다(12:6-11). 그러니까 이스라엘이 시내 산에 도착했다는 출애굽의 세 번째 달이란 출애굽 후 일곱 번째 주간이 개시되던 때라고 볼 수 있다.[2] 카수토(U. Cassuto)는 아예 출애굽기 19:1을 이스라엘 자손이 출애굽 후 닛산(Nissan) 월의 마지막 두 주간과 이야르(Iyyar) 월 네 주간이 지나서 일곱 번째 주간에 들어섰을 때 시내 광야에 들어섰다고 읽는다. 이것은 출애굽한 이스라엘이 하나님의 백성으로 새롭게 탄생하는 시내 산 사건이란 천지창조의 제7일처럼 출애굽의 제7주에 이루어졌다는 것을 암시한다.[3] 창조주 하나님은 천지창조의 제7일을 거룩하게 구별하여 그날에 안식하셨다. 창조주 하나님이 전개하신 구원사역은 출애굽의 제7주간을 거룩하게 섭리하여 이스라엘로 하여금 하나님의 백성으로 태어나는 일을 벌이셨다는 것이다. 하나님은 오늘도 제7일에 일하신다!(참조, 막 2:28; 3:1-5)

시내 산은 어디에 있는가? 출애굽기 19장 본문은 시내 산의 위치를 지정학적으로 소개하지 않는다. 시내 산이 어디에 위치한 지를 단정적으로 설명하지 않는다. 그런 일에는 아무 관심이 없다. 그냥 이스라엘이 시내 광야의 시내 산에 당도했다고만 말할 뿐이다. "그들이 르비딤을 떠나 시내 광야에 이르러 그 광야에 장막을 치되 이스라엘이 거기 산 앞에 장막을 치니라"(19:2). 르비딤은 애굽 땅을 떠난 이스라엘이 바다 건너 당도한 신 광야에 있는 곳이다(출 17:1; 민 33:14). 그곳에서 이스라엘은 마실 물이 없어서 서로 다투어야 했다. 그런 이스라엘을 위해서 하나님은 모세에게 "호렙 산에 있는 그 반석"을 쳐서 이스라엘로 하여금 물을 마시게 했다(17:6). 이것으로 보아 르비딤은 시내 산에서 그리 멀리 않은 곳이다. 본문은 르비딤을 떠난 이스라엘이 시내 광야에 이르러 시내 산 앞에 장막을 치고 머무르게 되었다고 전한다. 문제는 시내 산이 어디에 있는 곳인지 꼭 짚어 말하기가 쉽지 않다는 데 있다.

오늘날 성지순례를 하는 사람들이 흔히 다녀오는 시내 산(예벨 무사)은 시내 산에 관한 여러 후보지중 하나일 뿐이다. 사실 시내 산은 사람이 만든 지도에서 꼭 짚어 표시할 수 없다. 시내 산의 위치를 꼭 짚어 표시할 수 없다는 것은 시내 산이 하나님의 자유하심을 상징한다는 것과 그 뜻이 닿아 있다.[4] 시내 산은 애굽 왕의 통치가 미치지 않는 곳에 있다. 부정한 사람의 손길이 미치지 않는 곳에 있다. 세상의 욕심과 힘이 미치지 않는 곳에 있다. 시내 산에서 이스라엘은 오로지 하나님의 은총만 누리게 된다. 하늘에 계신 하나님은 바로 그런 곳을 택하셔서 이 땅에 강림하신다.

시내 산은 하나님이 이스라엘에게 사명과 구원과 치유를 주시는 곳이다. 모세는 시내 산에서 자기 이름을 부르시는 하나님을 만났다(3:4). 드보라는 시내 산을 가리켜 하나님의 구원역사를 목도한 증인이라고 불렀다(삿 5:5). 엘리야는 시내 산에서 지친 영혼에 생기를 불어넣어 주시는 하나님을 만났다(왕상 19:8-12). 이 성경은 시내 산을 소개할 때 그곳이 어디에 있는지보다는 그곳에서 무슨 일이 있었는지를 전하는 데 관심을 두고 있다. "여호와"(야훼) 하나님을 가리켜 "시내 산에서 오시는 분"(삿 5:5; 시 68:9)이라고 예찬하는 것은 시내 산에서는 구원과 해방, 자유와 생명의 원천이 되시는 하나님을 만나게 된다는 뜻이다.

왜 이스라엘은 시내 산으로 왔는가? 시내 산은 이스라엘이 하나님의 백성으로 새롭게 태어나는 곳이다. 태어났다는 점에서 시내 산은 이스라엘의 고향이 된다. 아브라함의 고향 우르나 하란보다도, 모세가 출생한 곳보다도 이스라엘 신앙에서 소중한 곳은 야곱의 자손이 하나님의 백성으로 태어나게 된 곳이다. 시내 산에서 이스라엘은 하나님의 말씀을 듣고 또 듣는 과정을 거쳐 마침내 하나님의 백성으로 창조되었다. 구원받은 이스라엘은 장차 신정공동체(神政共同體)로 쓰임을 받아야 한다. 그런 사명을 감당하고자 출애굽의 이스라엘은 시내 광야 시내 산으로 줄곧 나아갔다. 그런 사명을 감당하게 하려고 하나님은 출애굽한 이스라엘의 발걸음을 시내 광야 시내 산으로 시종일관 옮기게 하셨다.

이스라엘에게 이제부터 시내 산은 하나님과 언약을 맺고 하나님을 위해 사는 거룩한 백성으로 새롭게 태어나는 거룩한 보금자리가 된다. 이 보금자리에 당도하고자, 이 보금자리에서 하나님과 함께 사는 삶을 다져가고자 이스라엘은 출애굽의 행진을 계속하지 않으면 안 되었다. 엑소도스(exodus)가 역사 속에서 일어난 사건이라면, 시내 산은 역사를 뛰어넘는 자리에서 터득하게 된 말씀이다. 출애굽이 기적과 이적이 동반된 구속사(救贖史)라면, 시내 산은 말 그대로 배우고 익히는 교실이다. 교회가 그런 시내 산이 되어야 한다. 교회가 그런 교실이 되어야 한다. 교회가 그런 고향이 되어야 한다.

출 19:3-8

걸음이 거름으로, 오름이 옳음으로[5]

이제부터는 듣기이다. 걷기에서 듣기로! 출애굽기 19:3 이하부터 본문의 초점은 모세 한 사람에게로 모아진다. 이스라엘 자손은 그냥 산 앞에 장막을 치고 머물러 있다. 이제부터 소개되는 동작은 모세의 움직임이다. 출애굽기 19:3-8은 모세의 움직임을 바삐 소개하고 있다. "모세가 하나님 앞에 올라가니!" "모세가 내려와서!" 이제부터 출애굽기는 모세가 하나님 앞에 "올라가고"("모세 알라" 또는 "봐야알 모세"), 백성에게로 "내려가는"(봐예레드 모세) 동작을 반복한다(19:3-6, 7-8a; 8b-13, 14-19; 20-24; 19:25-20:20; 20:21-24:2; 24:3-8). 물론 "올라가다"(알라)와 "내려가다"(야라드)라는 히브리어 동사가 문자적으로 고스란히 반복되는 것은 아니다. "올라가다"와 "내려가다"를 밝히는 동사는 없지만, 모세가 하나님 앞에 올라가 있음을 가리키는 말이나, 모세가 백성에게 돌아와 있음을 밝히는 표현들이 본문에는 여러 번 사용되고 있다. 예를 들어 "모세가 말씀을 전하다"(19:7; 24:3a), "모세가 백성의 말을 야훼 하나님께 전하다"(19:8b), "모세가 백성에게 고하다"(24:3a)와 같은 표현들이다.

모세는 왜 하나님 앞에 올라가는가? 산 위에 계신 하나님의 말씀을 듣기 위해서다. 모세는 왜 산에서 내려가는가? 모세가 하나님으로부터 이스라엘 백성에게 내려가는 것은 산 아래 머물러 있는 이스라엘에게 하나님의 말씀을 전하기 위해서다. 모세의 걸음은 이스라엘에게는 거름이 된다. 모세가 오르락내리락하는 걸음걸이가 이스라엘에게는 하나님의 말씀 안에서 삶의 토양을 다지는 거름이 된다. 무엇보다도 모세의 오름은 무엇이 옳은 것인지를 새기는 계기가 된다. 올라가야 하나님의 뜻을 새길 수 있다. 올라가야 하나님의 소리를 품을 수 있다. 올라가면 하나님의 말씀 앞에 서게 된다.

모세의 오름은 오름으로 그치지 않는다. 모세의 오름은 내림으로 이어진다. 모세가 내려가서 하나님의 소리를 전함으로 산 아래 이스라엘은 하나님의 백성으로 다듬어져 간다. 이 모세의 오름과 내림에서 모세는 산 위에 계시는 하나님과 산 아래 진 치고 있는 이스라엘 사이를 오고가는 중재자가 된다. 이제까지 모세는 해방을 이끈 지도자였다. 앞서가는 자였다. 하지만 이제부터 모세는 중재자이다. "여호와"(야훼) 하나님과 이스라엘 사이를 오고가는 역할을 한다. 하나님의 말씀을 전하는 예언 자요, 백성의 뜻을 하나님께 보고하는 제사장이다.

출애굽기 19:4-6은 모세를 통해서 이스라엘에게 주시려는 하나님의 말씀이다. 이 말씀에서 이스라엘은 장차 어떤 모습으로 살아야 하는지 가 그려지고 있다. 이스라엘은 하나님과 언약을 맺는 백성의 길을 걷게 된다는 것이다. 이 말씀을 받아서 전하는 모세의 행동(19:7-8)에서 하나 님과 이스라엘은 서로 언약을 맺는 과정으로 들어서게 된다. 그러니까 출애굽기 19:3-8은 모세가 하나님의 산에 올라 하나님의 말씀을 받고 그것을 산 아래 이스라엘에게 전하는 첫 번째 대목이다.

> …세계가 다 내게 속하였나니 너희가 내 말을 잘 듣고 내 언약을 지키면 너 희는 모든 민족 중에서 내 소유가 되겠고 너희가 내게 대하여 제사장 나라 가 되며 거룩한 백성이 되리라 너는 이 말을 이스라엘 자손에게 전할지니 라(19:5-6)

이 말씀을 하시기 위해서 하나님은 지난 출애굽의 과정을 기억하게 하 신다. "내가 애굽 사람에게 어떻게 행하였음과 내가 어떻게 독수리 날개 로 너희를 업어 내게로 인도하였음을 너희가 보았느니라"(9:4). 애굽에서 시내 산까지 하나님은 이스라엘을 "업어서" 인도하셨다. 그냥 인도하신 것이 아니다. 번쩍 들어서(!) 인도하셨다. "독수리 날개로 업어서"(봐 엣사 에트켐 알-칸페 느샤림) 시내 산에 계신 하나님에게로 데리고 오셨다.

이제부터 이스라엘은 하나님의 "소유"(세굴라)가 된다. 단순한 소유가 아니다. "보배로운 소유물"이 된다. 이제부터 이스라엘은 하나님을 위하 여 구별된 "제사장 나라"(맘레켐 코하님)가 된다. 이제부터 이스라엘은 하 나님을 섬기며 사는 권리와 의무를 지니게 된다. 원석이 보석으로 다듬어지는 것이다. 원석을 보석 되게 하려는 하나님의 조치! 그것이 바로 하나님이 이스라엘과 맺으시는 언약이다. 언약이란 서로 매이는 관계를 뜻한다. 하나님이 이스라엘에게, 이스라엘이 하나님에게 "매이는" 특별한 관계가 히브리어 "베리트"(언약)로 표현된다. 영어 religion은 라틴어로는 "다시 맺은 언약"(*re-ligare*)이라는 뜻이다. 신앙은 헌신이다. 매이는 것이다. 하나님께 매이는 것이다. 예수님께 매이는 것이다. 성령님께 매이는 것이다. 삼위일체 하나님께 매이는 것이다. 이때 매인다는 말을 부정적으로 읽어서는 안 된다. 처음에는 매이는 것 같지만, 매이고 나면 누리게(!) 된다. 언약이라는 말을 단순히 매이는 관계로만 풀어서는 안 된다. 언약은 언약을 맺은 당사자끼리 서로 누리는 관계가 있음을 나타내는 말이다.

이스라엘의 기쁨은 "거룩한 백성"(고이 카도쉬)이 되는 데 있다. 구원받은 백성이 누리게 될 기쁨은 구별되어 살아가는 기쁨이다. 세상에 속해 있지만, 세상과 구별되어 하나님의 것이 되는 기쁨이다. 땅에 살지만 하늘에 속한 자가 되어 누리는 기쁨이다. 세상의 뭇 민족 가운데서 특별한 위치를 지닌 백성이 되는 것이다. 그런데 여기에는 한 가지 조건이 있다. 그 조건이 바로 "내 언약을 지키면"이다. 문자적으로는 "만약 내 말을 잘 듣고 내 언약을 지키면"(임-샤모아 티쉬메우 베콜리 우쉐마르템 에트-베리티)이다. 여러 조건이 아니다. 단 한 가지 조건이다. 출애굽한 이스라엘이 "하나님의 말씀을 잘 듣고 하나님의 언약을 지키면"(19:5) 이스라엘은 거룩한 백성이 되고 제사장 나라가 되리라! 말씀을 들어야 지키게 된다. 지키려면 들어야 한다. 이 언약을 성사시키기 위해서 하나님이 시내 산으로 강림하신다. 하늘의 하나님이 땅의 백성과 언약을 맺고자 출애굽한 이스라엘을 찾아서 시내 산으로 내려오시는 것이다.

출애굽기 19:3-8에서 이스라엘이 듣고 지켜야 되는 이 한 가지 조건은 신약의 용어로는 신앙고백이 된다. 예수께서 가이사랴 빌립보 지방을 지나가실 때에 제자들에게 물으셨다. "사람들이 인자를 누구라 하느냐"(마

16:13). 그리고 같은 질문을 다시 한 번 물으셨다 "너희는 나를 누구라 하느냐"(마 16:15). 시몬 베드로가 대답하였다. "주는 그리스도시오 살아 계신 하나님의 아들이시니이다"(마 16:16). 그 베드로의 대답에 주님이 약속하신 것이 무엇인가?

어디에 교회가 세워지는가? 바른 신앙고백 위에서다. 위치 좋은 곳에 세워지는 것이 아니다. 사람 많은 곳에 세워지는 것이 아니다. 바른 신앙고백 위에 교회가 세워진다. 그런 고백 위에 교회가 서게 될 때 주님은 약속하신다. 이 반석 위에, 이 고백 위에 내 교회를 세우리니 음부의 권세가 이기지 못하리라! 어디에 제사장 나라가 세워지는가? 하나님의 말씀을 듣고 지키겠다는 언약(신앙고백) 위에 제사장 나라가 세워진다. 하나님을 위하여 구별되고, 하나님에 의해서 구별되고, 하나님을 향해서 구별되는 신앙공동체는 오늘도 바른 신앙고백(언약) 위에 세워진다. 이런 관계를 이루어가고자 하나님은 시내 산에 강림하신다.

하나님은 이전에도 시내 산(호렙 산)에 강림하신 적이 있다. 모세를 만나시기 위해서다(3장). 모세를 이스라엘의 목자로 부르시기 위해서다. 이번에는 이스라엘 백성들과 만나고자 시내 산으로 강림하신다. 모세 한 사람과만 주고받는 소통이 아니라 온 이스라엘 백성들과 주고받은 소통을 이루시고자 강림하신다. 출애굽기 19:4-7이 전하는 하나님의 말씀은 이스라엘과 "여호와"(야훼) 하나님이 맺어갈 언약관계를 다지기 위한 초석이다. 하나님은 구원받은 백성이 하나님을 위해서 사는 존재로 새롭게 창조되기를 원하신다. 그 창조의 여정이 바로 언약을 맺는 예식이다. 이스라엘이 언약공동체가 된다는 것은 하나님이 내리신 은총의 결과이다. 이스라엘이 언약공동체가 된다는 것은 이스라엘의 모습이 이제부터는 혈연(야곱의 후손)으로 묶인 가족이 아니라 신앙고백으로 연결된 가족이 된다는 뜻이다. 이스라엘은 하나님의 말씀을 잘 듣고 하나님의 소리에 귀를 기울여야 한다. 세상의 소리가 아니다. 하나님의 소리에 귀를 기울여야 한다. 세상의 소음이 아니다. 하나님의 입에서 선포되는 복음에 귀를 기울여야 한다. 이스라엘은 이 하나님의 주문에 일제히 "여호와께서 명령하신 대로 우리가 다 행하리이다"라고 대답한다(19:8a).

하나님의 백성이 되는 과정은 조건적이다. 점진적이다. 하나님의 사람은 누구나 회심에서 성화로 나아가는 길을 걸어야 한다. 구원의 은혜는 누구에게나 임하지만, 누구나 하나님의 백성으로 자라는 것은 아니다. 그런 점에서, 본문은 구원의 완성에 이르게 하기 위한 조건이다. 성화에 이르게 하기 위한 조건이다. 기독교인의 완전에 들어서게 하기 위한 조건이다. 하나님이 제시하신 문답을 제대로 풀고, 거기에 온전히 순종할 수 있어야 하나님의 소유요, 하나님의 백성이요, 하나님의 뜻을 이루는 제사장이 될 수 있는 것이다(비교, 벧전 1:14-15).

출 19:9-24

시내 산에 강림하시는 하나님

시내 산은 하나님의 산이다. 이 시내 산에 하나님이 강림하신다. 출애굽기 19:9-24는 시내 산에 강림하시는 하나님의 현현(顯現)을 전한다. 하나님의 현현이란 하나님이 사람 눈에 보이게끔 나타나신다는 뜻이다. 본문은 그런 하나님의 현현을 모시기 위한 준비를 전한다. 그 준비는 정결해야 하고 성결해야 한다. 하나님이 찾아오시는 자리를 사람들이 더럽혀서는 안 된다. 하나님의 오심은 모세의 직임을 두텁게 한다. "여호와께서 모세에게 이르시되 내가 **빽빽**한 구름 가운데서 네게 임함은 내가 너와 말하는 것을 백성으로 듣게 하며 또한 너를 영영히 믿게 하려 함이니라"(19:9).

출애굽기에서 하나님은 하나님의 백성을 찾아서 하늘에서 시내 산으로 내려오시는 하나님이다. 하나님이 강림하심으로 시내 산은 하늘이 되었다. "땅에 임한 하늘"[6)이 되었다. 이스라엘 신앙은 하나님의 사람을 찾아서 이 땅으로 "내려오시는" 하나님을 전한다. 하나님의 강림에는 목적이 있다. 하나님의 백성에게 신앙을 주기 위해서다. "그들이 너를 영영히 믿게 하려 함이니라"(브감 브카 야아미누 르올람, 19:9b; 비교, 14:30-31). 이스라엘은 하나님이 모세와 함께하심을 보았다. 그래서 모세가 하나님의 종임을 믿게 되었다. 하지만 하나님의 현현은 눈에 보이는 사건이기보다는 귀에 들리는 사건이다. "현현"이라고 말하지만, 정작 이스라엘이 본 것은 시내 산에 가득한 연기와 불뿐이다(19:18, 19). 이스라엘은 하나님이 오시는 소리를 들었을 뿐이다. "나팔 소리가 점점 커질 때에 모세가 말한즉 하나님이 음성으로 대답하시더라"(19:19). 그렇다고 해서 이스라엘이 모세에게 말씀하시는 하나님의 소리를 직접 들은 것은 아니다. 모세가 들은 하나님의 음성은 모세가 전달해 주기 전까지 그 내막은 밝혀지지 않는다. 중요한 것은 보는 것보다 듣는 것이 강조되고 있다는 사실이다. 하나님이 시내 산에 강림하신 것은 하나님과 모세가 이루는 "커뮤니케이션"을 드러내는 통로이다. 하나님은 오늘도 우리와 소통하신다. 성령 하나님의 역사가 여기에 있다.

출 19:25-20:21

"십계명"이라는 이정표

십계명(20:1-17)은 하나님의 사람으로 살겠다고 다짐하는 이스라엘에게 주시는 "말씀"(드바림)이다. 십계명은 엄밀히 말해 "계명"이나 "법규"가 아니라 "말씀"(드바림)이다. 곧 하나님이 주신 "열 가지 말씀"(아세레트 하드바림, 출 34:28; 신 4:13; 10:4)이다. 이 "열 가지 말씀"을 가리켜 주후 200년 알렉산드리아의 클레멘트(Clement of Alexandria)가 "십계명"(decalouge)이라고 부른 이래 교회는 출애굽기 20:1-17을 십계명으로 기억하였다. 그러나 20:1-17은 "계명"이나 "율법"이기 이전에 하나님이 입말로 선포하신 "말씀"(드바림)이다. "하나님이 이 모든 말씀으로 말씀하여 이르시되"(봐예답베르 엘로힘 에트 콜-하드바림 하엘레 레모르, 20:1)라고 전하고 있지 않는가!

출애굽기 20:1-17의 배경은 19:25-20:21이다. 십계명의 앞(19:25)과 뒤(20:18-21)에는 시내 산에서 이루어진 언약사건이 나온다. 십계명 앞(19:21-24)에는 시내 산에 올라가서 하나님의 말씀을 듣는 모세가 있다. 모세는 그 말씀을 백성에게로 내려가서 전해야 된다(19:25). 십계명 뒤에는 시내 산에 강림하신 하나님을 크게 두려워하는 백성이 나온다(20:18-21). 그들은 "하나님이 우리에게 말씀하시지 말게 하소서 우리가 죽을까 하나이다"(20:19)라고 모세에게 청원한다.

문맥상 십계명 본문은 출애굽기 19-24장의 흐름을 깨뜨리고 있다. 19장부터 하나님은 시내 산 위에 계시고, 그 하나님을 만나고자 모세는 시내 산을 오르락내리락하게 된다. 하나님의 말씀은 모세를 통해서 산 아래 이스라엘 자손에게 전해진다. 19-24장에서 이스라엘 자손은 시내 산 아래에 장막을 치고 머물러 있다. 그들은 모세가 전해 주는 하나님의 말씀을 듣는 청중들이다. 그렇지만 20장의 십계명에서는 이스라엘 백성이 직접 하나님의 말씀을 듣고 있다. 십계명은 하나님이 이스라엘에게 직접 선포하시는 말씀으로 주어지고 있다(20:1).

시내 산 단락(출 19:1-민 10:10)에서 모세는 하나님과 이스라엘 사이를 오고가는 중재자이다. 출애굽기 1-18장에서 모세는 해방과 구원을 이끄는 목자였다. 19장부터 모세는 하나님의 말씀을 이스라엘에 전달하는 전령이다. 이제부터 모세는 예언자(預言者)이다. 하나님의 말씀[言]을 맡았다가[預] 백성들에게 전달하는 메신저이다. 하나님은 모세를 통해서 백성들에게 말씀하신다. 이스라엘이 하나님을 보기 위해서는 모세를 보아야 한다. 모세의 말은 곧 하나님의 음성이다. 모세를 믿는 것이 바로 하나님을 믿는 것이다. 이제부터 이스라엘은 모세를 통해서 하나님을 믿게 된다. 그런데 십계명 본문(20:1-17)에서는 그 같은 모세가 드러나지 않는다. 십계명 본문에서는 하나님이 이스라엘 백성을 가리켜 "너"라고 부르며 직접 말씀하신다.

이런 모습에 대해서 많은 토론이 있었다. 무엇보다도 십계명이 금령(prohibition)이라는 점을 눈여겨보아야 한다. 십계명은 신앙공동체의 질서를 세우는 도덕률이다. 고대 서아시아에서 이런 유형의 법규는 모두 다 왕의 이름으로 주어졌다. 고대 서아시아의 법전들은 다 왕이 제정한 법들이다. 그런데 십계명은 하나님의 이름으로 주어졌다. 십계명의 머리말(20:1)은 그 점을 분명히 한다. "하나님이 이 모든 말씀으로 말씀하여 이르시되!"(20:1) 20:1은 십계명을 인간이 정한 규칙이 아니라 하나님이 주신 은총으로 듣게 한다. 십계명은 은총이다! 하나님의 은혜로 구원받은 자에게 하나님이 주시는 처방이다. 하나님의 사람이 되라는 처방이다.

중요한 것은 십계명의 서두(20:1, "하나님이 이 모든 말씀으로 말씀하여 이르시되")가 출애굽기 19:20-25("여호와께서 시내 산 곧 그 산 꼭대기에 강림하시고 모세를 그리로 부르시니… 모세가 백성에게 내려가서 그들에게 알리니라")에 이어서 배치되어 있는 모습이다. 십계명을 19:20-25와 20:18 사이에 두었다. 19:20-25와 20:18-21는 십계명의 틀(frame)이다. 십계명 본문(20:1, 2-17)을 감싸고 있는 액자와도 같다. 그렇게 볼 때 20:1-17은 이스라엘이 하나님의 소유가 되었다면, 이제부터 이스라엘은 어떻게 살아야 하는지를 하나님이 모세를 불러서 이스라엘에게 가르쳐 주시는 말씀이 된다. 이스라엘이 하나님의 백성이 되었다면 어떤 길을 걸어가야 하는지를, 하나님이 모세를 통해서 이스라엘에게 쉽게(!) 가르쳐 주시고 있다는 것이다. 하나님이 주신 "말씀"을 이스라엘의 "길"로 삼으라는 것이다. 그 길은 바른 길이다. 옳은 길이다. 좁은 길이다. 생명에 이르는 길이다. 하나님은 이스라엘이 어떻게 하면 하나님의 백성으로 살아갈 수 있는지를 시내 산에서 십계명으로 계시해 주셨다. 시내 산에 강림하신 하나님은 십계명이라는 구체적인 유산을 이스라엘에게 남겨 주셨다는 것이다.

"하나님의 소유"가 된 이스라엘은 하나님의 말씀 안에 "거해야" 한다. "제사장 나라"가 된 이스라엘은 하나님의 말씀을 삶의 주춧돌로 삼아야 한다. 그 진리가 예수님의 말씀으로도 드러난다. "나는 포도나무요 너희는 가지라 그가 내 안에, 내가 그 안에 거하면 사람이 열매를 많이 맺나니 나를 떠나서는 너희가 아무 것도 할 수 없음이라… 너희가 내 안에 거하고 내 말이 너희 안에 거하면 무엇이든지 원하는 대로 구하라 그리하면 이루리라"(요 15:5, 7).

출애굽기의 십계명은 "나는 너를 애굽 땅, 종 되었던 집에서 인도하여 낸 네 하나님 여호와이니라"(20:2)는 머리말과 그 뒤를 잇는 금령/명령(20:3-17)으로 이루어져 있다. 금령은 "~하지 말라"는 형식으로 주어지는 지시이다. 명령은 "~하라"는 형식으로 주어지는 지시이다. 십계명은 "안식일을 기억하여 거룩하게 지키라"(20:8)와 "네 부모를 공경하라"(20:12)는 4계명과 5계명을 제외하고는 8개의 계명이 모두 금령 형식으로 기록되어 있다. 처음 에덴 동산에서 하나님이 아담에게 내리신 금령은 단 한 개였다. 에덴 동산 중앙에 있는, 선과 악을 알게 하는 나무의 열매를 따먹지 말라고 지시하셨다(창 3:2-3). 사람을 지으시고 하나님이 사람에게 주신 말씀은 온통 "~하라"는 지시였다. 금령은 단 하나였다. 그만큼 하나님은 사람에게 기대를 걸고 계셨다. 하지만 십계명에서는 금령이 명령보다 훨씬 더 많다. 이것은 에덴의 동쪽으로 쫓겨나 살아야 했던 인간들의 속성이 그만큼 악해져 있다는 것을 암시한다. 사도 바울의 말대로 인생은 누구나 내 속의 죄가 "내가 원하는 선한 일은 하지 않고, 도리어 원하지 않는 악한 일을"(롬 7:19, 새번역) 하도록 부추기고 있다는 탄식 앞에 서 있다. 십계명은 이런 탄식을 치유하는 처방이다.

십계명의 처방(20:3-17)은 그 머리말(20:2)의 관점에서 읽어야 한다. 그래야 구원받은 인생을 향한 하나님의 기대가 제대로 밝혀진다. 십계명의 머리말은 하나님의 사람의 뿌리가 어디에 있는지를 밝혀준다. 십계명의 머리말 출애굽기 20:2는 이스라엘의 근본이 이스라엘에게 베푸신 하나님의 구원에 있음을 분명히 한다. 하나님은 구원의 하나님이시다. 이스라엘은 그 하나님의 은혜로 구원받은 백성이다. "나는 너를 애굽 땅, 종 되었던 집에서 인도하여 낸 네 하나님 여호와니라"(20:2).

이스라엘은 하나님의 은총으로 탄생된 공동체이다. 이스라엘의 뿌리는 "구원받음"이다. 이스라엘의 하나님은 출애굽의 하나님이다. 십계명의 머리말은 이 점을 확실하게 밝힌다. 출애굽기 20:3 이하에 소개된 십계명은 이스라엘에게 구원을 베푸신 하나님이 그리시는 이스라엘에 관한 청사진이다. 이스라엘은 하나님을 기리는 공동체가 되어야 된다. 이스라엘은 동료 이스라엘을 자기 이웃으로 지키는 공동체가 되어야 된다. 하나님의 공적을 "가리는" 것이 아니다. "기리는" 이스라엘이 되어야 한다.

출애굽기 20:3-17에 소개된 십계명은 신앙생활에 관계된 금령(20:3-7) → 안식일을 지키라는 명령(20:8-11) → 시민생활에 관계된 명령·금령(20:12-17)으로 이루어져 있다. 신앙생활을 위한 계명(1-3계명)과 시민생활을 위한 계명(5-10계명) 사이에 안식일을 지키라는 계명(4계명)이 자리 잡고 있다. 이런 틀 속에서 십계명의 처음 세 계명(20:3-7)은 이스라엘 신앙의 뿌리를 밝혀준다. 이스라엘에게 야훼(여호와) 하나님 외에는 다른 신을 섬기지 말라고 주문한다(20:3). 사람을 위하여 새긴 우상을 만들지 말고 섬기지도 말라고 주문한다(20:4-6). 하나님의 이름을 헛되게 부르지 말라고 주문한다(20:7). 십계명의 처음 1-3계명은 구원받은 백성들이 어떻게 하나님을 사랑해야 하는지를 가르쳐 준다. 이 세 계명은 야곱의 자손을 애굽 땅의 억압에서 해방시킨 하나님이 내세우시는 자기 권리이다. 이스라엘은 하나님을 섬기는 기쁨을 누리도록 구원받은 백성이다. "매이는" 것이 아니다. "누리는" 것이다. 땅에 매이지 않고 하늘의 은총을 누리는 백성이 되는 것이다.

이에 비해 십계명의 나중 5-10계명(20:12-17)은 구원받은 백성들이 서로 어떻게 더불어 살아야 하는지를 가르치는 말씀이다. 구원받은 백성은 그 부모를 공경해야 한다(20:12). 살인하지 말아야 한다(20:13). 간음하지 말아야 한다(20:14). 도둑질하지 말아야 한다(20:15). 거짓증거를 하지 말아야 한다(20:16). 이웃의 것을 탐내지 말아야 한다(20:17). 십계명의 5-10계명은 구원받은 자들을 향해서 그들이 지켜야 할 "네 이웃"이 있음을 명시적으로 밝힌다. 1-3계명이 이스라엘 된 자의 영혼의 뿌리를 설명한다면, 5-10계명은 그 몸의 뿌리를 해설한다.

종교적 감정만으로는 하나님을 섬길 수 없다. 참된 영성은 "뜨거운 마음"에만 있지 않다. 진정한 영성은 말씀대로 하나님을 사랑하고, 말씀 따라 이웃과 더불어 살아가는 삶을 구현하는 데 있다. 예수님이 십계명을 둘로, 즉 하나님 사랑과 이웃 사랑으로 압축시킨 이유가 여기에 있다(마 22:37-40). 출애굽기가 시내 산에 강림하시는 하나님 이야기를 전하면서 십계명을 현재 자리에 둔 것은 바로 이 때문이다. "너희는 유혹의 욕심을 따라 썩어져 가는 구습을 따르는 옛 사람을 벗어 버리고 오직 너희의 심령이 새롭게 되어 하나님을 따라 의와 진리의 거룩함으로 지으심을 받은 새 사람을 입으라"(엡 4:22-24).

출애굽기의 십계명에서 두드러지는 것은 신앙생활(20:3-7)과 시민생활(20:12-17)을 나누는 분기점인 네 번째 계명이다. 안식일을 기억하여 거룩하게 지키라고 지시하고 있다(20:8-11). 천지창조의 제 7일에 하나님이 안식하셨던 것을 사람이 지켜야 할 안식일로 밝혀주고 있다. 하나님의 안식을 사람이 따라야 할 안식일로 풀어서 설명하고 있다.

> 안식일을 기억하여 거룩하게 지키라 엿새 동안은 힘써 네 모든 일을 행할 것이나 일곱째 날은 네 하나님 여호와의 안식일인즉 너나 네 아들이나 네 딸이나 네 남종이나 네 여종이나 네 가축이나 네 문안에 머무는 객이라도 아무 일도 하지 말라 이는 엿새 동안에 나 여호와가 하늘과 땅과 바다와 그 가운데 모든 것을 만들고 일곱째 날에 쉬었음이라 그러므로 나 여호와가 안식일을 복되게 하여 그 날을 거룩하게 하였느니라(20:8-11)

안식일을 지키라는 계명은 문자적으로는 하나님의 사람이 지켜야 할 "쉼"을 가르친다. 그렇지만 안식일 지키기는 본래 "하나님 닮기"(Imitatio Dei)이다.[7] 하나님이 "그 날" 안식하셨던 것처럼 우리도 "이 날" 안식해야 한다. 안식은 공간이 아닌 시간 속에 이루어지는 거룩한 사건이다. 하나님이 "그 날"을, "그 시간"을 거룩하게 지키셨기에 안식일에 하나님의 안식에 참여한다는 것은 하나님을 닮아가는 실천이 된다. 십계명의 네 번째 계명은 그 앞(20:3-7)에 나오는 계명들과 달리 명령문의 서두가 "너는…"으로 시작하지 않는다. 그 앞에 나오는 계명(20:3-7)처럼 "네 하나님"을 섬기는 일과 관련된 명령이 아니다. 그 뒤에 나오는 계명(20:12-17)들처럼 "네 부모"나 "네 이웃"과 관련하여 지켜야 되는 사항도 아니다. 십계명의 네 번째 명령은 그냥 "안식일을 기억하여 거룩하게 지키라"라고만 말한다. 십계명의 네 번째 계명은 "너는 ~하지 말라"나 "너는 네 이웃에 대하여 ~하지 말라"는 방식으로 주어지지 않았다. 그냥 "안식일을 기억하여 거룩하게 지키라"는 말로 운을 뗀다.

출애굽기 20:3-17의 중심은 안식일을 기억하여 거룩하게 지키라는 가르침에 있다. 창조신앙이 전한 제7일의 안식을 20:8-11은, 하나님이 시내 산에서 이스라엘에게 주신 안식일 계명으로 풀어내고 있다. 즉 십계명의 안식일 계명(20:8-11)은 천지창조 때 하나님이 지키신 "하나님의 안식"을 출애굽의 은총을 경험한 사람들이 기억하여 지켜야 되는 "사람을 위한 안식일"로 바꿔서 가르치고 있다.[8] 십계명의 4계명은 창세기 2:1-3의 "안식하시다"(동사)를 "안식일"(욤 사바트)로 바꾸어 놓았다(20:10-11). 창조주 하나님이 거룩하게 구별하셨던 "그 날"을 "안식일"로 기억하여 지키라고 바꾸어 놓았다. 창조주 하나님이 안식하면서 창조사역의 제7일을 거룩하게 구별하셨듯이 출애굽기 20:8-11이 전하는 안식일을 지키라는 계명은 구원받은 백성에게, 하나님의 은혜를 누리며 살기로 작정한 백성에게 창조주 하나님의 창조사역에 동참하는 노력을 주기적으로 기울이라고 촉구한다. 일주일에 하루를 안식일로 정하여 지킨다는 것은 하나님의 천지창조를 보존하는 실천에 해당된다는 것이다.

출 20:18-21

하나님의 현현, 백성이 두려워 떨다

십계명 이야기의 결론은 하나님의 현현(theophany)을 경험한 이스라엘의 반응으로 끝난다. 이 결론은 십계명 이야기의 서론에 해당되는 모세의 반응(19:20-25)과는 대조를 이룬다. 그때 모세는 "내려가서 백성을 경고하라 백성이 밀고 들어와 나 여호와에게로 와서 보려고 하다가 많이 죽을까 하노라"(19:21)는 말씀을 들었다. 그러나 십계명의 결론에서 이스라엘은 모세에게 "당신이 우리에게 말씀하소서 우리가 들으리이다 하나님이 우리에게 말씀하시지 말게 하소서 우리가 죽을까 하나이다"(20:19)라고 부르짖고 있다. 하나님의 현현은, 하나님의 나타나심은, 하나님의 오심은 사람들에게 두려움을 불러일으킨다.

구약에서 사람은 누구나 거룩하신 하나님 앞에 그대로 설 수가 없다.

그러나 신약의 복음은 하나님이 사람의 몸을 입고 이 땅에 오셔서 거하실 때 "은혜와 진리가" 있음을 "우리가" 보았다고 가르친다(요 1:14). 예수님의 오심이 두려움을 은혜로 바꾸어 놓았다. 경외를 진리로 바꾸어 놓은 것은 예수님의 오심이다. 예수님의 사랑 안에 거하는 자는 두려움이 없다(요일 4:18). 모세는 하나님이 이스라엘에게 오시는 것은 "너희를 시험하고 너희로 경외하여 범죄하지 않게 하려 하심이니라"(20:20)고 힘주어 말한다.

하나님의 현현은 하나님의 말씀을 듣게 하는 데 있다. 하나님을 보는 데 그 목적이 있지 않다. 하나님의 소리를 듣는 데, 하나님의 말씀을 듣고 실천하는 데에 그 목적이 있다. 그러기 위해서는 하나님을 말씀을 듣고 깨닫고 따르는 믿음이 있어야 한다. 모세는 이 하나님의 말씀을 이스라엘에게 전해주어야 한다. 전달만 하는 것이 아니다. 해석해야 한다. 모세는 하나님과 이스라엘 사이에 오고가는 중재자이다. 백성에게 말씀하시려는 하나님과 하나님의 현현 앞에 두려워 떨고 있는 이스라엘 사이를 오고가는 사명이 모세에게 맡겨진다. "백성은 멀리 서 있고 모세는 하나님이 계신 흑암으로 가까이 가니라"(20:21). 여기 "흑암"(아라펠)은 짙은 흑암이다. 모세만이 그곳으로 다가갈 수 있다. 하나님이 이스라엘에게 모세를 주신 것은 커다란 은총이다. 그가 있음으로 이스라엘은 하나님을 알고, 하나님을 듣고, 하나님을 따르게 된다.

---

1) U. Cassuto, *A Commentary on the Book of Exodus* (Jerusalem: Magnes, 1983), 224.

2) Cassuto, *Exodus*, 224.

3) Samuel E. Balentine, *The Torah's Vision of Worship* (Minneapolis: Fortress, 1999), 123.

4) J. D. Levenson, *Sinai and Zion: An Entry into the Jewish Bible* (Minneapolis: Winston, 1985), 20.

5) "걸음이 거름으로, 오름이 옳음으로"는 감리교신학대학교 신학대학원에서 2014년 2학기 필자가 지도한 "출애굽기 해석" 시간에 김민기 학생이 제출한 페이퍼의 제목이다.

6) 이 표현은 신우인, 「땅에 임한 하늘」(서울: 포이에마, 2009)의 책 제목에서 인용하였다.

7) W. Gunther Plaut(ed.), *The Torah: A Modern Commentary* (New York: Union of American Hebrew Congregation, 1981), 552.

8) Balentine, *The Torah's Vision of Worship*, 129.

"네가 백성 앞에 세울 법규는 이러하니라"

출 20:22-24:18

출애굽기 20:22-24:18은 이스라엘이 하나님과 맺은 언약의 내용이 무엇인지를 다룬다. 이 본문은 크게 둘로 구분된다. 하나는 언약 법규를 전하는 출애굽기 20:22-23:33이고, 다른 하나는 언약 세우기를 확증하는 출애굽기 24:1-18이다. 20:22-23:33은 규정, 규례, 법규를 다룬다. 24:1-18은 모세와 아론, 나답, 아비후, 이스라엘 장로 70명이 하나님의 지시로 시내 산에 올라가서 하나님과 맺은 언약을 확증하는 예식을 소개한다.

시내 산에서 하나님이 이스라엘과 언약을 맺으신 것은 출애굽의 이스라엘로 하여금 성막을 짓게 하기 위해서다. 언약 체결은 성막 건축을 위한 준비 과정이다. 출애굽의 하나님은 이스라엘이 언약 백성이 되었다고 다짐하고 난 뒤에, 그 다음 단계로 이스라엘에게 하나님을 위한 성막을 지어 봉헌하는 일을 맡기신다. 출애굽이 전하는 이스라엘의 "뿌리 체험"은 하나님이 베푸시는 구원의 역사로 시작한다(1:1-18:27). 그 출애굽은 구원받은 백성과 하나님이 맺으시는 언약으로 이어지고(19:1-24:18), 그 언약 맺음은 성막 건축 과정(25:1-40:38)으로 뻗어나간다. 애굽의 종살이에서 해방된 이스라엘이 하나님의 백성으로 다져진 뒤에야 "땅에 임한 하늘 성전"인 성막을 짓는 여정에 들어서게 된다. 그런 구도 속에서 출애굽기 20:22-24:18은 하나님의 통치를 세상에 구현하는 언약 백성의 탄생을 알린다.

"언약의 책"의 들머리, 하나님을 섬기는 곳

출애굽기에서 언약법전은 "제단에 관한 법"(20:22-26)으로 시작한다. 출애굽기 본문에는 언약법전(Covenant Code)이라는 용어는 나오지 않는다. 대신 "언약의 책"(세페르 합브리트, 개역개정에서는 "언약서", 24:7)이라는 용어가 나온다. 엄밀하게 말할 때 이 "언약의 책"은 출애굽기 21:1-23:19에 실려 있는 법규를 가리킨다. 현재 출애굽기에는 이 "언약의 책"의 서두에 제단법(20:22-26)을, 그 말미에 하나님의 약속(23:20-33)이 자리 잡고 있다.

출애굽기의 언약의 책은 제단에 관한 법(20:22-26) → 시민사회의 질서에 대한 법(21:1-23:9) → 안식일과 안식년과 절기에 관한 법(23:10-19)으로 이어지는 모양새이다. 그러니까 언약 법전은 종교법(cultic law, 20:22-26) → 사회법(civil law, 21:1-23:9) → 종교법(cultic law, 23:10-19)으로 구성되어 있다.[1) 이것을 주제별로 구분하면 크게 둘로 나뉜다. 하나는 하나님을 섬기는 사회를 세우기 위한 제도적 배려이고(20:22-26; 23:10-19), 다른 하나는 바른 시민사회를 구축하기 위한 제도적 장치이다(21:1-23:9). 언약법전의 처음과 나중은 이스라엘이 어떻게 하나님을 섬겨야 할 것인지를 다룬다. 언약법전의 가운데에는 이스라엘이 어떻게 시민사회의 질서를 세워야 할 것인지를 다룬다. 사람과 사람 사이에 지켜야 될 질서/도덕에 대한 가르침의 앞과 뒤에 하나님을 섬기는 이스라엘의 삶에 대해서 이야기한다. 아니 하나님을 섬기는 이스라엘의 신앙을 이야기하는 여정 속에 "네 옆"에 있는 "그 사람"을 "네 이웃"으로 대해야 한다는 가르침이 나온다.

언약의 책의 들머리는 제단법이다. 출애굽기 20:22-26은 제단에 관한 규정이다. 그런데 이 규정의 첫 문장이 하나님이 전하신 말씀으로 되어 있다. 20:22는 "여호와께서 모세에게 이르시되 너는 이스라엘 자손에게 이같이 이르라"로 시작하고 있다. 언약의 책 서두에 프롤로그(prologue) 형식으로 하나님이 말씀하셨다는 보도가 나오고 있다. 이렇게 시작된 하나님의 말씀은 24:1에서 "(하나님이) 이르시되"라는 또 다른 보도가 나올 때까지 지속된다. 오경에서 법은 하나님이 주신 말씀이다. 사람이 정한 규칙이 아니다. 왕이 제정한 질서가 아니다. 하나님이 주신 말씀이다. 이스라엘 신앙에서 법은 구속(拘束)의 멍에가 아니라 구속(救贖)의 은총임을 되새김질해야 한다. 이 프롤로그가 언약 법규(미쉬파팀)의 몸체에 해당되는 출애굽기 21:1-23:19 앞에 자리 잡음으로써 "언약의 책"은 시내 산에 강림하신 하나님이 모세를 통해서 이스라엘에게 주신 말씀으로 읽혀지게 된다. 언약의 법규를 하나님이 주신 말씀으로 읽으라고 주문하고 있는 것이다.

출애굽기 20:22-26은 제단에 관한 법이다. 흙으로 제단을 쌓고 그 위에다 번제물과 화목제물로 양과 소를 바치라고 지시한다. 이 법은 어디에서 하나님을 섬겨야 할지를 밝힌다. 십계명의 처음 1-3계명은 하나님 외에 다른 신을 섬기지 말라고 지시하였다. 우상을 만들지 말라고 지시하였다. 하나님의 이름을 헛되게 일컫지 말라고 지시하였다. 이 "~하지 말라"는 십계명의 세 대목을 언약법전의 들머리는 "~하라"는 지시로 바꾸어 놓고 있다.

내게 토단을 쌓고 그 위에 네 양과 소로 네 번제와 화목제를 드리라 내가
내 이름을 기념하게 하는 모든 곳에서 네게 임하여 복을 주리라(20:24)

십계명에서 두드러진 "~하지 말라"는 명령이 "~하라"는 지시로 바뀌
고 있다. "토단을 쌓으라"고 지시한다. 그 위에 "번제"와 "화목제"를 드
리라고 지시한다. "토단"(미즈박흐 아다마)은 흙으로 쌓아서 만든 제단이
다. 그 위에 양과 소를 제물로 바쳐 번제와 화목제를 드리는 단이다. 이스
라엘은 어디에서 하나님을 섬겨야 하는가? 제단에서다. 하나님이 어디에
서 이스라엘과 만나시는가? 제단 위에서다. 이스라엘은 어디에서 하나님
을 만나게 되는가? 제단 위에서다. 제단은 하나님이 하나님의 백성과 구
체적으로 만나는 장소이다.[2] 이 제단을 이스라엘 신앙은 성막 안에, 성전
안에 배치해 두게 된다. 교회도 이 제단을 강단과 함께 예배당의 전면에
배치해 놓았다. 제단에서 사람이 하나님과 소통하게 되는 까닭이다.

제단은 원래 흙으로 쌓아야 한다. 다듬은 돌로 쌓는 것이 아니다. 인공
적인 요소가 가미된 제단이어서는 안 된다. 신전(神殿)을 쌓는 데 활용되
었던 사람의 솜씨가 가미되어 있지 않은 순수하고, 순결하고, 소박한 제
단이어야 한다. 우상을 섬기던 산당 위에다가 양과 염소를 번제와 화목
제로 드려서는 안 된다. 만약 하나님께 바칠 제단을 돌로 쌓고자 할 때에
는 다듬은 돌을 써서는 안 된다. 제단은 사람의 솜씨를 드러내는 것으로
만들어서는 안 된다. 제단에서 드러나는 것은 오로지 하나님의 영광이
어야 한다. 제단에 층계를 놓아서는 안 되는 것도 이 때문이다. 사람의 몸
이 제단에서 드러나서는 안 된다. 하나님의 이름을 기리는 곳이어야지,
하나님의 이름을 가리는 곳이 되어서는 안 된다.

제단은 하나님의 이름을 기념하는 곳이다. 하나님의 이름을 기리는 곳
이다. 하나님의 이름을 높이는 곳이다. 하나님을 찬양하는 곳이다. 그런
제단에 하나님이 임하신다. 그런 제단에서 하나님은 이스라엘과 만나신

다. 하나님의 이름을 기념하는 곳에 하나님이 강림하신다. 하늘의 하나님이, 시내 산으로 강림하신 하나님이, 이스라엘이 정성으로 쌓은 제단 위에 강림하신다. 예배하는 이스라엘에게 하나님이 강림하셔서 복을 주실 것이다.

출 21:1-23:9

언약법의 매무새, 공정하고 공평한 사회를 향하여

출애굽기 21:1-23:9는 언약법의 몸체이다. 이 규정은 "네가 백성 앞에 세울 법규(미쉬파팀)는 이러하니라"(21:1)라는 말로 운(韻)을 뗀다. "법규"는 대대로 지키는 관습이나 전통을 가리킨다. 깨뜨리지 않고 지켜야 할 관습이나 전통이라는 의미가 "법규"라는 말 속에 새겨져 있다. 하나님과 언약을 맺은 백성이 되었으면 지켜가야 할 삶의 질서가 있다. 보존해 가야 할 삶의 방식이 있다. 출애굽기 21:1-23:9는 언약공동체 이스라엘이 장차 구축할 사회가 바르고 공평한 시민사회가 되어야 할 것을 기대하고 있다. 문맥상 이 규정은 십계명을 일상생활에서 실천하도록 하는 가르침이다. 그 가운데에서도 경제정의의 실현을 크게 기대한다. 살인(폭력)과 도둑질(폭행)로 공동체가 망가지는 것을 가장 우려한다. 이 우려에 대한 처방이 법규 형식으로 소개되고 있다. 출애굽의 은총을 입은 하나님의 백성이 세워가는 "제사장 나라"(priestly kingdom, 19:6)는 과연 어떤 모습이어야 하는지를 소개하고 있다.

출애굽기 21:1-23:9는 언약공동체로 다져진 이스라엘을 하나님의 뜻이 실현되는 사회로 세우려는 열의를 담고 있다. 이 법규는 "만약 ~하면, ~하리라"(if~ then~) 형식으로 이루어진 "판례법"(case law)과 "너/너희는 ~하라"는 형식으로 이루어진 "정언"(定言, apodictic law)으로 구성되어 있다. "정언"이란 어떤 조건을 붙이지 않고 단정적으로 전하는 규정이다. 본문에서 "판례법"은 주로 언약공동체를 시민사회로 다지려는 가르침에 적용된다(21:2-22:17). 반면 도덕/윤리/종교와 관련된 가르침은 대개 "정언" 형식으로 주어지고 있다(22:18-23:9). 사회생활에 필요한 질서유지와 관련된 법들은 조건문 형식으로 기록되어 있지만, 사람이 지켜야 할 도덕/윤리/종교 생활과 관련된 가르침은 모두 "너는 ~해야 한다"는 식의 정언으로 기록되어 있다. 이것을 좀 더 세부적으로 구분하면 출애굽기 21:1-23:9는 다음 관심사를 일정한 구도로 배열하고 있다.

첫째, 히브리 종(에베드)과 관련된 규정(a, 21:2-11)

둘째, "반드시 죽일지니라"(모트 유마트)는 말로 묶이는 규정(b, 21:12-17)

셋째, "갚으라"(실렘)는 말로 묶여지는 항목(c, 21:18-22:17)

넷째, "반드시 죽일지니라"(모트 유마트)는 말로 묶이는 규정(b′, 22:18-20)

다섯째, 과부·고아·나그네 등을 공평하게 돌보라는 가르침(a′, 22:21-23:9)

출애굽기 21:1-23:9는 법규의 주제·소재에서 동심원구조(a-b-c-b′-a′)를 이룬다. 맨 바깥에 천하고 약한 자들에 대한 규정이 자리 잡고 있고(a와 a′), 그 안에 사형으로 다스려야 할 죄에 대한 규정이 들어 있으며(b와 b′), 맨 복판에 "갚으라"는 말로 묶이는 항목이 새겨져 있다(c). 이때 한 가운데(c)에 수록되어 있는 "갚으라"는 규정은 "~한 경우에는 ~해야 한다"는 식으로 전개된다.

21:2-11; 22:21-23:9 언약법 본문을 감싸고 있는 규정은 종, 약자, 외국인, 힘없는 자들의 삶을 보호하려는 지시이다(a와 a′, 21:2-11과 22:21-23:9). 언약법전의 첫 장과 마지막 장이 사회적 약자를 돌보려는 규정으로 이루어져 있다. 즉 언약법은 히브리 종에 대한 규정으로 시작하고, 과부·고아·나그네와 같은 가난한 자에 대한 배려를 타이르는 규정으로

마감한다.

> 네가 히브리 종을 사면 그는 여섯 해 동안 섬길 것이요 일곱째 해에는 몸값을 물지 않고 나가 자유인이 될 것이며(21:2)

> 너는 가난한 자의 송사라고 정의를 굽게 하지 말며 거짓 일을 멀리 하며 무죄한 자와 의로운 자를 죽이지 말라 나는 악인을 의롭다 하지 아니하겠노라 너는 뇌물을 받지 말라 뇌물은 밝은 자의 눈을 어둡게 하고 의로운 자의 말을 굽게 하느니라 너는 이방 나그네를 압제하지 말라 너희가 애굽 땅에서 나그네 되었었은즉 나그네의 사정을 아느니라(23:6-9)

본문은 "너"라고 불리는 대상을 향해서 "네"가 돌보아 주어야 할 대상이 있다고 밝힌다. 히브리 "종"을 비롯해서 "가난한 자", "무죄한 자", "의로운 자", "이방 나그네" 등을 돌보아야 할 이웃으로 여겨야 한다고 말한다. 히브리 종에 관한 규정의 역사적·사회적·문헌적 배경에 대해서 말하기란 쉽지 않다. 히브리 종에 관한 규정을 비롯한 언약법전의 내용이 이스라엘의 가나안 땅 정착 이후의 상황을 반영하고 있기 때문이다.

히브리 종의 사면에 관한 규정(21:2-11)에는 삼촌의 집에서 종이나 다름없이 살았던 야곱의 처지가 반영되어 있다(참조, 레 25:39-54; 신 15:12-18; 느 5:1-13).[3] 야곱은 그의 삼촌 라반의 집에서 종이나 다름없는 신분으로 14년 동안이나 살아야 했다(창 27:41-31:55). 요셉도 팔려온 히브리 사람으로 보디발의 집에서 종살이를 하였다(창 39:1-23). 애굽의 고센 땅에 정착하였던 야곱의 후손들도 애굽 왕 바로의 종으로 살지 않으면 안 되었다(1:11-14). 즉 출애굽기 21:2-11 같은 히브리 종에 관한 규정은 팔려온 종으로, 노예로, 나그네로 살아야 되었던 야곱의 이야기와 무관하지 않다. 언약의 책에 실린 법과 규정은 이스라엘의 이야기에 대한 코멘

터리(commentary)로 볼 수 있다.[4]

"히브리 종"이란 사회적으로 천덕꾸러기 취급을 받던 사람들을 가리키는 용어로 일찍부터 이스라엘을 타민족과 구별시켜 준 명칭이다.[5] "히브리 종"이란, 엄밀히 말하면, "빚 때문에 종살이를 하는 사람"(debt slavery)이다. "네가 히브리 종을 사면(카나)"(21:2a)이란 구절이 그것을 드러낸다. 이 규정은 히브리 종에게는, 남종(21:2-6)이건 여종(21:7-11)이건, 팔려온 지 일곱째 해가 되면 자유와 해방을 얻을 법적 권리가 주어진다고 강조한다. 여종의 경우 주인의 아내(concubine)나 그 아들의 아내(slave bride)로 정당한 대우를 받지 못할 경우에 자유가 주어지지만(21:11), 큰 틀에서는 여종도 남종과 똑같은 권리를 지니고 있다. 출애굽기 21:2-11은 종으로 팔린 자에게는 때가 되면 자유를 얻을 법적 권리가 있다는 것을 분명히 한다.

언약법의 들머리가 종의 사면을 규정하는 본문인 것은 예사롭지 않다. 오랫동안 애굽에서 억압받으며 살아야 했던 이스라엘에게는 무엇보다도 먼저 종살이 문제를 처리하는 원칙을 세워야 했다. 하나님의 은혜로 언약공동체로 거듭난 이스라엘은 공동체의 질서를 세우고자 할 때 무엇보다도 먼저 이스라엘의 과거가 남긴 교훈을 소중하게 갈무리해야 했다. 이스라엘은 애굽에서 종으로 살았다. 모세가 그들 앞에 나서기 전까지 그들은 기약없이 종살이를 해야만 되었다. 그처럼 기약없는 종살이는 이제 청산되어야 한다. 이 규정은 종들에게 주는 지침이 아니다. 히브리 사람을 종으로 산 사람들에게 주는 지침이다. 동족을 종으로 샀으면, 일정 기간이 지난 뒤에는 반드시 자유인이 되게 해주어야 한다는 것이다. 자유인이 될 자격을 얻은 사람이 계속해서 그 주인을 섬기겠다고 우기면 그 자유에 버금가는 대우를 해주어야 한다는 것이다. 그런 방식으로 이스라엘이 공동체 내부에 사회정의를 세워야 한다는 것이다.

언약법의 결론에 해당되는 출애굽기 22:21-23:9는 가난한 자를 비롯한 사회적 약자를 향한 배려를 가르치고 있다. 이 본문에는 다양한 내용이 수록되어 있다. 그러나 이 단락의 처음과 끝은 같은 말로 인클루지오(*inclusio*, 수미쌍관 구조)를 이룬다. "너는 이방 나그네를 압제하지 말며 그들을 학대하지 말라 너희도 애굽 땅에서 나그네였음이라"(22:21). "너는 이방 나그네를 압제하지 말라 너희가 애굽 땅에서 나그네 되었었은즉 나그네의 사정을 아느니라"(23:9).

"이방 나그네"(게르)는 영어로는 "a resident alien"이다. 외국에서 태어났지만 이스라엘 사회에 정착해서 살아가는 사람을 가리킨다. 이 "게르"(이방 나그네)는 "이방인/외국인/foreigner"(노크리)하고는 다르다. "게르"는 이스라엘 사회 안에서 살고 있지만 분배받은 땅이 없기에 가난하다. 이스라엘은 이런 "이방 나그네"를 억압해서는 안 된다. 이스라엘은 "이방 나그네"와 과부와 고아를 대표적인 사회적 약자로 꼽았다(22:22-24). 옛 이스라엘 사회가 가부장사회였기에 남편이 없는 사람이나 아버지가 없는 사람은 경작할 땅이 없는 사람과 더불어 보호해 주어야 할 대상이 된다. 어떻게 그들을 보호할 수 있는가? 본문은 거기에 대해서 두 가지 기준을 제시한다. 첫째, 그들을 경제적 약탈의 대상으로 삼아서는 안 된다(출 22:25-27; 레 25:35-38; 신 23:20-21; 24:10-13; 암 2:8). 둘째, 그들의 "송사"를, 그들의 사법적 권리를 무시하거나 호도하거나 곡해해서는 안 된다(23:1-3, 6-8). 이런 원칙은 서로 대척하며 지내는 사이에서도 마찬가지로 적용된다(23:4-5). 한 마디로, 가난한 자들이 억울하다고 "부르짖도록" 해서는 안 된다. 하나님의 말씀은 단호하다. "네가 만일 그들을 해롭게 하므로 그들이 내게 부르짖으면 내가 반드시 그 부르짖음을 들으리라"(22:23; 비교, 22:27b).

공의의 기준은 사회 지도자들에게도 똑같이 적용되어야 한다. 백성의 "지도자"(나시)를 모독하거나 저주해서는 안 된다(22:28). 그래야 하나님의 지시를 가볍게 여기지 않게 된다. 그래야 실생활에서 하나님을 공경할 수 있다(22:29-31). 실생활에서 거두는 소득으로 하나님을 공경해야 한다. 정결하게 살아야 한다. "너희는 내게 거룩한 사람이 될지니"(22:31a).

21:12-17; 22:18-20 그 다음, 언약법의 틀 안에는 사형으로 엄히 다스려야 하는 문제가 거론된다(b와 b′). 여기에서 다루어지는 규정은 형태가 서로 비슷하다. 우선 출애굽기 21:12-17은 "사람을 쳐 죽인 자"(21:12-14), "자기 아버지나 어머니를 치는 자"(21:15), "사람을 납치한 자"(21:16), "자기 아버지나 어머니를 저주하는 자"(21:17)는 "반드시 죽일지니라"(모트 유마트)고 못박는다. 분사구문에 이어 사형(death penalty)으로 다스리는 죄악을 네 가지로 나열하고 있다. 여기에 무당 짓을 하는 사람(22:18), "짐승과 행음하는 자"(22:19), "여호와 외에 다른 신에게 제사를 드리는 자"(22:20)도 반드시 죽여야 한다는 조항이 첨부된다.

본문에서 주목하게 되는 것은, 문법적으로 말하면, "~하는 자"라는 분사구문이다. 해서는 안 될 일을 저지르는 사람을 규정하는 형식이다. 이 형식이 강조하는 것은, 문법상 분사(participle)이다. "~행동을 하는 사람"을 가리키고 있다. 어떤 사건이 일어난 경우을 전하기는 하지만, "때"(when)나 "경우"(if)가 아니라 "~하는 사람"을 다루고 있다. 사람이 문제라는 것이다. 문제를 일으키는 사람이 있다는 것이다. 사회 문제는 사람 문제이다. 사회가 혼란스러워지는 것은 사람 때문이다. 사람이 바로 되어야 한다. 사람의 행실을 바로 잡아야 한다. 그런 의지가 분사구문 형태로 나타나고 있다.

여기에서 "(사람을) 쳐 죽이다"와 "(자기 부모를) 치다"는 말은 같은 말(나카)이다. "치다"(나카)는 말에는 폭력으로 상처를 입히는 경우도 포함된다. 사람을 치는 행동은 생명을 경시하는 행동이다. 자기 부모에게 폭력을 행사하는 짓은 생명의 근원을 무시하는 행동이다. 사람을 납치해서 파는 것은 생명을 존중하지 않는 짓이다. 자기 부모를 저주하는 것은 생명의 근원을 모독하는 행동이다. 무당 짓을 하거나 다른 신에게 제사하는 것은 "여호와"(야훼) 하나님을 무시하는 행동이다. 짐승과 행음하는 것은 창조주 하나님이 정하신 창조의 질서를 훼손하는 짓이다. 이런 행동/짓을 하는 자들은 모두 사형으로 다스려야 한다. 출애굽기 21:12-17; 22:18-20의 규정에는 다음과 같은 원칙이 적용되고 있다. "…이제 나 여호와가 말하노니… 나를 존중히 여기는 자를 내가 존중히 여기고 나를 멸시하는 자를 내가 경멸하리라"(삼상 2:30).[6] 생명을 존중하는 것은 창조주 하나님을 존중하는 것이다. 부모를 멸시하는 것은 구원의 하나님을 멸시하는 것이다. 하나님을 존중하라! 하나님은 하나님을 높이는 자를 세상에서 높여 주실 것이다.

21:18-22:17 마지막으로, 언약법의 중심에는 "갚아야" 할 사건·사고가 자리 잡고 있다(c). "손해배상"(21:19), "벌금"(21:22), "보상"(21:26-27, 34), "배상"(22:1-16), "납폐금"(22:16, 17) 등 금전으로 해결해야 할 사건·사고가 다루어지고 있다. 한 마디로, "갚으라"("샬람"의 piel형)는 말로 묶이는 법규들이다. 공동체 안에서 서로 어울리다 보면 의도했든, 의도하지 않았든 재산상의 피해가 생기는 일들이 벌어질 수 있다. 21:18-22:17의 규정은 상대방에게 끼친 손해를 금전적으로 배상함으로 공동체 안에 정의와 공평을 구현하려는 의도를 지닌다. 그런 의도에서 사람의 폭력으로 생긴 피해를 배상하는 가르침(21:18-27), 소(가축)의 횡포(?)로 인해 생긴 피해를 처리하는 가르침(21:28-36), 이웃의 소유물에 끼친 손해를 배상하는 가르침(22:1-17)이 차례대로 다루어지고 있다.

사람의 폭력이 야기한 피해나 손해를 처리하는 규정은, 사람이 다친 경우(21:18-19) → 종이 다친 경우(21:20-21) → 태아의 경우(21:22-23)로 내려가면서 살핀다. 각각의 경우 재산상의 피해가 발생했으면 그에 상응하는 금액으로 배상해 주어야 한다. 이때 적용되는 원칙이 동태복수법

(同態復讐法, *lex talionis*)이다. "눈은 눈으로, 이는 이로, 손은 손으로, 발은 발로, 덴 것은 덴 것으로, 상하게 한 것은 상함으로, 때린 것은 때림으로 갚을지니라"(21:24-25). 동태복수법이란 "값 치름"의 원칙이다. 당한 대로 값을 치르게 하는 원칙이다. 그러나 세밀하게 따져보면 이 법은 정의의 이름으로 보복을 가르치지 않는다. 더도 말고 덜도 말고 똑같이 보복할 수 있다는 소리는 결국 도(度)를 넘어서는 감정적 복수를 차단시키려는 장치로 작용한다. 겉으로는 '똑같이 갚으라'고 말하지만, 속으로는 지나친 보복을 오히려 삼가게 하는 장치로 작용한다. 그런 원칙에서 피해에는 배상을, 손해에는 보상을 해주어야 한다(21:26-27).

기르고 있는 소가 이웃의 생명이나 종, 재산에 피해를 끼쳤다면 그것도 공평하게 처리해야 한다(21:28-36). 이때 사람을 받은 소는 마땅히 죽이고 그 고기는 먹을 수 없다. 소를 "돌로 쳐서 죽이는" 행동에는 공동체를 보호하려는 정신이 담겨 있다.[7] 사람을 받은 소가 돌아다닌다면 그것은 공동체의 안녕을 파괴하는 큰 위협이 된다. 이때 만약 소에게 사람을 받는 버릇이 있다는 경고를 소의 주인이 사전에 받았음에도 단속하지 않았다면, 소의 주인도 소가 사람을 받아서 죽인 사태의 책임을 면할 수 없다(21:29). 생명에는 생명으로, 재산 상의 손실에 대해서는 금전적인 보상으로 갚아 주어야 한다(21:32, 33-34, 35-36).

도둑질로 생긴 피해에 대해서도 정당하게 배상해 주어야 한다(22:1-17). 출애굽기 22:1-17에는 "…하면"(키)이라는 접속어로 시작하는 구문이 모두 7개 나온다(22:1-4, 5, 6, 7-9, 10-13, 14-15, 16-17). 이 규정들은 큰 틀에서 보면 모두 도둑질이 야기한 문제를 다룬다. 도둑질을 하거나(22:1-4) 도둑질을 당해서(22:7-9), 또는 빌려준 것(22:10-13)이나 빌려온 것(22:14-15)이 상하거나 없어져서 생긴 문제를 다룬다. 배상의 기준은 상황에 따라 다르다. 도둑질의 경우, 훔친 것을 팔아버렸을 경우에는 다섯 배(소의 경우), 네 배(양의 경우)로, 아직 산 채로 지니고 있을 경우에는 두

배로 배상해야 한다(22:1, 4, 7, 9). 의도적으로 이웃의 재산을 탐내었다면 (22:5, 6) 그것도 도둑질에 해당된다. 약혼하지 않은 처녀를 꾀어 동침했 다면, 그것도 도둑질이다. 처녀성을 훔친(!) 짓에 해당된다. 그 경우 처녀 의 아버지에게 지참금(납폐금)을 주어서 아버지가 입은 피해를 배상해 주어야 한다(22:16). 이때 만약 처녀의 아버지가 딸을 그와 혼인시키기를 거절하면 그 지참금은 처녀의 몫이 된다(22:17).

공동체가 건강하려면 경제적으로 공평해야 한다. 도둑질은 공동체의 안녕을 위협한다. 공동체가 안으로부터 붕괴되는 원인을 제공할 수 있 다. 배상하라(쉴렘)는 말은 히브리어 "샬람"의 강조형(piel)이다. "샬람"과 "샬롬"은 함께 가는 말이다. 공동체의 평화(샬롬)는 경제적인 책임을 균 등하게 나누어 질 때 이루어진다. 배상에 관한 규정(22:1-17)은 이런 맥 락에서 언약공동체를 바르게 세워가는 장치이다. 출애굽기 21:1-23:9의 핵심은 언약공동체가 세울 바른 시민사회이다. 하나님을 바로 섬기는 공 동체는 이웃끼리 더불어 바른 사회를 건설해야 한다. 삶은 "바름"에 새 겨야 한다. 삶의 자리는 "바름" 위에 두어야 한다. 삶의 모습은 "바름"을 실천해야 한다. "바름"은 성경의 용어로 말하면 "공의"이다. "공의"는 하 나님이 세상을 창조하실 때 정해 놓으신 시간과 공간의 질서에 그 터전을 두고 있다. 하나님이 세상을 바르게 이끄시듯이 하나님의 사람들은 들 어가 살라고 허락해 주신 삶의 현장을 바르게 이끌어 가야 한다.

언약법의 법규는 시대와 장소에 따라서 재구성되거나 재해석된다. 이 법규는 유대인의 용어로 말한다면 할라카의 기초가 된다. 할라카에는 두 요소가 있다. 법정신과 법현실. 법정신은 시대나 장소에 따라 달라지 지 않지만, 법현실은 시기와 상황에 따라 변한다. 유대인들은 십계명을 유대교 테두리 안에서 "장로들의 전통"(참조, 막 7:1-23)으로, 613개의 법 과 규정으로 확장시켜 놓았다. 그렇지만 예수님은 그것을 둘로 요약하였 고(마 22:37-40), 탈리오의 법으로 이해되던 고대 유대사회의 "값 치름"

의 원칙을 용서와 사랑의 원리로 새롭게 정리하셨다. 오 리를 가자고 하는 자에게 십 리를 가라고 하시고(마 5:41), 죄 지은 자를 일곱 번 용서하면 되느냐고 묻는 자에게 일곱 번씩 일흔 번이라도 용서해야 된다고 가르치셨다(마 18:22). 사도 바울에게서 새로운 현실에 적용하지 못하는 법조문이란 초등학문에 지나지 않았다(갈 3:24). 말 그대로 율법에 지나지 않았다. 사람을 옭아매는 굴레에 지나지 않았다. 사도 바울이 율법을 가리켜서 "몽학선생"(초등교사)이라고 부른 것도 이 때문이다(갈 3:25). 법정신은 시대나 상황이 달라진다고 해서 변하지 않는다. 언약법전에는 언약공동체가 세우는 시민사회는 정의로워야 한다는 법정신이 각인되어 있다. 언약공동체가 세우는 제사장 나라는 공의로워야 한다는 바람이 거기에 담겨 있다.

출 23:10-19

언약법의 마무리, 하나님을 섬기는 시간

언약법의 마무리는 안식일·안식년·절기(cultic calendar)에 관한 법이다. 언약법전의 서두에 자리 잡은 제단에 관한 법(20:22-26)이 어디에서 하나님을 섬겨야 하는지를 가르쳐 준다면, 언약법전의 대미를 장식하는 안식일·안식년·절기에 관한 법(23:10-19)은 언제 어떻게 하나님을 섬겨야 하는지를 일깨워 준다. 안식일의 쉼은 안식년의 자선으로 이어져야 하고(23:11, 12), 안식일·안식년에 부르는 하나님의 이름은 무교절·맥추절·수장절에는 하나님 앞에 나와야 한다는 헌신으로 이어진다(23:17).

너는 매년 세 번 내게 절기를 지킬지니라 너는 무교병의 절기를 지키라 내가 네게 명령한 대로 아빕월의 정한 때에 이레 동안 무교병을 먹을지니 이는 그 달에 네가 애굽에서 나왔음이라 빈 손으로 내 앞에 나오지 말지니라

맥추절을 지키라 이는 네가 수고하여 밭에 뿌린 것의 첫 열매를 거둠이니
라 수장절을 지키라 이는 네가 수고하여 이룬 것을 연말에 밭에서부터 거
두어 저장함이니라 네 모든 남자는 매년 세 번씩 주 여호와께 보일지니라
(23:14-17)

안식일·안식년·절기를 지킨다는 것은 시간을 구별한다는 뜻이다. 구
별된 시간을 하나님 앞에서 누린다는 뜻이다. "지킨다"는 것은 하나님의
임재 앞에 서는 행동이다. 하나님이 구별해 놓으신 시간의 질서에 참여한
다는 뜻이다. 하나님의 시간 속에 들어섬으로 사람은 누구나 세상의 짐
이 누르는 멍에로부터 벗어날 수 있다. 출애굽기 23:10-19는 20:22-26과
더불어서 하나님을 섬겨야 할 방식에 대해 구체적으로 알려준다. 20:22-
26이 하나님을 섬기는 장소(제단)에 대해서 말한다면, 23:10-19는 하나
님을 섬겨야 할 시간이 언제인지를 알려준다. 이때 기억할 것은 "주 여호
와께 보이는" 자는 누구나 빈손으로 나와서는 안 된다는 점이다. 하나님
께 나아오는 자는 반드시 제물을 가지고 나와야 한다(23:15, 18-19a). 드
림으로 우리는 하나님과 소통하게 된다.

하나님을 섬기는 때와 장소에 관한 신앙공동체의 오랜 사색은 사마리
아 여인과 만나 건네신 예수님의 말씀에서 비로소 해답을 얻었다. "예수
께서 이르시되 여자여 내 말을 믿으라 이 산에서도 말고 예루살렘에서
도 말고 너희가 아버지께 예배할 때가 이르리라… 아버지께 참되게 예배
하는 자들은 영과 진리로 예배할 때가 오나니 곧 이 때라 아버지께서는
자기에게 이렇게 예배하는 자들을 찾으시느니라 하나님은 영이시니 예
배하는 자가 영과 진리로 예배할지니라"(요 4:21-24).

출애굽기 20:22-23:33에 수록된 언약법은 옛 이스라엘 사회가 품었
던 공의로운 사회에 관한 이상(理想)을 글말로 풀어 놓았다. 옛 이스라
엘 사회가 품었던 공의로운 공동체에 관한 꿈이 언약법전에는 서려 있

다. "여호와"(야훼) 하나님의 왕국에 대한 이상은 출애굽기 20-24장과 25-31장에서 계시되고 있다. 이 두 단원이 하나로 합쳐져서 하나님이 다스리시는 신정체제의 진면목이 제시된다. 한 마디로 공의로운 공동체와 신성한 공동체가 합쳐진 국가의 모습을 제시하고 있다. 20:22-23:33은 이스라엘이 추구하는 시민사회를 그리고 있다. 반면 출애굽기 25-31장은 영적이며 종교적인 이스라엘을 그리고자 한다.

이스라엘이 된다는 것은 언약공동체의 구성원이 된다는 뜻이다. 이제부터 이스라엘은 가족의 족보로 이어지는 가족이 아니다. 혈족보다는 언약을 따르는 삶을 기본 골격으로 하는 공동체가 되고 있다. 출애굽기 20:22-23:33에 소개된 언약의 율법은 하나님의 왕국의 경계선을 설정하는 노력이다. 이 경계선에서 벗어나게 되면 이스라엘은 하나님의 주권에서 벗어나게 된다. 이스라엘은 홀로 서지 않는다. 홀로 설 수도 없다. 언약을 맺은 형제, 자매와 함께, 더불어서 "서" 있게 된다. 하나님의 왕국에서는 "내"가 있는 것이 아니다. "우리"가 있는 것이다. 이런 하나님의 뜻을 이스라엘은 실현코자 다짐한다. 언약의 피를 세우면서 하나님이 이르신 모든 말씀과 율례를 준행하겠다고 다짐하게 되는 것이다(24:3-8).

출 23:20-33

언약법의 후기, 약속과 경고

출애굽기 23:20-33은 일종의 후기(後記)이다. 하나님의 약속과 경고로 언약의 책의 끝을 맺고 있다. 본문의 약속은 둘로 구분된다. 우선, 하나님이 "사자"(말라크)를 이스라엘 앞에 보내실 것을 약속하신다(23:20-26). 그 사자가 이스라엘을 하나님이 예비한 땅까지 가는 길을 인도할 것이다. 광야를 헤쳐가는 여행을 수행하기란 쉽지 않다. 하지만 이스라엘이 그의 목소리에 청종한다면 이스라엘의 광야여정은 목적지까지 수월

하게 안착할 것이다. 이스라엘은 그곳에 당도해서는 그곳에 살던 사람들과는 달라야 한다. 종교적으로 달아야 한다. 문화적으로 달라야 한다. "네 하나님 여호와를 섬기라 그리하면 여호와가 너희의 양식과 물에 복을 내리고 너희 중에서 병을 제하리니 네 나라에 낙태하는 자가 없고 임신하지 못하는 자가 없을 것이라 내가 너의 날 수를 채우리라"(23:25-26). 이스라엘이 하나님 신앙에 신실하면 하나님은 이스라엘에게 그 "예비하여 둔" 땅에서 풍요하고 건강한 삶을 누리게 해주실 것이다(23:20). 이스라엘은 하나님이 "예비하여 둔" 그곳에서 창조질서의 풍요함을 역사적 실체로 경험하게 될 것이다.

하나님의 약속은 여기에서 한 발 더 나아간다. 하나님이 이스라엘을 위해서 전쟁을 수행하실 것이라고 약속하신다(23:27-33). 이스라엘이 정착하게 될 곳에 살던 모든 백성을 하나님이 손수 물리치시고 쫓아내실 것이다. 하나님의 약속은 두 가지이다. 첫째, "내가 내 위엄을 네 앞서 보내어 네가 이를 곳의 모든 백성을 물리치고 네 모든 원수들이 네게 등을 돌려 도망하게 할 것이며"(23:27). "위엄"(에마)이란 공포(terror)이다. 하나님이 벌이시는 전쟁 앞에서 세상 왕들은 두려워 떨 수밖에 없다. 둘째, "내가 왕벌을 네 앞에 보내리니 그 벌이 히위 족속과 가나안 족속과 헷족속을 네 앞에서 쫓아내리라"(23:28). "왕벌"(치르아)은, 다른 말로는, 전염병(pestilence)이다. 하나님이 전염병과 재앙으로 그 땅의 사람들을 쫓아내시겠다는 것이다. 하나님의 위엄과 왕벌은 거룩한 전쟁(holy war)이나 하나님의 전쟁(divine war)에 즐겨 등장하는 소재이다(참조, 11:1; 12:39).[8] 가나안 땅 정착의 여정을 가나안 땅 정복의 시각에서 보도록 이끌고 있다. 하나님이 이스라엘을 위하여 그 땅의 사람들과 전쟁을 벌이시겠다는 것이다. 하나님이 손수 그 땅의 사람들을 쫓아내실 것이다. 그러나 "조금씩" 쫓아내실 것이다(23:30). 단번에 다 쫓아내겠다고 하지 않으신다. 조금씩 쫓아내겠다고 다짐하신다. 이스라엘의 가나안 땅 정착과정을 교육의 일환으로 삼으시겠다는 것이다.

이스라엘은 하나님의 약속을 받은 백성이다. 하나님은 이스라엘에게 가나안 땅을 주시겠다고 약속하셨다. 하지만 이스라엘은 그 가나안 땅에 토착해서 살던 자들이 아니다. 가나안 땅에 들어가게 되는 이스라엘은 그 땅의 사람들과는 종교적으로나 문화적으로 달라야 한다. 생각하는 방식에서 달라야 한다. 땅에 매인 자가 아니라 하늘에 속한 자로 살아야 한다. 그 땅에 살고 있던 사람들의 신과 문화, 관습 등을 좇아서는 안 된다. 그 땅의 문화를 좇기보다는 하나님의 마음을 좇아야 한다. 그 땅의 신, 그 땅의 종교, 그 땅의 풍요에 매이면, 그것은 이스라엘의 올무가 된다(23:33). 하나님이 들어가 살라고 주신 땅이 이스라엘을 잡는 덫(23:33, 새번역)이 되어서는 안 된다. 그 땅이 이스라엘에게는 올무가 아니라 터전이 되어야 한다. 덫이 아니라 디딤돌이 되어야 한다. 그러기 위해서는 무엇보다도 먼저 하나님께 신실해야 한다. 하나님이 이스라엘에게 기대하시는 것은 마음을 다하고 뜻을 다하고 힘을 다하여 하나님만을 사랑하는 것이다. 언약의 책의 후기가 강조하는 것은 이것이다. 십계명의 처음 두 계명을 이스라엘이 신실하게 지켜가기를 하나님이 기대하고 있다. 이스라엘이 하나님께 충성하면 하나님도 이스라엘을 신실하게 지켜주실 것이다(loyalty to God by Israel and loyalty to Israel by God).[9]

신앙공동체는 정의로워야 한다. 언약법(20:22-23:33)은 하나님의 다스리심의 경계선을 정한 가르침이다. 그 가르침의 토대는 유독 정의와 공평에 기초한 공동체를 이룩하려는 이상이다. 어쩌면 이 이상은 말 그대로 이상적일지도 모른다. 그러나 여기에 출애굽 신앙의 힘이 있다. 적어도 하나님을 믿는 언약공동체에서만은 하나님의 정의와 공평이 실현되는 신앙공동체를 구현해야 된다는 것이다. 여기에서 초대교회가 이룩한 원시 기독교 공동체의 모습을 떠올리는 것은 자연스럽다. 우리 교회가 언약 공동체다운 모습을 회복하도록 애써야 될 이유도 이것이다. "하나님

아버지 앞에서 정결하고 더러움이 없는 경건은 곧 고아와 과부를 그 환난 중에 돌보고 또 자기를 지켜 세속에 물들지 아니하는 그것이니라"(약 1:27).

언약예식, "그들은 하나님을 뵙고 먹고 마셨더라"

이제 하나님이 이스라엘과 언약을 맺는다. 언약의 책의 공포에 이어 드디어 언약예식이 거행된다. 언약식은 시내 산의 아래(24:3-8), 위(24:9-11), 꼭대기(24:12-18)에서 차례대로 진행된다. 그것은 마치 이스라엘이 짓게 될 성막이 뜰-성소-지성소로 이루어져 있음을 떠올리게 한다. 하나님과 이스라엘이 맺는 언약예식을 다루는 이 본문은 그 형식에서 동심원 구조(concentric structure)를 이룬다. "멀리서 경배하라"(a, 24:1-2) → "산 아래에서 치러진 언약식"(b, 24:3-7) → "모세의 말, 이는 언약의 피이다"(c, 24:8) → "산에 올라갔다"(d, 24:9) → "그들이 하나님을 뵙고 먹고 마셨다"(e, 24:10-11) → "모세, 산에 오르다"(d′, 24:12-13) → "모세의 말, 기다리라"(c′, 24:14) → "모세, 산 위로 올라가다"(b′, 24:15-17) → "모세, 구름 속으로(하나님께 가까이) 들어가다"(a′, 24:18).

24:1-2 이 본문은 하나님의 말씀으로 시작한다. 하나님이 모세에게 아론과 나답과 아비후와 70명의 장로들과 함께 산에 올라 "멀리서 경배하라"고 지시하신다. "하나님께 오르게" 될 모세, 아론, 나답, 아비후, 70명의 장로들은 각각 이스라엘 자손의 각 계층을 대표하는 인물들이다. 모세는 출애굽을 이끄는 지도자이다. 아론은 장차 대제사장으로서 성막에서 하나님을 섬기게 될 사람이다. 아론의 아들들인 나답과 아비후는 아론의 뒤를 이어 제사장 직제를 세워가게 될 자들이다. 70명의 장로

들은 이스라엘의 열두 지파를 대변하는 어른들이다. 하나님은 이들의 이름을 불러서 백성들 가운데서 구별하여 세우신다. 그들을 구별하여 세우시면서 그들에게 산에 올라오라고 말씀하신다.

본문에는 세 종류의 인물이 거론된다. 시내 산에 오르라는 명령을 받았지만 "멀리서" 하나님을 경배하게 될 사람들(아론, 나답, 아비후, 이스라엘 장로 70명), 시내 산에 올라가서 "가까이" 하나님께 나아가게 될 사람(모세), 시내 산에 올라오지 못하고 산 아래에서 기다려야 될 사람들(이스라엘 백성). 이스라엘 백성은 모세와 함께 하나님께 오르도록 허락되지 않았다. 이스라엘 백성 가운데 특별히 호명 된 사람들만 하나님의 산에 오르게 된다. 하나님을 믿는 사람들은 많다. 그러나 하나님의 산에 오르도록 그 이름이 불린 사람은 많지 않다. 이스라엘 장로 70명과 함께 하나님의 산에 오르게 될 모세와 아론과 나답과 아비후는 특별히 구별된 사람들이다.

24:3-8 산에 올라가서 하나님의 말씀을 들은 모세가 산에서 내려와 "여호와의 모든 말씀과 그의 모든 율례를" 이스라엘 백성에게 상세하게 설명(예사페르 라암)한다. "말씀"(드바림)이 하나님의 육성을 가리킨다면, "율례"(미쉬파팀)는 그 말씀을 삶에서 구체적으로 적용하는 시행세칙이다. 하나님의 말씀을 사람들이 지켜야 할 "길"(미쉬파팀)로 삼게 된다는 것이다.

모세가 소개한 하나님의 말씀과 그 율례에 대해서 백성들이 한 목소리로 응답한다. "여호와께서 말씀하신 모든 것을 우리가 준행하리이다"(24:3). "우리가 준행하리이다"(나아쎄)라는 것은, 말 그대로, 우리가 지키려고 한다는 것이다. "우리가 준행하겠다"고 백성들이 다짐하는 소리는 본문에서 두 번 들린다. 한 번은 모세가 산에서 내려와서 하나님의 말씀을 전할 때 그렇게 대답하였고(24:3b), 다른 한 번은 모세가 산 아래에서

"여호와의 모든 말씀을 기록한" "언약서를 가져다가 백성에게 낭독하여 듣게" 할 때 그렇게 대답하였다(24:7).

산 아래 이스라엘 백성이 하나님의 목소리(말씀과 율례)에 귀를 기울이고 있다. 세상의 소리(소음, 잡음)에 귀를 기울이는 것이 아니라, 하나님의 소리(복음)에 귀를 기울이고 있다. 이스라엘의 희망은 어디에서 오는가? 세상의 소리가 아닌 하늘의 소리에 귀를 기울이는 결단에서 온다! 소음에 굴종하는 삶이 아닌 복음에 순종하는 삶에 이스라엘의 희망이 있다.

여기에서 중요한 것은 모세가 시행하는 언약체결 예식이다. 언약체결 예식은 두 번 소개되는 하나님의 말씀 사이에 나온다. 즉 처음 소개된 산 위에서 들은 하나님의 말씀과 율례(24:3)와 나중에 소개되는 "언약서"에 기록된 하나님의 말씀(24:7) 사이에 언약체결 예식이 소개되고 있다.

> 모세가 여호와의 모든 말씀을 기록하고 이른 아침에 일어나 산 아래에 제단을 쌓고 이스라엘 열두 지파대로 열두 기둥을 세우고 이스라엘 자손의 청년들을 보내어 여호와께 소로 번제와 화목제를 드리게 하고 모세가 피를 가지고 반은 여러 양푼에 담고 반은 제단에 뿌리고… 모세가 그 피를 가지고 백성에게 뿌리며 이르되 이는 여호와께서 이 모든 말씀에 대하여 너희와 세우신 언약의 피니라(24:4-6, 8)

언약체결 예식은 제단을 쌓은 일로 시작된다. 제단을 쌓고, 열두 기둥을 세우고, 번제와 화목제를 드리고, 제물의 피를 제단에 뿌리는 순서를 밟는다. 이어서 모세가 낭독한 "언약서"에 백성들이 "여호와의 모든 말씀을 우리가 준행하리이다"(24:7)라고 대답하자 모세가 제물의 피를 백성에게 뿌리면서 이르는 말, "이는 여호와께서 이 모든 말씀에 대하여 너희와 세우신 언약의 피니라"로 언약식의 대단원은 막을 내린다.

하나님과 이스라엘이 서로 언약을 맺은 사이라는 것은 예배로 표현된다. 제단 위에 드리는 번제와 화목제는 헌신과 소통을 표시한다. 그 헌신과 소통을 이루기 위해서는 무엇보다도 정결해야 한다. 죄와 악으로부터 벗어나야 한다. 언약식을 위해 드려지는 제물의 피는 죄와 허물을 덮어 주는 수단이 된다. 제물의 피를 뿌리는 것은 정결하게 한다는 상징이다. 제단 위에 제물을 피를 뿌림으로 제단이 정결하게 되고, 제물을 드리는 사람에게 제물의 피를 뿌림으로 그 사람이 정결하게 된다. 초대교회는 모세가 시행했던 시내 산에서의 언약식을 다음과 같이 기억한다.

> 모세가 율법대로 모든 계명을 온 백성에게 말한 후에 송아지와 염소의 피 및 물과 붉은 양털과 우슬초를 취하여 그 두루마리와 온 백성에게 뿌리며 이르되 이는 하나님이 너희에게 명하신 언약의 피라 하고 또한 이와 같이 피를 장막과 섬기는 일에 쓰는 모든 그릇에 뿌렸느니라 율법을 따라 거의 모든 물건이 피로써 정결하게 되나니 피흘림이 없은즉 사함이 없느니라(히 9:19-22)

언약은 피흘림 위에서 세워진다. 출애굽기 24장이 전하는 언약도 "피 없이 세운 것이 아니다"(히 9:18). 이제부터 이스라엘은 하나님께 온전히 헌신하게 된다(번제). 이제부터 이스라엘은 누구보다도 하나님과 소통하는 백성으로 살게 된다(화목제).

24:9-11 모세와 아론과 나답과 아비후와 이스라엘의 장로 70명이 마침내 시내 산에 오른다. 언약 백성을 대표하는 상징적인 인물들이 하나님의 초대(!)를 받고 하나님께 오르게 된다. 본문은 그들이 "올라가서" 언약식을 치르고 난 뒤 이어지는 잔치를 묘사하고 있다. 화목제의 클라이맥스인 음식(제물) 나누기를 실현하고 있다. 거룩한 예식을 마친 이스라엘이 하나님이 호스트(host)이신 잔치자리에 게스트(guest)로 초대받

아서 하나님 앞에서 먹고 마시는 기쁨을 누리게 된다. 모세와 아론, 나답, 아비후, 70명의 장로들이 이스라엘의 온 회중을 대표하여 하나님의 산에 올라가 하나님과 이룬 언약 맺음의 감격을 누리게 된다.

여기에서 우리는 하나님의 산에 오른 모세와 아론과 나답과 아비후와 이스라엘의 장로 70명에게 무슨 일이 있었는지를 주의 깊게 살펴보아야 한다.

> (그들이) 이스라엘의 하나님을 보니 그의 발 아래에는 청옥을 편 듯하고 하늘 같이 청명하더라 하나님이 이스라엘 자손들의 존귀한 자들에게 손을 대지 아니하셨고 그들은 하나님을 뵙고 먹고 마셨더라(24:10-11)

본문에는 두 종류의 "봄"(seeing)이 나온다. "(그들이) 하나님을 보니!" (봐이르우) "그들은 하나님을 뵙고!"(봐예헤쭈) 첫 번째 "봄"(라아)은 눈으로 보는 행동을 가리킨다. 두 번째 "봄"(하자)은 보여주시는 것을 보는 행동을 가리킨다. 히브리어 "하자"에서 환상(하존)이란 말이 파생되었음을 기억하자. 환상은 내가 보고 싶어서 보는 것이 아니다. 보여주시기에 보게 되는 것이 환상이다.

모세와 아론과 나답과 아비후와 70명의 장로들이 처음에 눈으로 본 것은 "그의 발 아래에는 청옥을 편 듯하고 하늘 같이 청명하더라"는 말로 요약된다. 그들이 본 것은 하나님의 보좌이다. 시내 산에 강림하신 하나님의 보좌를 보았다. 하나님의 보좌가 있는 성전의 마루(발 아래)를 보았다. 시내 산에 나타난 하늘 성전의 모습을 보았다. 그들은 지금 장차 산 아래에 세워질, 성막에서 이루어질 감격을 미리 맛보고 있다. 시내 산 아래에는 이스라엘 백성이 있다. 시내 산 위에는 모세와 아론과 나답과 아비후와 이스라엘 장로 70명이 있다. 이제 곧 시내 산의 꼭대기로 모세가 홀로 올라가 하나님과 더불어 지내게 될 것이다. 출애굽기 24:10-11은 뜰−성소−지성소로 이루어진 성막의 감격을 미리 맛보게 한다. 모세와 아론과 나답과 아비후와 이스라엘의 장로 70명은 지금 산(성소)에 올라 하나님을 경배하는 감격을 누리고 있다. 뜰(산 아래)에서는 이스라엘 백성이 하나님의 임재를 쳐다보고 있다. 이제 곧 모세가 지성소(시내 산 위)에 들어가 사십 야를 보내게 될 것이다.

하나님은 하나님의 성소에 오른 그들에게 손을 대지 않으셨다. 하나님의 초대를 받고 하늘 성전을 향해 올라온 자들이기에 하나님이 손으로 그들을 치시지 않았다. 그들은 "멀리서" 하나님을 경배하였다(24:1b). 그들이 하나님을 경배할 때 그들은 환상을 보게 되었다. 하나님의 영이 그들에게 임하였다(참조, 욜 2:28). 하나님이 보여주시는 환상을 보면서, 즉 하나님을 뵙는 중에 먹고 마시는 기쁨을 누리게 된다. 하나님의 성전에서 이루어지는 코이노니아를 극적으로 누리게 된다.

24:12-18 세 번의 오름 뒤에 "모세는 구름 속으로 들어"간다. 하나님이 모세에게 말씀하신다. "너는 산에 올라 내게로 와서 거기 있으라 네가 그들을 가르치도록 내가 율법과 계명을 친히 기록한 돌판을 네게 주리라"(24:12). 출애굽기 24:12-18은 모세의 오름에서 살펴야 한다. 24장 본문에서 모세는 시내 산에 오르고 또 오른다. 모두 세 번에 걸쳐 올라가는 동작이 소개되고 있다.

처음에 모세는 아론, 나답과 아비후, 그리고 이스라엘의 장로 70명과 함께 올랐다(봐야알 모쉐…, 24:9). 그들이 하나님을 보며 먹고 마시는 감격을 누렸다. 그러고 난 뒤 하나님은 모세를 다시 산으로 부르신다. 모세는 하나님의 지시를 따라 여호수아와 함께 일어나 하나님의 산으로 올라간다(봐야알 모쉐 엘 하르 하엘로힘, 24:13). 여호수아가 오를 수 있는 곳은 여기까지이다. 그러고 나서 모세가 "산에 오르매 구름이 산을 가리"게 된다(봐야알 모쉐 엘-하하르, 24:15). 이때 구름이 엿새 동안 하나님의 산을 가리고 있었다. 구름이 시내 산을 가리고 있던 일곱째 날 , 하나님이 구름 가운데서 모세를 부르시자 마침내 모세는 구름 속으로 들어가서 (봐야보 모쉐 베토크 하아난, 24:18) "사십 일 사십 야"를 지내게 된다. 이처럼 출애굽기 24장은 모세에게 있었던 세 번의 오름(봐야알 모쉐)을 전한다. 세 번의 오름 뒤에 모세는 구름 속으로 "들어가서"(봐야보) 하나님과 더불어 40주야를 지내게 된다.

출애굽기 24장이 소개하는 모세의 오름은 성막에 "거하시는" 하나님과 성막에서 이스라엘과 "만나시는" 하나님을 미리 소개하고 있다. 성막을 통해서 하나님께 나아가는 이스라엘 공동체의 모습을 일깨워 준다. 모세의 오름과 들어섬은 이스라엘 자손은 보통 성막의 뜰까지 들어서고, 제사장은 성소를 통해서 하나님께 나아가며, 대제사장 한 사람만이 지성소를 통해서 하나님께로 나아가는 모습과 닮아 있다. 아니 모세의 오름은 하늘 성전에 입장하는 신앙인의 모습을 일깨워 준다. 뜰 → 성소 → 지성소로 이루어진 성전의 모양새를 모세가 일구어가는 세 번의 오름이 보여주고 있다. 모세가 보여준 세 번의 오름은 성막의 구조를 드러낸다. 시내 산 아래 땅 위에 하나님을 위한 성소를 만들기 전에 하나님의 백성을 하늘 성소(heavenly temple)로 먼저 부르셔서 하늘 성소의 거룩함을 체험하게 하신 것이다.

시내 산에 올라가 40주야를 하나님과 지내게 된 모세에게 무슨 일이 있었는가? 출애굽기 25장부터 소개되는 이야기가 바로 여기에 답한다. 모세가 시내 산의 지성소에서 보내게 된 40일은 산 아래 땅에 세워질 성막의 청사진을 하나님으로부터 듣는 기간이다. 세상을 지으실 때 모두 7일을 쓰셨던 하나님이 성막의 청사진을 모세에게 주실 때에는 40일을 사용하고 있다.

성막 건설은 이제 하나님이 시내 산에서 내려오실 차례라는 것을 암시한다. 성막이 세워지면서 이스라엘의 하나님은 이스라엘 백성이 살아가는 삶의 자리로 내려오려고 하신다. 산에서 삶으로 내려오려고 하신다. 거룩한 곳에서 어지러운 세속으로 내려오려고 하신다. 이런 점에서 출애굽기 24:12-18은 마중물이다. 출애굽기 25-31장에서 듣게 될 성막을 향한 마중물이다. 시내 산에 강림하셔서 모세와 만나셨던 하나님이 이후로는 시내 산 아래로 내려오시게 된다는 것이다. 하나님의 오심을 준비하라! 하나님의 강림을 준비하라!

1) 비교, Balentine, *The Torah's Vision of Worship*, 131.

2) Crüsemann, *The Torah*, 174; Balentine, *The Torah's Vision of Worship*. 134.

3) C. M. Carmichael, "Three Laws on the Release of Slaves(Exod 21:2-11, Dtn 15:12-18; Lev 25:39-46), *ZAW* 112(2000), 509-525.

4) C. M. Carmichael, *The Origins of Biblical Law: The Decalogues and the Book of the Covenant* (Ithaca: Cornell University Press, 1992), 11-12.

5) D. N. Freedman, "Hebrew," in *Theological Dictionary of the Old Testament*, vol. 10 (Michigan: Grand Rapids, 1998), 430.

6) 비교, Cassuto, *Exodus*, 271.

7) B. S. Jackson, "The Goring Ox," *Essays in Jewish and Comparative Legal History* (Leiden: Brill, 1975), 108-116.

8) Dozeman, *Exodus*, 558.

9) Fretheim, *Exodus*, 252-253.

"내가 그들 중에 거할 성소를
그들이 나를 위하여 짓되"

출 25:1–31:18

출애굽기 25–31장은 성막 건축에 관한 기사를 다룬다. 성막은 이스라엘이 광야여행을 하던 시절 세워서 지니고 나르던 이동식 성소이다. 출애굽기 25–31장은 크게 둘로 구분된다. 하나는 하나님을 위한 성소를 지으라는 명령을 전하는 본문이고(25:1–31:17), 다른 하나는 하나님이 시내 산에서 모세에게 말씀하기를 마칠 때 손수 돌판에 쓰신 증거판 두 개를 모세에게 주었다고 전하는 본문이다(31:18).

성막은 하나님이 이스라엘 백성 가운데 오셔서 "거(居)하시는" 공간이다. 출애굽기 25:1–31:17이 소개하는 이스라엘의 하나님 "여호와"(야훼)는 어느 일정한 붙박이 건물에 "좌정하고 계시는" 하나님이 아니다. 25:1–31:17이 전하는 야훼 하나님은 자기 백성 이스라엘을 찾아와 만나서 함께 걸으며 동행 하시는 하나님이다. 이스라엘 백성의 삶 속에 들어와 동거하신다는 의미에서 이스라엘 중에 거하시는 하나님이다(비교, 레

26:11-12). 그러니까 출애굽기 25-31장은 하늘에 계시던 하나님이 성막으로 오셔서 이스라엘 백성들과 동행하시게 되는 과정을 전한다.

출애굽기 25:1-31:17에서 성소(미크다쉬)는 두 가지 이름으로 불린다. 하나는 "성막"(미쉬칸)이고, 다른 하나는 "회막"(오헬 모에드)이다.[1] 성막은 거룩하신 하나님이 "거하시는" 곳이다. 하늘의 하나님이 이 땅에 내려와 "머무시는" 곳이다. 회막은 하나님과 이스라엘이 만나서 소통하는 성소이다. 성막·회막은 말 그대로 "이동식 성소"(portable sanctuary)이다. 같은 장막이지만 기능과 역할에 따라서 성막으로 불리기도 하고, 회막으로 불리기도 한다. 레위기 1-7장이 하나님께 예배하는 장소를 시종일관 회막이라고 부르는 것은 하나님이 그곳(회막)에서 이스라엘과 만나시고, 이스라엘에게 말씀하시고, 이스라엘의 예물을 받으시기 때문이다. 회막 문 안 제단에서 이스라엘은 속죄와 화해, 헌신과 감사의 예물/제물을 하나님께 드리게 된다.

성막·회막은 "여호와"(야훼) 하나님의 왕국을 종교적·영적 측면에서 해설하는 장치이다. 언약공동체(19-24장)가 하나님이 다스리시는 왕국을 정치적·사회적·경제적 측면에서 규정했다면, 성막·회막공동체(25-31장)는 하나님의 왕국을 신앙적 측면에서 해설하고 있다. 바른 삶 위에 바른 신앙이 펼쳐져야 한다. "바름"(19-24장) 위에 "믿음의 장막"(25-31장)이 세워져야 한다. 성막은 "언약의 피"로 하나님과 "맺어진"(24:4-8) 자들이 세우게 된다. 언약공동체의 토대 위에 신앙공동체가 창조되는 것이다.

출 25:1

성막 건축의 들머리, 하나님의 말씀

성막 건축 기사는 "여호와께서 모세에게 말씀하여 이르시되"(25:1)로 시작한다. 성막 건축 기사를 다룬 출애굽기 25:1-31:17이 "여호와께서 모세에게 말씀하여 이르시되"로 시작하는 것은 예사롭지 않다. 성막은 사람이 원해서 짓는 것이 아니다. 하나님이 원하셔서 짓게 된다. 세상 창조가 "빛이 있으라" 하신 하나님의 말씀으로 개시되었듯이 창조 세계를 닮은 성막도 하나님이 이르시는 말씀으로 첫걸음을 뗀다.

25:1-31:17에는 "여호와께서 모세에게 이르시되"라는 말이 모두 7번 나온다(25:1; 30:11, 17, 22, 34; 31:1, 12).[2] 이런 모습은 결코 예사롭지 않다. 25:1-31:17은 의도적으로 "여호와께서 모세에게 이르시되"를 7번 거론하고 있다. 창조 역사를 개시할 때 있었던 하나님의 영이 성막 건축에서도 동일하게 언급된다(출 31:1-11; 창 1:2). 하나님이 이루신 세상 창조가 일곱째 날이 이를 때에(창 2:2) 마치게 되었듯이, 성막 건축도 일곱째 날 안식함으로 마치게 된다(31:12-17). 출애굽기 24장이 전하는 모세의 하나님 체험(theophany)은 모세가 시내 산 하늘 성전의 성소에서 6일 동안 구름에 가려져 기다리다가 일곱째 날에 구름 속으로 들어가서 하늘 성전의 지성소에 들어가는 것으로 묘사된다(24:15-18). 시내 산 위에서 기다리던 모세를 하나님이 "일곱째 날에" 구름 가운데서 부르셨듯이(24:16) 성막 건축 기사에서는 하나님의 계시(말씀)가 7번 선포되고 있다.[3] 하나님이 창조하신 코스모스가 "7"이라는 숫자의 리듬을 타면서 이루어졌듯이, 7번 나오는 "여호와께서 모세에게 이르시되"라는 구절은 의도적으로 성막 건축을 코스모스(하늘과 땅)의 창조에 견주어서 생각하게 만든다. 숫자 "7"에 "칠"(漆)해져 있는 숨은 의미를 읽어야 한다.

세상은 하나님의 작품이다. 하나님이 지으셨다. 성막도 하나님의 작품이다. 하나님이 지으시는 성소가 성막이다. 세상을 지으시고 하나님이 보시기에 좋았듯이 성막은 하나님이 보시기에 좋은 작품이어야 한다. 사람의 눈에 보기 좋다는 것이 아니다. 하나님이 보시기에 좋아야 한다.

출애굽기 25:1은 성막이 말씀으로 창조된 성소라는 점을 부각시킨다. 성막은 사람의 힘으로 짓는 것이 아니다. 하나님의 강요로 짓는 것이 아니다. 하나님의 말씀에 이스라엘이 자발적으로 헌신하여 짓는 것이 성막이다. 출애굽기 25장에서 하신 하나님의 첫 번째 말씀은 "내게 예물을 가져오라… 기쁜 마음으로 내는 자가 내게 바치는 모든 것을 너희는 받을지니라"로 이어진다(25:2). 이스라엘은 하나님을 위한 성막을 짓기 전에 그 자신이 먼저 성막이 되어야 한다. 이스라엘의 헌신을 기대하시는 하나님의 음성이 성막 건축의 장(場)에 맨 먼저 울려 퍼지고 있다.

출애굽기 25:1-31:17에서 맨 먼저 나오는 이 하나님의 말씀(25:1)은 맨 마지막에 일곱 번째로 제시된 하나님의 말씀(31:12-17)과 대칭을 이룬다. 첫 번째 말씀이 성막 건축의 시작을 알리는 소리라면, 일곱 번째 말씀은 성막 건축의 완성을 선포하는 소리이다. 성막 건축의 완성을 알리는 소리가 바로 안식일을 지키라는 말씀인 것을 유념해야 한다. 성막 건축 기사의 처음에서 마지막까지가 창조 역사의 일주일과 의미상 상응하고 있다는 것이다.

출 25:2-7

성막 건축의 준비, 드리기

성막 건축은 예물과 물품을 드리는 헌신으로 시작된다. 이 "드리기"는 출애굽기 25:2-31:17이 전하는 성막 건축의 준비과정이다. 25:2-31:17은 크게 세 단원으로 구성된다. 첫째, 이스라엘 자손 모두는 성막을 짓기 위한 여러 물건을 "기쁜 마음으로" 가져다가 "드려야" 한다(25:2-7). 둘째, 그렇게 드려진 예물을 가지고 성막을 "만들어야" 한다(25:8-31:11). 여기에는 성막을 섬기는 제사장을 위한 지침(28:1-29:46)이 포함된다. 셋째, 성막을 만든 후에는 이스라엘 자손 모두가 안식일을 "지켜야" 한다(31:12-17). 이렇게 드리고, 만들고, 지키라는 하나님의 지시가 출애굽기 25:2-31:17 안에 담겨 있다. 이스라엘은 하나님을 섬기는 예배공동체가 되어야 한다. 성막 건설은 이스라엘이 예배공동체가 되기 위한 준비이다. 예배하는 신앙공동체가 되기 위해서 이스라엘은 기쁜 마음으로 성막 건축에 필요한 "예물"을 "드려야" 한다. 그렇게 드려진 예물을 가지고 이스라엘 자손은 성막을, 성막에 딸린 기구들을 "만들어야" 한다. 그러고 난 뒤 모두 다 같이 안식일을 "지켜야" 한다. 창조주 하나님이 세상을 지으시고 일곱째 날에 안식하셨듯이 안식일을 지켜야 한다.

성막 건축은 "드림"으로 준비한다. 이스라엘 자손이 기쁜 마음으로 하나님께 바치는 예물(테루마)로 시작된다. 이스라엘 자손이 하나님께 기꺼이 "예물"(테루마)을 드리라는 말씀으로 시작된다. "이스라엘 자손에게 명령하여 내게 예물을 가져오라 하고 기쁜 마음으로 내는 자가 내게 바치는 것을 너희는 받을지니라"(25:2). 성막 건축은 이스라엘 모든 백성의 자발적인 헌신으로 이루어진다(25:3-7). 하나님의 지시는 억압적으로 지시하는 명령이 아니다. 이스라엘 백성들로 하여금 자원하여 바칠 수 있도록 분위기를 이끌고 있다.

예물(테루마)은 "높이 들어올린 것"이다. 땅의 것을 하늘로 구별하고자 들어올린 것으로 볼 수 있다. "테루마"(예물)는 물질의 소유권을 사람에게서 하나님에게로 양도하고자 구별해 놓은 선물이다.[4] 테루마는 드러내 놓고 드리는 선물이다. 기쁜 마음으로 드리는 선물이다. 선물은 받는 자보다 주는 자가 더 기쁘다. 선물을 주는 자의 뜻이 선물을 받는 자의 마음보다 앞선다. 사람의 헌신이 하나님의 뜻을 이룬다. 드림이 하나님의 소망(dream)을 이룬다.

출애굽기 25:3-7이 다루는 예물은 성막과 거기에 딸린 기구들을 짓는 데 소용되는 물건/물품이다. 이 물품들은 모두 7종류로 구분된다. 금속(금, 은, 놋), 염색한 실(청색·자색·홍색 실, 가는 베 실), 직물(염소 털, 붉은 물들인 숫양의 가죽, 해달의 가죽), 목재(조각목), 기름(등유, 관유), 향료, 보석(호마노, 에봇과 흉패에 물릴 보석). 25:3-7이 소개하는 물품에는 일정한 구도가 있다. 금속(금 → 은 → 놋)이나 염색실(청색 → 자색 → 홍색)의 배열에서 보듯이 물품의 구성은 내림차순이다. 그것들이 소용되는 곳의 거룩함을 순차적으로 드러내고 있다.

출애굽기 25:3-7이 소개하는 물품은 성막의 각종 기구를 제작하는 데 필요한 자재들이다. 이 물품들은 모두 고대 사회에서 귀하게 취급되었다. 귀하다는 것은 거룩하게 구별된다는 뜻이다. 거룩함은 귀함으로 드러난다. 귀함에서 거룩함이 드러난다. 하나님은 사람의 헌신을 하나님의 손발로 사용하신다. 하나님의 손발이 되어 드리는 자의 마음은 예물로 표시된다. 이 예물은 이스라엘 자손이 기쁜 마음으로 드리는 헌신으로 채워진다. 헌신이 하늘의 뜻을 이룬다. 드림이 하나님의 뜻을 이룬다.

출 25:8-9

성막 건축에 담긴 뜻

출애굽기 25:8-31:11은 하나님이 펼치시는 성막 청사진(blueprint)이다. 청사진이란 "이렇게 되어야 한다", "이렇게 될 것이다"는 뜻을 펼쳐놓은 그림이다. 정의롭고 공평한 공동체를 세우겠다고 다짐한 이스라엘은 이제 하나님의 뜻을 이 땅에 실현하는 공동체로 성숙해져야 한다. 25:8-31:11에는 언약공동체로 다져진 이스라엘에게 걸고 계시는 하나님의 기대가 있다. 25:8-31:11은 그 뜻을 실현하라는 하나님의 구체적인 지시이다. 하나님의 뜻을 구현하는 신앙공동체가 되기 위해서 이스라엘은 시내 산을 떠나기 전 하나님이 기대하시는 성막·회막을 만들어야 한다. 그래야 비로소 하나님을 섬기려는 출애굽의 목표를 이룰 수 있다. 성막 만들기·짓기는 출애굽의 이상을 실현하는 구체적인 노력이다.

성막 만들기·짓기(25:8-31:11)는 크게 두 단락으로 구분된다. 하나는 하나님을 위하여 성막을 지으라는 총론격 지시(25:8-9)이고, 다른 하나는 성막의 구체적 청사진(25:10-31:11)이다. 그 총론격 지시가 "내가 그들 중에 거할 성소를 그들이 나를 위하여 짓되"(25:8)라는 말로 시작한다. 하나님이 이스라엘에게 "성소"(미크다쉬)를 지으라고 말씀하신다. "미크다쉬"(성소)는 거룩하게 구별된 장소이다. 거룩한 목적을 위해서 구분해 놓은 장소이다. 시내 산에 강림하신 하나님(24장)이 이제는 시내 산 아래 이스라엘의 진영 가운데 "미크다쉬"로 강림하시고자 하신다. 그래서 말씀하신다. "내가 그들 중에 거할 성소를 그들이 나를 위하여 짓되!"(25:8) 25:8에서 주목해야 할 구절은 "내가 그들 중에 거할 성소"라는 말이다. 본문에서 "나" 하나님은 지금 시내 산 위에 계신다. 본문에서 "그들" 이스라엘은 지금 시내 산 아래에 있다. 그러니까 "내가 그들 중에 거할 성소"라는 말은 시내 산 위에 계시던 하나님이 시내 산 아래로 내려오시겠다는 뜻이다. 하늘의 하나님이 시내 산으로 내려오셨다가 이제는 시내 산 아래 땅으로 내려오려고 하신다는 것이다.

"성소"는 하늘의 하나님이 땅에 오실 때 "거하시는" 곳이다. 성소는 하나님이 "거주하시는"(샤칸) 공간으로 구별된 장소이다. 출애굽기 25:8은, 직역하면, "지어라 나를 위한 성소를"(베아쑤 리 미크다쉬), "내가 그들 속에 거할 수 있도록"(베샤칸티 베토캄)으로 읽을 수 있다. 이제부터 이스라엘은 하나님을 위한 성소를 지어야 한다. 출애굽기 25:8부터 31:11에 이르기까지 본문을 이끌어가는 중요한 단어는 "짓다/만들다"(아싸)이다. 우리말 성경에서는 이 동사가 "짓다", "만들다", "짜다" 등으로 표현되고 있다.

성소를 짓는 목적은 하나님이 이스라엘 가운데 거하시도록 하기 위해서다. 하나님이 이스라엘 중에 "거하신다"는 것은 시내 산 위에 계시던 하나님이 시내 산 아래 이스라엘의 장막 속으로 내려오신다는 의미이다. 실낙원(창 3장) 이후 하나님이 세상으로 내려오실 때에는 긍정적인 요인 보다는 부정적인 요인이 더 크게 작용하였다. 하나님은 바벨탑을 세우는 사람들을 "흩어지게" 하기 위해서 내려오셨다(창 11:5-8). 소돔과 고 모라를 "심판하기" 위해서 이 땅에 내려오셨다(창 19:1-29). 그러던 하나님이 이스라엘을 "제사장 나라"가 되게 하기 위해서 시내 산으로 내려오셨다(19:1-6). 그러다가 마침내 이스라엘 백성 가운데 계시고자 시내 산 아래로 내려오려고 하신다. 이스라엘 가운데 오시는 하나님! 우리 속에 오시는 하나님! 성막이 세워지고 나면 모세는 하나님을 만나기 위해서 더 이상 시내 산 위로 오를 필요가 없다. 하나님이 이스라엘 가운데 세운 성소 안에 거주하시기 때문이다. 말씀이 육신이 되셔서 우리 가운데 거하시게 되는 것이다(요 1:14). 그 하나님을 위하여 이스라엘은 하나님이 가르쳐준 모양/도본대로 성막을 지어야 한다. "무릇 내가 네게 보이는 모양대로 장막을 짓고 기구들도 그 모양을 따라 지을지니라"(25:9).

출애굽기 25:9는 하나님을 위한 성소를 "장막"(미쉬칸)이란 말로 바꿔 부른다. 히브리어 미쉬칸은 우리말에서는 성막으로 번역된다. 중요한 것은 장막 성소를 하나님이 시내 산에서 모세에게 "보여준"(마르에) "모양"(타브닛)대로 만들라는 것이다(참조, 25:40; 26:30; 27:8). "모양"이란 도본이다. 성막은 하나님이 모세에게 "보여준" 모양대로 만들어야 한다. "보여준"이란 말에는 눈으로 본 형태란 뜻이 내포되어 있다. 모세가 체험한 하늘 성전을 고스란히 닮은 장막 성소를 만들라는 것이다.

출애굽기 24:9-18에 따르면 모세는 시내 산 위에 강림하신 하나님의 처소에서 성소의 모양을 보았다. 하나님은 모세에게 시내 산 위에 강림한 하늘 성전을 통해서 성막의 형태를 체험하게 하셨다. 처음에는 모세가 아론, 나답과 아비후, 이스라엘의 70명 장로들과 함께 산에 올라가 하나님을 "뵙고 먹고 마셨다"(24:9-11). 하나님이 차리신 식탁(제단)에서 이스라엘의 경건한 자들이 더불어 거룩한 교제를 나누었다. 그 다음에는 모세가 혼자서 더 올라가 시내 산을 가린 구름 앞에서 엿새 동안 기다렸다(24:16-17). 이때 산 위의 영광이 맹렬한 불같이 이스라엘 자손의 눈에 보였다(24:17). 이것은 성소의 등잔대를 짐작하게 한다. 마지막에는 모세가 구름 속에서 부르시는 하나님의 음성을 듣고 구름 속으로 아예 들어가 사십 일 사십 야를 산에 머물러 있었다(24:18). 마치 지성소에 들어가 거룩하신 하나님 앞에 서 있는 대제사장처럼 모세는 하나님의 임재를 체험하였다.

이처럼 출애굽기 25:8의 "모양"은 하늘 성전의 모양(뜰 → 성소 → 지성소)을 가리킨다. 땅에 세워지는 성막(장막, 미쉬칸)은 하늘 성전의 모양대로 지어야 한다. 이스라엘이 지어야 할 성막은 "여호와"(야훼) 하나님이 지시하신 대로 만들어야 한다. 출애굽기 35-40장은 이스라엘이 성막을 "여호와"(야훼) 하나님이 지시하신 대로 만들었다고 반복해서 밝힌다 (35:1; 36:1; 39:31, 42; 40:16, 30). 솔로몬은 예루살렘 성전을 성막의 모양 (타브닛)대로 만들었다. 다윗이 솔로몬에게 성막의 청사진(타브닛)을 넘겨 주었다고 말한다(대상 28:11).

성막은 왕이 지시해서 세운 건축물이 아니다. 성막은 하나님의 지시로 세운 장막이다. 하나님은 성막 건축의 설계자이자 시행자이시다. 그 시공을 언약 백성 이스라엘에게 맡기겠다는 것이다. 성막이 참 예배의 장소로 수용되는 것은 이 때문이다.

출 25:10-27:19
성막 건축의 청사진, 성막이라는 생김새

출애굽기 25:10-31:11은 성막 건축·제작의 청사진을 전한다. 이 청사진은 다시 두 단원으로 나눠서 살펴볼 수 있다. 하나는 성소의 골격과 관련된 말씀이고(25:10-27:19), 다른 하나는 성소에서 이루어지는 예식에 관한 말씀이다(27:20-31:11). 출애굽기 본문은 성소의 건축(construction)에 대해 설명할 때는 성소를 성막으로 부르고, 성소의 예식(liturgy)에 대해 해설할 때는 성소를 회막으로 일컫는다.[5] 성막이라는 명칭에는 하나님의 임재가, 회막이라는 명칭에는 하나님과 사람의 소통이 강조되고 있다. 즉 25:10-

31:11은 성막(25:10-27:19)이라는 생김새와 회막(27:20-31:11)이라는 쓰임새에서 이스라엘 가운데 거하시는 하나님의 은총을 설명하고 있다.

성막은 땅에 임한 하늘 성전이다. 25:10-27:19에 의하면 이 성막은 지성소의 증거궤(25:10-16)에서 시작하여 증거궤의 덮개인 속죄소(25:17-22) → 성소에 있는 상(25:23-30) → 성소의 등잔대(25:31-40) 순서로 짓게 된다. 그 다음 성막 전체를 감싸는 휘장(26:1-6) → 성막을 덮을 천막(26:7-14) → 성막을 세울 널판(26:15-25) → 성막의 띠/가로다지(26:26-30) → 지성소와 성소를 구분할 휘장을 만들게 된다. 휘장은 청색·자색·홍색 실과 가늘게 꼰 베 실로 짜서 만들어 나무로 만든 네 기둥 위에 드리우게 된다(26:31-33). 이런 식의 휘장을 하나 더 만들어 성막 어귀를 가려야 한다(26:36-37). 그리고 나서 성막 밖에 제단(27:1-8)과 성막의 뜰/울타리(27:9-19)를 세워야 한다. 여기에 분향단(30:1-10)과 놋 물두멍(30:17-21)이 첨가되면 땅에 임한 하늘 성전은 이스라엘 가운데 거하시는 하나님을 드러내는 터전으로 완성된다. 즉 출애굽기 25:10-27:19는 성막을 지성소(holy of holies) → 성소(holy place) → 뜰(courtyard) 순으로, 또는 지성소(26:1-37) → 제단(27:1-8) → 성막의 뜰(27:9-19) 순으로 제시하고 있다. 가장 거룩한 곳에서부터 한 단계씩 밖으로 뻗어나가는 여정이다.

성막에서 중요한 곳은 두 곳이다. 성막이 지닌 의미와 그 쓰임새에서 볼 때 성막의 중심은 두 곳, 바로 지성소와 제단이다. 하나님이 이스라엘과 만나시는 곳이 이 두 곳이기 때문이다. 지성소에서는 하나님이 모세와 만나신다(25:22). 제단에서는 하나님이 이스라엘과 만나신다(29:43, 45-46). 하나님과 사람이 나누는 만남이 있다는 점에서, 사람과 하나님이 이루는 소통이 있다는 점에서 성막의 중심은 지성소와 제단이다.

> 거기서 내가 너와 만나고 속죄소 위 곧 증거궤 위에 있는 두 그룹 사이에서 내가 이스라엘 자손을 위하여 네게 명령할 모든 일을 네게 이르리라(25:22)

출애굽기 25:22가 거론하는 "거기서"는 증거궤가 있는 지성소를 말한다. 지성소의 속죄소에서 하나님이 이스라엘 자손을 위한 모든 명령을 모세에게 이르시겠다고 말씀하신다. 지성소는 거룩하다. 하나님이 모세와 만나시기 때문이다. 하나님이 성막의 지성소로 내려오신(!) 뒤부터 모세는 더 이상 시내 산 위로 올라갈 필요가 없게 된다. 하나님이 모세를 성막의 지성소에서 부르시기 때문이다. 그러나 25:22가 말하는 "거기"는 29:42-46가 소개하는 "거기"와 비교해야 한다. 출애굽기 29:42-46이 다루는 "거기"는 하나님께 번제의 제물을 드리는 제단이다. 이 제단은 성막의 뜰에 자리 잡고 있다. 이 제단에서는 하나님이 이스라엘 백성과 만나신다.

> 내가 거기서 이스라엘 자손을 만나리니 내 영광으로 말미암아 회막이 거룩하게 될지라(29:43)

지성소에서 모세와 홀로 만나겠다고 하시던 하나님은 성소 밖 뜰에 있는 제단에서는 이스라엘 자손 모두와 만나겠다고 말씀하신다. 하나님은 제단 위에 예물을 드리는 하나님의 백성과 만나려고 하신다. 지성소에서 모세는 하나님의 보좌 앞에, 속죄의 보좌 앞에 서게 된다. 제단에서 이스라엘은 하나님의 은총을 누리게 된다. 이처럼 하나님을 체험하는 거룩한 장소가 지성소와 제단이라는 점에서 성막의 두 중심은 증거궤(25:10-22)와 제단(27:1-8)으로 모아진다.

25:10-20 지성소에는 증거궤(아론)가 있다(25:10-16). 증거궤는 길이 2.5규빗×폭 1.5규빗×높이 1.5규빗으로 된 나무상자이다. 1규빗을 45cm로 간주한다면 그 크기는 대략 길이 110cm×폭 65cm×높이 65cm 정도이다. 나무로 만들어 그 안팎을 순금으로 입히고 그 둘레에 금테를 두르

고 그 네 모퉁이에 금 고리 네 개를 달아 양쪽을 긴 막대기로 꿰어 메고 다닐 수 있도록 만든다. 증거궤는 "증거판"을 담은 나무상자이다. "증거 판"을 그 안에 보관함으로(25:16, 21) 증거궤는 이스라엘과 언약을 맺으 신 하나님을 증거하게 된다.

"증거판"(하에두트)은 하나님이 이스라엘과 맺은 "언약의 판"이다. 그 래서 언약궤라고도 불린다. 출애굽기 31:18은 하나님이 모세에게 "증거 판"(룩호트 하에두트) 둘을 주셨다고 밝힌다. 이 증거판은 "돌판"(룩호트 에벤)이다(31:18b). 열왕기상 8:9에 따르면 솔로몬의 성전에 안치된 언약 궤에는 "두 돌판 외에 아무것도 없다." 이것은 "이스라엘 자손이 애굽 땅에서 나온 후 여호와께서 저희와 언약을 맺으실 때에 모세가 호렙에 서 그 안에 넣은 것이더라"(왕상 8:9b; 비교, 히 9:4). 증거판이 증거하는 것 은 하나님과 이스라엘이 맺은 언약이다. 히브리어 "에두트"(증거)와 "베 리트"(언약)는 서로 같은 말이다. 시간이 흐르면서 "에두트"는 "베리트"로 대치되었다.[6] 증거판은 무엇을 증거하는가? 하나님과 이스라엘이 맺은 언약을 증거한다. 이스라엘이 하나님의 백성인 것을 증거한다. 하나님이 이스라엘의 주이신 것을 증거한다.

언약궤는 "하나님 보좌의 발판"이다(대상 28:2). "땅에 임한 하늘 성전" (성막)의 보좌에 앉으신 하나님이 그 발을 두시는 곳이다(시 99:5; 132:7). 하나님은 성막에 내려와 거하실 때 하나님이 이스라엘과 맺으신 언약의 증거궤 위에 앉아 계신다. 거기에서 모세와 만나시고 말씀하신다.

> 그들은 조각목으로 궤를 짜되⋯ 내가 네게 줄 증거판을 궤 속에 둘지며 순
> 금으로 속죄소를 만들되⋯ 속죄소를 궤 위에 얹고 내가 네게 줄 증거판을
> 궤 속에 넣으라 거기서 내가 너와 만나고 속죄소 위 곧 증거궤 위에 있는
> 두 그룹 사이에서 내가 이스라엘 자손을 위하여 네게 명령할 모든 일을 네
> 게 이르리라(25:10, 16-17, 21-22)

속죄소(카포렛)는 증거궤를 덮는 위 덮개이다(25:17-22). 증거궤의 뚜껑이기에 그 크기는 증거궤처럼 가로 110cm×세로 65cm 정도이다. 히브리어 "카포렛"은 전통적으로 "속죄소"(mercy seat)로 번역되었다. 헬라어 역 구약성경이 그렇게 번역하였다. "속죄소"는 히브리어 "카포렛"의 뿌리말을 히브리어 동사 "킵페르"와 연관 지어 해석한 결과이다. 이 경우 속죄소는 죄와 허물을 "씻어 주는"(to make expiation) 곳이다. 사람의 죄와 허물이 속함 받는 바로 그곳에서 하나님의 음성을 듣게 된다는 것이다. 허물이 없는 자가 복음을 들을 수 있다. 죄악의 짐에서 벗어난 자가 하나님의 기대를 이룰 수 있다. 하나님의 나라를 유업으로 받는 자는 "주 예수 그리스도의 이름과 우리 하나님의 성령 안에서 씻음과 거룩함과 의롭다 하심을 받은" 자인 것이다(고전 6:11).

그러나 히브리어 "카포렛"은 문자적으로는 그냥 "뚜껑"(cover)이다. 아랍어의 "카파라"처럼 "덮어 주는" 덮개이다.[7] 출애굽기 25:19-20은 이 뚜껑(카포렛)에 날개를 쭉 펴고 마주 서 있는 두 그룹의 형상을 자리 잡게 해서 하나님의 임재를 지키게 한다. "그룹들"은 하나님의 보좌를 지키는 천사들이다(사 6:2-3; 겔 1:6-11, 14-22). 성경에서 그룹이 맨 처음 등장하는 곳은 에덴 동산이다. 에덴 동산에서 추방되는 아담과 하와가 생명나무에 이르지 못하도록 하나님은 에덴 동산 동쪽에 불 칼을 든 그룹들을 두어 생명나무에 이르는 길을 지키게 하셨다(창 3:24). 속죄소의 그룹은 하나님의 임재를 지키는 천사들을 상징한다. 증거궤의 뚜껑을 그룹들이 지키고 있다는 것은 증거궤가 하나님의 보좌인임을 나타낸다. 하나님은 멀리 계시지 않는다. 가까이 계신다. 여기에 계신다. 거룩한 언약을 다짐하는 자리에, 주는 그리스도시요 살아 계신 하나님의 아들이라고 신앙고백을 하는 자리에 주님은 함께하신다. 멀리 계시는 하나님이 아니라 가까이 계시는 하나님이라는 것이다. "거기에서" 하나님은 모세와 만나시리라. "거기에서" 하나님은 모세를 중재자로 삼아 이스라엘에게 말씀을 주시리라.

이스라엘이 신앙공동체인 것은 그들이 "여호와"(야훼) 하나님과 함께하기 때문이다. 이스라엘은 광야여행 중 전쟁에 나설 때(민 10:35-36), 가나안 땅에 들어가고자 요단을 건널 때(수 4-5장), 증거궤와 함께 길을 나서게 된다. 증거궤를 따라 걸어가면서 거친 삶의 자리를 승리의 고백으로 가득 찬 삶의 현장으로 바꾸게 된다. 이스라엘은 가나안 땅에 들어가서 블레셋과 싸울 때에도 증거궤와 함께하고자 했다(삼상 4:4). 그러나 그때에는 이스라엘이 언약백성답지 못했다. 그래서 지고 말았다.

성막의 지성소에 증거궤가 있으므로 성막은 "증거의 성막"(오헬 하에두트)으로 불린다(민 9:15). 광야생활의 필수품은 물과 양식만이 아니다. 성막 위를 덮어주는 구름이 없었다면, 성막 위를 덮었다가 떠오르는 구름이 없었다면 이스라엘 백성은 험하고 험한 그 광야에서 제대로 "행진"할 수 없었다(민 9:16-23). 산다는 것은 나아가는 것이다. 행진하는 것이다. 걷는 것이다. 이 길에는 두 갈래가 있다. 생명에 이르는 길과 사망에 이르는 길이다. 성막의 증거궤는 광야시대의 이스라엘을 생명에 이르는 길로 이끄는 이정표이다. 길이요, 진리요, 생명이신 예수 그리스도는 바로 증거막의 인카네이션이다(요 14:6).

25:21-40 성막에서 두 번째로 거룩한 영역은 성소이다. 이 성소에는 상과 등잔대가 있어야 한다. 상이 먼저 나오는 것은 상이 증거궤에 이어서 두 번째로 거룩한 것이기 때문이다. 그 뒤를 등잔대가 따르고 있다.

상은 성소의 북쪽에 위치한다. 성소에는 진설병을 두는 상이 있다(25:23-30). 상의 규모는 길이 90cm×폭 4cm×높이 68cm 정도이다. 조각목으로 만들어 정금으로 싸고 상 둘레에 손바닥 높이만한 턱을 만들어 금테를 두른다. 그 위에 고운 가루로 만든 떡(진설병, 레헴 파님, the bread of presence)을 두게 된다. 그 상 위에 두 줄로 한 줄에 여섯 개씩 떡이 진설되어 있다. 이 떡은 "거룩한 떡"(레헴 코데쉬)이다(삼상 21:4). 레위기 24:5-9에 의하면 이 상은 하나님 앞에 순결한 상이다. 하나님께 드리는 음식을 나타내기도 하고, 하나님이 주시는 떡을 암시하기도 한다. 음식은 정결해야 한다. 음식을 차리는 사람도 청결해야 한다. 음식을 차리는 상도 정갈해야 한다. 정결, 청결, 정갈함의 은혜가 성소의 상에서 주어지고 있다.

성소의 남쪽에는 등잔대(메노라)가 있다(25:31-40). 등잔대는 기름을 넣어 불을 밝히는 장치이다. "등잔 일곱을 만들어 그 위에 두어 앞을 비추게"(25:37) 하는 장치이다. 등잔대의 가지는 모두 7개인데, 수직으로 세워진 가지를 중심으로 그 좌우에 3개의 가지가 서로 대칭을 이루며 연결되어 있다. 이 7개의 가지는 다음과 같은 모양을 이룬다.

> 그리고 등잔대의 맨 위에 있는 좌우 두 곁가지가 줄기에서 뻗어날 때에는, 밑에서 세 번째에 놓인 꽃받침에서 뻗어나게 하고, 그 아래에 있는 좌우 두 곁가지가 줄기에서 뻗어날 때에는, 밑에서 두 번째에 놓인 꽃받침에서 뻗어나게 하고, 그리고 맨 아래에 있는 좌우 두 곁가지가 줄기에서 뻗어날 때에는, 맨 아래에 놓은 꽃받침에서 뻗어나게 하여, 여섯 곁가지를 줄기와 연결시켜서 한 덩이를 만들어라. 이렇게 등잔대의 줄기에서 좌우로 곁가지가 나오게 하여라(25:35, 새번역)

메노라(등잔대)의 가지는 식물의 모양을 닮았다. 등잔대가 상징하는 것은 척박한 자연환경 속에서도 꿋꿋이 자라나는 나무이거나 풍요와 번영을 주시는 하나님의 능력이다.[8] 등잔대의 불은 이스라엘 가운데 계시는 하나님의 임재를 드러낸다. 선지자 스가랴는 등잔대의 불이 보이지 않는 하나님의 영을 드러내는 표시라고 보았다. "이는 힘으로 되지 아니하며 능력으로 되지 아니하고 오직 나의 영으로 되느니라"(슥 4:6).

메노라의 가지에는 기름을 채우는 잔이 달려 있고 그 잔을 받치는 꽃

받침은 살구꽃 모양을 하고 있다. 살구꽃(솨케드)의 형상은 예레미야를 부르셨던 하나님의 소리에 그 뜻이 담겨 있다. 살구나무는 선지자 예레미야가 보았던 상징이다(렘 1:11-12). 살구나무의 뜻은 깨어 있음이다. 하나님이 예레미야에게 물으신다. "네가 무엇을 보느냐." 예레미야가 대답한다. "내가 살구나무 가지를 보나이다." 예언자는 깨어 있어야 한다. 하나님의 말씀을 맡은 자는 자지 않고 깨어 있어야 한다. 성소의 등잔대가 표방하는 살구나무는 하나님이 항상 깨어서 이스라엘을 지키시고 있다는 뜻이다.

26:1-27:19 출애굽기 26:1-27:19는 성막 꾸미기를 설명한다. 성막을 덮거나 성막에 쓰일 실내외 부속품에 대해서 이야기한다. 먼저는 성막의 휘장덮개 부품에 대해서 이야기하고(26:1-37), 그 다음에는 성막 밖에 있는 제단(27:1-8)을, 마지막으로는 성막에 딸린 뜰(27:9-19)에 대해서 이야기한다.

성막의 휘장과 덮개는 실과 가죽으로 만든다. 실로 짜서 성막 밖에 거는 휘장(26:1-6), 염소 털로 만들어 성막을 덮게 되는 휘장(26:7-13), 숫양의 가죽과 해달의 가죽으로 만드는 성막의 덮개가 여기에 소개된다(26:14). 뒤를 이어 나무로 만드는 성막의 부품들이 소개되는데 여기에는 조각목으로 만드는 널판(26:15-25)과 조각목으로 만드는 가로다지(26:26-30)가 있다. 그리고 나서 실로 짜서 지성소와 성소를 구분하는 데 쓰일 휘장(26:31-35)과 성막 문으로 쓰일 휘장(26:36-37)이 소개된다.

지성소와 성소를 가르는 휘장은 히브리어로 "파로케트"이다(26:31-35). 반면 성(聖)과 속(俗)을 구분하는 성막 문 휘장은 히브리어로 "마사크"이다(26:36-37). "마사크" 밖은 세속이다. "마사크" 안은 거룩한 땅이다. "파로케트"는 성막의 지성소와 성소를 구분하는 휘장이다. "파로케트"의 안쪽에는 지성소가 있고 그 바깥쪽에는 성소가 있다.

그 휘장을 갈고리 아래에 늘어뜨린 후에 증거궤를 그 휘장 안에 들여놓으
라 그 휘장이 너희를 위하여 성소와 지성소를 구분하리라 너는 지성소에
있는 증거궤 위에 속죄소를 두고 그 휘장 바깥 북쪽에 상을 놓고 남쪽에
등잔대를 놓아 상과 마주하게 할지며(26:33-35)

휘장(파로케트) 안 지성소에는 증거궤와 속죄소를 두게 된다. 휘장 밖
성소에는 상과 등잔대와 분향단을 두게 된다. "파로케트"는 하나님의
공간과 사람의 영역을 구분하는 창공(궁창)과도 같은 역할을 한다. 창공
위의 하늘과 창공 아래의 땅처럼 "파로케트"는 성막의 지성소와 성소를
구분 짓고 있다.

성막 밖에는 길이 2.25m×넓이 2.25m×높이 1.35m 정도 되는 제단(미
쯔베아흐)이 있다(27:1-8). 제단은 희생제물로 드리는 예물을 태우는 곳
이다. 조각목으로 만든 뒤 겉에는 불에 타지 않도록 놋으로 덧씌우게 된
다. 이 제단과 달리 성소 안에 있는 분향단은 금으로 덧씌운 단이다. 이
런 차이는 분향단은 성소 안에 있고, 제단은 성소 밖에 있기 때문에 생겼
다. 제단의 복판에는 놋으로 만든 그물 모양의 석쇠를 두게 된다. 석쇠 위
로는 제물을 올려놓고 태우면서도 그 아래로는 떨어지는 재를 담으라는
것이다. 제단의 네 모퉁이에는 놋 뿔을 하나씩 만들어 붙이고, 제단 양
옆에는 고리를 두어 운반용 채로 꿰어 나를 수 있게 한다.

출애굽의 목적은 광야로 사흘 길쯤 들어가서 하나님께 제사를 드리
고자 하는 데 있었다(8:27). 모세는 아말렉과 싸워 이긴 뒤 제단을 쌓았
다. 그러나 제물을 드렸다는 기록은 나오지 않는다(17:15). 모세의 장인
이드로는 애굽을 나온 모세가 하나님의 산에 이르러 장막을 치자(18:5)
번제물과 희생제물을 하나님께로 가져와서 드리게 된다(18:12). 그러나
이드로가 제단을 쌓았다는 언급은 없다. 모세가 제단을 쌓고 제단 위에
서 번제를 드리게 된 때는 시내 산에서 하나님과 이스라엘이 언약을 맺

는 예식을 거행할 때이다(24:4-5). 하나님께 제단을 쌓음으로, 하나님께 제물을 태워 드림으로 모세가 품었던 출애굽의 소망은 드디어 현실이 되었다. 모세가 제단을 쌓고 번제를 드렸다는 것은 이스라엘이 비로소 하나님께 예배하는 사람으로 다듬어졌다는 것을 뜻한다. 예배는 출애굽의 시작이자 출애굽의 완성이다.

> 너는 조각목으로 길이가 다섯 규빗, 너비가 다섯 규빗의 제단을 만들되 네 모반듯하게 하며 높이는 삼 규빗으로 하고… 제단은 널판으로 속이 비게 만들되 산에서 네게 보인 대로 그들이 만들게 하라(27:1, 8)

처음에 제단은 흙으로 쌓고, 다듬지 않은 돌로 쌓은, 층계가 없는 모습이었다(20:25-26). 성막이 세워지면서 제단은 조각목으로 만들어서 그 위에 놋을 덧씌운 형태로 달라진다. 이 모습은 모세가 시내 산에 강림한 하늘 성전에서 보았던 형태를 따른 것이다. "산에서 네게 보인 대로!"(27:8) 성막의 제단은 시내 산에 강림한 하늘 성전에서 모세가 보았던 제단대로 지어지게 된다. 이런 토대에서 초대교회의 순교자 스데반은 성막(증거의 장막)은 시내 산 꼭대기에 임하신 하나님이 모세에게 말씀하신 모형을 따른 것이라고 힘주어 외친다(행 7:44). 하나님은 사람들의 손으로 짓는 집에 계시지 않는다. 이 믿음은 신약의 히브리서에서 사람 손으로 만들어지지 않은, 그리스도가 다스리시는 완전한 성막을 고대하는 믿음으로 뻗어나간다(히 9:11-12).

성막 건축은 성막 뜰 울타리를 만들어 세우는 것으로 마감된다(27:9-19). 울타리 뜰의 넓이는 북쪽과 남쪽이 각각 45.7m, 서쪽과 동쪽이 각각 22.9m로 대략 1.045㎡(316평) 정도이다. 울타리 사방의 각 면마다 20개의 기둥과 20개의 받침이 있어서 울타리를 떠받치게 된다. 울타리의 사방에는 또 세마포 휘장을 쳐서 세속의 공간과 거룩한 공간을 구분하는 표지로 삼는다. 그리고 그 울타리의 동쪽에 뜰 문을 만들어 놓는다.

뜰 문을 위하여는 청색 자식 홍색 실과 가늘게 꼰 베 실로 수 놓아 짠 스무 규빗의 휘장이 있게 할지니 그 기둥이 넷이요 받침이 넷이며(27:16)

성막문에 들어서면 마주보이는 서쪽 방면에 제단이 보이고, 그 너머에 성소와 지성소가 있는 성막이 보인다. 성막문에서 보면 제단 - 성소 - 지성소가 일직선으로 놓여 있다. 이것은 하나님의 사람은 누구나 자신을 제물로 드림으로써 하나님께 나아간다는 것을 암시한다. 하나님의 말씀을 들으려는 자는 누구나 먼저 제단을 거쳐야 한다. 제단 위에 드려지는 희생과 헌신을 통해야만 이스라엘은 하나님의 임재에 이르게 된다.

출 27:20-31:11
성막 건축의 청사진, 회막이라는 쓰임새

출애굽기 27:20-31:11은 회막 섬기기를 다룬다. 앞에서 다룬 출애굽기 25:10-27:19가 하나님의 거처를 짓는(construction) 이야기라면, 27:20-31:11는 하나님의 거처를 섬기는(service) 이야기이다. 27:20부터 하나님의 성소는 회막이라는 이름으로 불린다. 성막을 회막으로 부르면서 27:20-31:11은 회막을 섬기는 방식에 대해서 다룬다. 앞에서 다룬 25:10-27:19가 하나님의 성소를 시종일관 성막으로 불렀다면, 27:20-31:11에서는 하나님의 성소를 줄곧 회막으로 부른다.

성막은 땅에 임한 하늘 성전을 하나님의 임재라는 관점에서 부르는 명칭이다. 회막은 성막에서 진행되는 예식에 참여하는 사람들의 관점에서 불리는 명칭이다.[9] 성막이란 용어에는 하나님의 시선이, 회막이란 명칭에는 사람들의 경험이 배여 있다.[10] 사람이 하나님이 계시는 성소에 들어서면 성소는 성막이기보다는 회막이 된다. 하나님이 찾아오는 사람들을 만나 주시기 때문이다. 회막이라는 말에는 하나님과 사람의 만남이 일어나는 장소라는 뜻이 서려 있다. 예배가 진행되는 곳, 예배를 위해 살아가는 사람들이 있는 곳, 그곳이 바로 회막이다.

출애굽기 27:20-31:11은 회막을 섬기는 사람들에 대한 말씀이다. 이 말씀은 회막을 섬기는 사람들이 누구인가라는 점에서 크게 세 단락으로 나눠 살필 수 있다.[11] 첫 번째 단락(27:20-21)은 회막에 등불을 항상 켜두기 위해서 이스라엘 자손이 감당해야 할 책임을 다룬다. 두 번째 단락(28:1-30:38)은 회막에서 하나님을 섬기는 자들로 위임받는 아론의 자손 제사장들에 대해서 다룬다. 세 번째 단락(31:1-11)은 회막 기구를 짓는 일에 부름 받은 브살렐과 오홀리압이 시행해야 할 과업에 대해서 다룬다.

본문의 소재는 셋으로 구분되지만, 출애굽기 27:20-31:11을 전반적으로 이끌어가는 주제는 제사장이다. 27:20-31:11에서 두드러지게 반복되는 용어는 "아론과 그의 아들들"(27:21; 28:1, 4, 40, 43; 29:4, 9, 10, 15, 19, 21, 24, 27, 28, 29, 32, 35, 44; 30:19, 30; 31:10)이거나 "아론"이다(28:2, 3, 4, 12, 29, 30, 35, 38, 41; 29:5, 26; 30:7, 10). "아론과 그의 아들들"은 "아론의 자손 제사장"(Aaronide Priesthood, 또는 Aaronites)을 가리키는 명칭이다. 즉 27:20-31:11은 이스라엘 자손이 아론과 그의 아들들을 위하여 해야 하는 일이 무엇인지를 밝힌 후(27:20-21), 이스라엘 자손을 위하여 세워지는 제사장 직제에 대해서 말한 다음(28:1-30:38), 아론과 그의 아들들을 위하여 회막을 짓는 사람들에 대하여 설명하고 있다(31:1-11).

27:20-21 회막 섬기기의 첫 대목은 등불 관리이다. 성막이 회막으로 불리게 되면서, 회막에서 하나님이 이스라엘과 만나시는 은혜의 장(場)이 펼쳐지게 되면서, 회막 안의 등불 관리는 회막 섬기기의 들머리에 해당된다. 아론의 자손 제사장에게는 무엇보다도 "회막 안 증거궤 앞 휘장

밖에서 저녁부터 아침까지 항상 여호와 앞에 그 등불을 보살피는” 사명
이 주어졌다. 그것을 위해서 이스라엘 자손은 “감람으로 짠 순수한 기름
을” 봉헌해야 한다.

> 너는 또 이스라엘 자손에게 명령하여 감람으로 짠 순수한 기름을 등불을
> 위하여 네게로 가져오게 하고 끊이지 않게 등불을 켜되 아론과 그의 아들
> 들로 회막 안 증거궤 앞 휘장 밖에서 저녁부터 아침까지 항상 여호와 앞에
> 그 등불을 보살피게 하라 이는 이스라엘 자손이 대대로 지킬 규례이니라
> (27:20-21)

이스라엘 자손은 회막에 기름이 끊이지 않도록 공급해야 한다. 출
애굽기 27:20-21이 말하는 것은 성소의 등잔대에 대한 설명이 아니다
(25:31-40). 27:20-21이 다루는 것은 등잔대를 위한 예식(rituals)이다. 등
잔대에 공급해야 할 기름 이야기이다. 등잔대에 늘 불을 밝히기 위해서
는 이스라엘 자손이 “올리브를 찧어서 짜낸 깨끗한 기름”(27:20, 새번역)
을 끊임없이 제공해야 된다는 이야기이다. 제사장이 회막에서 감당해야
할 사역에 필요한 기름은 이스라엘 자손이 공급해야 된다는 것이다.

하나님의 임재를 계속 밝히기 위해서는 하나님의 백성들이 바치는 기
름이 있어야 한다. 하나님의 말씀이 온 누리에 빛처럼 드러나기 위해서는
신앙공동체가 순결하고 순수한 기름이 되어야 한다. 시온의 영광이 빛처
럼 온 누리를 밝히기 위해서는 시온에 거주하는 이스라엘이 순결한 백
성으로 회복되어야 한다(사 60:1-3, 17-22).

똑똑한 교인들이 많다고 해서, 돈 많은 그리스도인이 많다고 해서 하
나님의 교회가 빛을 발하는 것은 아니다. 교회가 빛을 내는 등불이 되기
위해서는 기름을 짜는 교인들이 있어야 한다. 아니 기름처럼 쓰이는 교
인들이 있어야 한다. 성소를 밝히는 생명의 불이 꺼지지 않도록 기름을

짜기 위해서 겟세마네로 오르는 교인들이 있어야 한다.[12] 겟세마네는 기름을 짜는 곳이다. 예수님은 겟세마네에 오르셔서 힘쓰고 애써 간절히 기도하셨다(눅 22:44). 하나님은 애쓰고 기도하는 예수님을 위해서 천사를 보내어서 도우셨다(눅 22:43). 그런 기도가 있고 난 뒤에야 예수님은 "비아 돌로로사"(Via Dolorosa, 십자가의 길)로 향하는 여정에 오르셨다. 기름이 있어야 등불은 켜진다. 기름이 있어야 등잔대는 밝아진다.

28:1-43 회막에는 제사장이 있어야 한다. 제사장은 아론과 그의 아들들이다. 출애굽기 28:1-30:38에서 하나님은 아론과 그의 아들들로 하여금 하나님을 섬기는 제사장 직책을 수행하도록 지시한다. 아론의 자손 제사장이 이스라엘 종교의 제사장으로 위임된다는 것이다. 제사장은 성막이 회막의 기능을 하도록 수고하는 사람이다.[13] 제사장이 있기에 성막은 회막이 된다. 출애굽기 28:1-30:38이 다루는 제사장 위임에 관한 말씀은 제사장이 입고 걸치는 거룩한 예복(출 28장) → 그 거룩한 옷을 입고 가지게 되는 위임식(출 29장) → 이스라엘 자손을 위해서 중재자의 사역을 감당하는 제사장의 예식(rituals/ 출 30장) 순서로 전개된다.[14] 이것은 마치 성막이 지성소 → 성소 → 뜰로 이루어져 있는 모습과 비슷하다.

제사장은 구별된 사람이다. 이스라엘 자손 가운데서 하나님을 섬기기 위하여 구별된 자들이다. 예언자는 하나님의 영에 붙들린 자이다. 제사장은 사람들 가운데서 구별된 자이다. 예언자의 카리스마는 그를 하나님의 사람으로 세우게 한 하나님의 영에 있다. 제사장의 카리스마는 그를 하나님의 사람이 되게 위해서 하나님이 입혀 주시는 "옷"에 있다. 제사장은 제사장의 옷을 입은 사람이다.

출애굽기 28:1-43에서 제사장직은 아론과 그의 아들들에게 부여된 특별한 사명이다. 제사장은 회막을 섬기는 사람이다. 회막에서 하나님을 섬기는 사람이다. 하나님을 섬기는 사역을 감당하기 위해서 제사장은 하나님이 입혀주시는 옷을 입어야 한다. 28:1-43에서 중요한 것은 제사장의 옷이다. 제사장이 입을 "거룩한 옷"이다. 대제사장이 입어야 할 옷은 모두 8가지이다(28:4, 31, 36). 일반 제사장이 입어야 할 옷은 그 절반인 4가지이다(28:40, 42). 제사장이 제사장의 직책을 수행하기 위해서 입어야 할 옷에 비해서 제사장의 발은 맨발이다. 제사장은 발에 아무것도 신을 수가 없다(비교, 3:5).

> 너는 이스라엘 자손 중 네 형 아론과 그의 아들들 곧 아론과 아론의 아들들 나답과 아비후와 엘르아살과 이다말을 그와 함께 네게로 나아오게 하여 나를 섬기는 제사장 직분을 행하게 하되 네 형 아론을 위하여 거룩한 옷을 지어 영화롭고 아름답게 할지니 너는 무릇 마음에 지혜 있는 모든 자 곧 내가 지혜로운 영으로 채운 자들에게 말하여 아론의 옷을 지어 그를 거룩하게 하여 내게 제사장 직분을 행하게 하라(28:1-3)

하나님을 섬기는 제사장 일을 맡은 자들에게는 "거룩한 옷"(비그데 코데쉬)을 지어 입혀야 한다. 아론과 그의 아들들에게 "거룩한 옷"을 지어 입혀서 그들이 하나님 앞에서 제사장 직분을 수행하게 해야 한다(28:2, 4). "거룩한 옷"은 제사장직을 맡은 사람을 보통 사람들과 구별하는 장치이다. 헬라어 역 구약성경은 이 "비그데 코데쉬"를 "거룩한 스톨"(스톨렌 하기온)로 번역하였다. 거룩한 예복(holy stoles)을 입는 사람들! 본문의 강조는 거룩한 옷을 입는 사람(제사장)보다는 제사장이 입어야 할 거룩한 옷에 있다.

출애굽기 28:4-5는 아론(대제사장)이 입어야 할 의복으로 우선 6가지를 소개한다. 흉패(가슴받이), 에봇, 겉옷, 반포 속옷(줄무늬 속옷), 관, 띠(28:4). 여기에 에봇 받침(에봇에 딸린 겉옷, 28:31)과 패(28:36)가 첨부되면 대제사장 아론이 입어야 할 의복은 모두 8가지가 된다. 이런 배경에서 출애굽기 28:6-39이 다루는 "아론의 옷"도 8가지이다. 에봇(28:6-14), 흉패(가슴받이, 28:15-30), 겉옷(28:31-35), 에봇 받침 겉옷(에봇에 딸린 겉옷, 28:31-35), 패(28:36-38), 반포 속옷(줄무늬 속옷, 28:39), 관(28:39), 띠(허리띠, 28:39). 이에 비해 출애굽기 28:40-42는 아론의 아들이 입게 되는 옷 4가지를 설명한다. 아론의 아들들이 입게 될 예복은 속옷·띠·관(28:40)과 속바지이다(28:42).

제사장 아론이 입어야 할 예복 중에서 주목할 것은 에봇과 흉패이다(28:6-14, 15-30). 출애굽기 28장이 설명하는 제사장의 예복 중에서 가장 길게 소개하고 있다. 에봇은 증거궤처럼 "금 실과 청색 자색 홍색 실과 가늘게 꼰 베 실"로 짜서 만들어야 한다. 흉패도 에봇 짜는 방법으로 만들어야 한다. 에봇과 흉패는 하나님을 위하여 이스라엘을 기억하게 하는 제복이다.

> 그것(에봇)에 어깨받이 둘을 달아 그 두 끝을 이어지게 하고… 호마노 두 개를 가져다가 그 위에 이스라엘 아들들의 이름을 새기되… 그 두 보석을 에봇의 두 어깨받이에 붙여 이스라엘 아들들의 기념 보석을 삼되 아론이 여호와 앞에서 그들의 이름을 그 두 어깨에 메워서 기념이 되게 할지며 (28:7, 9, 12)

> 아론이 성소에 들어갈 때에는 이스라엘 아들들의 이름을 기록한 이 판결 흉패를 가슴에 붙여 여호와 앞에 영원한 기념을 삼을 것이니라 너는 우림과 둠밈을 판결 흉패 안에 넣어 아론이 여호와 앞에 들어갈 때에 그의 가슴에 붙이게 하라 아론은 여호와 앞에서 이스라엘 자손의 흉패를 항상 그의 가슴에 붙일지니라 (28:29-30)

에봇은 대제사장이 하나님께 예배할 때 겉옷에 걸치는 일종의 에프론

(apron)이다(참조, 삿 8:27; 삼상 2:18, 28; 14:3; 21:9). 에봇에서 눈에 띄는 것은 에봇의 두 어깨받이(멜빵)이다. 거기에는 이스라엘의 열두 아들들의 이름이 각각 여섯 개씩 새겨진 두 보석(호마노)이 달려 있다. 에봇에 달린 보석은 하나님을 위하여 달고 다니는 "기념물"(지카론)이다. 아론이 성소에 들어가 하나님의 임재 앞에 설 때 하나님은 아론의 어깨에 달린 기념보석(이스라엘 자손의 이름이 새겨진 보석)을 보고서 이스라엘 자손을 기억하게 된다는 것이다. 하나님 앞에서 이스라엘을 기억하게 하는 장치라는 점에서 대제사장의 두 어깨에 메어 있는 기념보석은 이스라엘과 하나님이 맺은 언약을 상기시키는 도구에 해당된다. 에봇을 입고 하나님 앞에 서는 제사장은 이스라엘이 하나님의 백성이라는 것을 상기시키는 예식을 거행하게 된다는 것이다.

에봇에 이어 제사장이 입어야 할 거룩한 예복에는 "흉패" 또는 "판결 흉패"(판결 가슴받이)가 있다(28:15-30). "흉패"(호쉔, 28:22, 23, 24, 26, 28)나 "판결흉패"(호쉔 미쉬파트, 28:15, 29-30)도 에봇처럼 하나님 앞에서 이스라엘을 기억하게 하는 장치이다. 에봇과 달리 이 흉패에는 우림과 둠밈을 넣어 두어 하나님의 뜻을 묻고 구하는 일을 수행하게 된다(참조, 민 27:21; 신 33:8; 삼상 28:6).

여기에서 주목할 것은 하나님으로 하여금 이스라엘의 열두 자손을 기억하게 하는 예복을 대제사장이 걸쳐야 한다는 점이다. 이스라엘로 하여금 하나님을 기억하게 하는 것이 아니다. 하나님으로 하여금 이스라엘을 기억하게 하는 것이다. 이스라엘이 하나님의 백성일 수 있는 것은 순전히 하나님의 은총이다. 하나님이 베푸시는 구원의 은혜가 앞서 역사(役事)하였기에 이스라엘은 하나님의 백성의 자리를 누릴 수 있었다는 것이다.

제사장이 입어야 할 "거룩한 옷"은 하나님 앞에서 입는 옷이다. 하나님 앞에서 이스라엘의 열두 지파를 기억하게 하는 옷이다. 하나님으로 하여금 이스라엘을 잊지 않게 하려는 예식이다. 이스라엘의 이름을 기

억하게 하는 예복이 제사장의 가슴에 붙어 있다는 점에 주목해야 한다
(28:30). 하나님의 뜻을 구하는 우림과 둠밈은 다른 곳이 아닌 제사장의
가슴에 달린 흉패에 넣어두어야 한다. 제사장은 그가 섬기는 하나님을
향해서 이스라엘 자손의 이름을 그 가슴에 품고 있어야 한다. 그런 거룩
한 옷을 입어야만 제사장은 회막에서 하나님을 섬기는 일을 수행할 수
있다. 그렇게 거룩한 옷을 입혀야만 아론과 그의 아들들은 하나님 앞에
서 제사장의 직책을 감당할 수 있다. 아론이 세상을 떠나게 될 때 모세는
아론의 옷을 벗겨서 그의 아들 엘르아살에게 입혔다(민 20:26).

제사장이 입어야 하는 예복은 그 자신을 위험으로부터 보호하는 장치
이기도 하다. 하나님의 거룩함 앞에 서는 자는 누구나 마주해야 하는 거
룩함 까닭에 죽음에 이를 수도 있다. 제사장이 입는 "거룩한 옷"은 하나
님의 거룩함에 다가가는 사람이 당할 수도 있는 위험(죽음)을 보호하기
위한 장치이기도 하다. "아론과 그의 아들들이 회막에 들어갈 때에나 제
단에 가까이 하여 거룩한 곳에서 섬길 때에 그것들을 입어야 죄를 짊어
진 채 죽지 아니하리니 그와 그의 후손이 영원히 지킬 규례니라"(28:43).

29:1-46 출애굽기 29:1a는 "네가 그들에게 나를 섬길 제사장 직분을
위임하여 그들을 거룩하게 할 일은 이러하니"로 시작한다. 새번역은 이
것을 "나를 섬기는 제사장을 거룩히 구별하여 세우는 절차는 이러하다."
로 옮겼다. 29:1a의 히브리어 "핫다바르"는 "일"도 되고 "절차"도 되고
"말씀"도 된다. 아론과 그의 아들들을 하나님 앞에서 하나님을 섬기는
자로 세우는 절차를 밟게 하라고 하나님이 말씀하셨다는 것이다. 이런
까닭에 제사장 위임식을 소개하는 레위기 8장은 출애굽기 29장을 하나
님이 내리신 명령으로 이해해서 "여호와께서 행하라고 명령하신 것이 이
러하니라"(레 8:5)로 소개하고 있다.

출애굽기 29:1a에서 눈여겨보아야 할 것은 두 가지이다. "나를 섬길 제

사장 직분"(레카헨 리)과 "그들을 거룩하게 할 일"(레카데쉬 오탐). 본문이 관심하는 것은 아론과 그의 아들들을 "제사장으로 하나님을 섬기게 하려는"(레카헨) 예식이다. 본문은 "제사장"(코헨)이란 말을 명사가 아니라 동사(카헨) 형태로 사용하고 있다. 아론의 아들들이라고 해서 그냥 제사장 자리에 앉히는 것이 아니다. 아론과 그의 아들들이 제사장이 되도록 세우는 것이다. 이름뿐인 하나님의 사람이어서는 안 된다. 명목상 기독교인이어서는 안 된다. 하나님의 사람다운 구실을 해야 한다. 기독교인다운 삶을 수행해야 한다. 그렇게 되기 위해서는 "거룩해지는"(레카데쉬) 여정에 들어서야 한다. 성화(성화)의 여정에 들어서야 한다. 그렇게 되기 위해서는 무엇보다도 "구별되어야"(레카데쉬) 한다.

출애굽기 29:1a에 이어 소개되는 절차(29:1b-41)는 아론과 그의 아들들을 "거룩하게" 하는 예식이다. 아론과 그의 아들들을 일상적인 사람들과 구별해서 초일상을 사는 자로 세우는 예식이다. 세속에 매여 사는 자가 아니라 성소에 붙들려 사는 자로 세우는 예식이다. 이 절차는 모두 예배로 채워진다. 예배는 거룩함에 이르는 길이다. 하나님의 사람이 되는 첫 대목은 예배이다. 하나님의 사람으로 익어가는 과정은 예배이다. 모세가 아론과 그의 아들들에게 거룩한 옷을 입힌 것(28장)은 그들을 하나님을 섬기는 제사장으로 이스라엘 회중 앞에 세우기 위해서다. 아니 사람들 앞에 서기 전에 먼저 하나님 앞에 서야 한다. 회중 앞에 서기 전에 먼저 하나님 앞에 바로 서야 한다. 아론이라고 해서 저절로 제사장이 되는 것은 아니다. 아론의 아들이라고 해서 저절로 거룩한 자의 반열에 들어서는 것은 아니다. 하나님 앞에서, 하나님을 향해서, 하나님을 위해서 쓰임 받는 길을 걷고 또 걸어야 한다. "비잉"(being)이 아니라 "비커밍" (becoming)이다. 모태신앙으로 태어났다고 해서 그냥 하나님의 사람으로 난 것은 아니다. 하나님의 사람은 하나님의 사람으로 태어난 것이 아니라 하나님의 사람으로 되는 것이다.

모세가 아론과 그 아들들을 제사장으로 세우는 절차는 한 마리 수송아지, 두 마리 숫양, 고운 밀가루로 만든 "무교병과 기름 섞인 무교과자와 기름 바른 무교전병"을 준비하는 것으로 시작한다(29:1b-3). 제물 준비에 이어 아론과 그의 아들들을 제사장으로 세우는 예식은 모두 네 단계로 진행된다. 첫 번째 단계는 거룩한 예복을 입히는 일이다(29:4-9). 아론과 그의 아들들을 회막 문으로 데려다가 씻기고 입히고 띠를 띠우고 관을 씌워서 그들이 제사장의 직분을 맡게 될 자임을 공표한다. 아론에게는 "관유를 가져다가 그의 머리 위에 부어" 바른다(29:7; 비교, 28:41).

> 아론과 그의 아들들에게 띠를 띠우며 관을 씌워 그들에게 제사장의 직분을 맡겨 영원한 규례가 되게 하라 너는 이같이 아론과 그의 아들들에게 위임하여 거룩하게 할지니라(29:9)

"너는 이같이 아론과 그의 아들들에게 위임하여 거룩하게 할지니라!" 문자적으로는 "너는 아론의 손과 그의 아들들의 손을 채워야 할 것이다"(우밀레트 야드 아하론 베야드 바나브). 손을 채우는 것으로 제사장의 직무가 개시된다. 손에 들린 것이 무엇인지에 따라서 그 사람의 됨됨이가 드러난다.

제사장 위임식의 두 번째 순서는 수송아지 한 마리로 하나님께 속죄제를 드리는 일이다(29:10-14). 속죄제(핫타아트)는 사람의 죄·허물·부정 탓에 더러워진 제단을 정결하게 하는 기능을 한다. 제사장 위임식에서 강조되는 것은 일주일 간 진행되는 위임식 예식에서 매일 속죄제를 드리는 일이다. 속죄제를 왜 드리는가? 제단을 거룩하게 하기 위해서다.

> …이레 동안 위임식을 행하되 매일 수송아지 하나로 속죄하기 위하여 속죄제를 드리며 또 제단을 위하여 속죄하여 깨끗하게 하고 그것에 기름을

부어 거룩하게 하라… 그리하면 지극히 거룩한 제단이 되리니 제단에 접촉하는 모든 것이 거룩하리라(29:35-37)

제사장의 섬김은 무엇보다도 섬김의 자리가 거룩하게 되는 일에서 드러난다. 섬김의 자리에서 하나님의 영광이 드러나게 하라. 그러기 위해서는 섬기는 자가 죄·허물·부정·악에서 벗어난 자가 되어야 한다. 속죄 받음의 감격이 있어야 한다. 정결함의 감동이 주어져야 한다.

세 번째 순서는 숫양 한 마리로 번제(올라)를 드리는 일이다(29:15-18). 번제는 제단 위에서 제물을 전부 태워드리는 방식으로 제물을 드리는 자가 하나님과 온전히 나누는 소통방식이다. 번제를 가리켜 "향기로운 냄새"(29:18)라고 부르는 까닭이 이것이다. 하나님과 제사장의 사귐이 향기로워야 한다. 사람과 하나님의 소통이 향기로워야 한다. 번제가 그런 소통의 도구이다. 제물을 드리는 자가 자신을 전적으로 하나님에게 위탁하는 헌신을 체험함으로 그의 제단은 하나님을 기쁘시게 하는 단이 된다.

네 번째 순서는 또 다른 숫양 한 마리로 위임식 제사(엘 밀루임)를 드리는 일이다(29:19-34). 이 위임식 제사는 하나님과 함께 나누는 식탁교제를 포함하기에 긴 설명이 첨부된다. 위임식 순서에 등장하는 속죄제, 번제, 위임식 제사는 모두 동일한 순서를 밟는다. 첫째, 제물로 드리는 짐승을 회막 앞으로 끌어와야 한다. 둘째, 제사장은 그 제물의 머리에 안수한다. 셋째, 제물을 잡은 다음, 넷째, 제물의 피를 제단 뿔에 바르고 제단 밑에 쏟거나(속죄제), 제단 주위에 뿌리는(번제) 예식을 갖는다. 다섯째, 그러고 나서 제물을 제단 위에 불사른다. 이때 위임식 제사는 제물의 피를 제단 주위만이 아닌 아론과 그의 아들들의 옷에다가 뿌린다는 점에서 차이가 난다. 위임식 제물로 드리는 숫양의 피는 아론과 그의 아들들의 오른쪽 귓부리, 오른손 엄지, 오른발 엄지에 바르고 그들 옷 위에 관유(거룩하게 하는 기름)와 함께 뿌려야 한다(29:21). 이런 예식을 통해서 제사장은 하나님 앞에 설 수 있다. 제물의 피를 사람의 몸에 뿌리는 의식은 시내 산 위에서도 있었다. 모세가 제물의 피를 이스라엘 자손의 옷에 뿌림으로 이스라엘은 하나님과 언약을 맺는 자리에 들어서게 되었고, 하나님 앞에서 음식을 나누어 먹는 감격을 누렸다(24:9-11).

위임식 제사는 제물로 잡은 숫양의 내장 부분과 세 종류의 무교병을 제사장이 손에 들고 하나님께 "요제"(테누파, 엘리베이션 어퍼링)로 삼아 번제물 위에 더하여 불사른다는 점에서 특이하다(29:22-26). "요제"는 제물을 높이 들어 보이면서 하나님께 바치는 제사이다. 새번역은 이 요제를 "주 앞에 흔들어 바치는 제물"로 번역하였다. 요제에 이어 위임식 제물로 드리는 숫양의 가슴과 넓적다리는 제사장 몫이 되고(29:27-28), 제사장 위임식 때 드린 숫양의 살코기는 무교병과 함께 회막 문에서 먹게 된다.

위임식 제사는 화목제의 일종이다(29:28). 위임식 제사는 "제물을 음식으로 나누어 먹는 예식"(ritual meal)에서 절정에 이른다(29:31-34). 이렇게 진행되는 위임식 절차는 전 순서가 끝나기까지 모두 일주일이 걸린다(29:35). 이 기간 동안 수송아지를 제물로 삼아 드리는 속죄제를 매일 드려야 하고(29:36-37), 거기에 더하여 두 마리 어린 양으로 하나는 아침에, 다른 하나는 저녁에 드리는 번제를 회막 문에서 매일 드려야 한다(29:38-42).

아론 한 사람이 대제사장으로 세워지기까지에는 이스라엘이 감당하는 값비싼 헌신이 동반되어야 한다. 이스라엘이 값으로 환산할 수 없는 희생과 헌신이 동반되고 나서야 아론은 제사장으로서 하나님 앞에 설 수가 있다. 사람들 앞에 나설 수가 있다. 출애굽기 29:4-41은 제사장 위임식이 속죄제 – 번제 – 위임식 – 화목제 순으로 진행되어야 한다고 다짐하고 있다. 이런 예배순서(liturgy)는 자못 의도적이다. 속죄제로 제단을 정결하게 하고, 번제로 하나님께 기도한 뒤, 화목제로 하나님과 제사장이 하나님께서 차리신 식탁에서 음식을 나누는 교제를 나눈다는 것이다.[15] 이런 정성이 깃든 위임식 예식으로 제사장과 제사장의 의복, 제단과 제단에 닿는 것이 거룩해지게 된다(29:21, 37). 그럴 때 하나님은 그런 제단에서 이스라엘과 만나시고 이스라엘에게 말씀하시게 될 것이다.

> 내가 거기서 이스라엘 자손을 만나리니 내 영광으로 말미암아 회막이 거룩하게 될지라 내가 그 회막과 제단을 거룩하게 하며 아론과 그의 아들들도 거룩하게 하여 내게 제사장 직분을 행하게 하며 내가 이스라엘 자손 중에 거하여 그들의 하나님이 되리니 그들은 내가 그들의 하나님 여호와로서 그들 중에 거하려고 그들을 애굽 땅에서 인도하여 낸 줄을 알리라 나는 그들의 하나님 여호와니라(29:43-46)

30:1-38 출애굽기 30:1-38은 제사장이 회막에서 수행하는 "중보 사역 예식"(rituals of mediation)을 다룬다.[16] 이 단락이 속한 출애굽기 27:20-31:11에서 보면 제사장은 회막에 딸린 기구들 가운데 하나로 간주된다. 제사장은 "회막 봉사"(30:16)를 위해서 세워진 존재이다. 30:1-38은 이런 제사장을 위한 회막의 기구들을 후기(appendix) 형식으로 소개한다. 회막 봉사에 쓰일 사람을 먼저 소개하고 난 뒤 그 사람에게 필요한 것들을 부차적으로 소개하고 있다. 여기에 소개된 기구들은 모두 회막을 관리하고 유지하는 예식에 동원되는 장치들이다. 30:1-38은 아론과 그의 아들들이 중보사역을 감당할 수 있도록 돕는 제의 물품(cultic objects)을 소개하고 있다.

제사장의 회막 섬기기에서 맨 먼저 주목해야 할 것은 분향단이다(30:1-11). 분향단("미즈베아흐 미크타르 케토레트," 또는 "미즈베아흐 하케토레트")은 성막의 성소 안에 두는데, 그 크기는 가로, 세로, 높이가 45cm×45cm×90cm 정도이다. 분향단은 조각목으로 만들어 금으로 싸서 입힌 작은 상이다. 이 분향단에서 아론은 날마다 아침 저녁으로 향을 살라야 한다.

그 제단을 증거궤 위 곧 속죄소 맞은편 곧 증거궤 앞에 있는 휘장 밖에 두
라 그 속죄소는 내가 너와 만날 곳이며 아론이 아침마다 그 위에 향기로운
향을 사르되 등불을 손질할 때에 사를지며 또 저녁 때 등불을 켤 때에 사
를지니 이 향은 너희가 대대로 여호와 앞에 끊지 못할지며(30:6-7)

분향단은 "증거궤 위 곧 속죄소 맞은편 곧 증거궤 앞에 있는 휘장 밖
에" 두어야 한다. 분향단은 회막 안 성소에 있다. 이 분향단은 회막의 성
소 밖에 있는 제단과 구별된다. 회막에는 두 개의 제단이 있다. 하나는 회
막 안에 있는 제단(분향단)이다. 다른 하나는 회막 밖에 있는 제단(번제
단)이다. 분향단에서는 하나님의 임재가, 제단에서는 하나님과의 소통이
이루어진다.

분향단의 역할에 대해서는 많은 설명이 있다. 무엇보다 주목할 것은
등불을 켤 때에 늘 향을 함께 살라야 한다는 점이다. 분향단에서 피우
는 향은 회막에 계신 하나님을 사람이 직접 보지 못하도록 가려주는 역
할을 하였다.[17] 분향단에서 사르는 향은 두 가지 역할을 한다. 한편에서
는 하나님의 임재를 확인하면서도, 다른 한편에서는 하나님의 임재를
가려주는 역할을 한다. 모세가 시내 산에 올라 하나님의 영광을 대면하
였을 때 "구름이 엿새 동안 산을 가렸듯이"(24:16) 분향단은 하나님 앞
에 서는 대제사장으로 하여금 하나님의 영광을 직접 보지 못하도록 가
려주는 차단막 역할을 한다. 분향단에서 피어 오르는 향은 마치 시내
산에서 이스라엘에게 하나님의 영광을 가려주었던 구름과도 같다는
것이다.

여호와께서 모세에게 이르시되 네 형 아론에게 이르라 성소의 휘장 안 법
궤 위 속죄소 앞에 아무 때나 들어오지 말라 그리하여 죽지 않도록 하라
이는 내가 구름 가운데에서 속죄소 위에 나타남이니라(레 16:2)

여호와 앞에서 분향하여 향연으로 증거궤 위 속죄소를 가리게 할지니 그
리하면 그가 죽지 아니할 것이며(레 16:13)

분향단은 하나님의 영광을 가려주는 구름을 상징한다. "내가 구름 가
운데에서 속죄소 위에 나타남이니라"(레 16:2)라고 하지 않는가! 내가
"여호와 앞에서 분향하여 향연으로 증거궤 위 속죄소를 가리게 할지니"
(레 16:13)라고 하지 않는가! 중요한 것은 성소에 들어가 등불을 손질할
때마다 향을 사르게 되므로 회막 안의 성소에 들어서는 제사장이 거룩한
하나님의 임재에 노출되어 죽음을 당하지 않게 된다는 점이다. 이런 점에
서 분향단은 제사장의 사역을 돕는 장치이다. 제사장이 중보자의 사역을
죽지 않고(!) 제대로 감당할 수 있도록 이끌어주는 장치이다. "분향할 제
단"을 만들라는 지시가 성막에 두어야 할 필수적인 기구들에 대한 지시
(25:10-27:19)에서 빠져 있었던 이유가 이 때문이다. 분향단에 대한 소개가
"회막 안 증거궤 앞 휘장 밖에" 켜두는 등불(27:20-21), 제사장의 임직식에
관련된 순서(28:1-29:46)를 다룬 후에야 거론되는 것은 분향단에서 향을
사르는 예식이 대제사장에게 필요한 예식인 까닭이다.[18]
　"이스라엘 자손에게서 속전을 취하여 회막 봉사에 쓰라"는 지시
(30:11-16, 특히 30:16)도 제사장의 중보사역을 원활하게 유지하기 위한
장치이다. "속전"은 일종의 세금이다. 인구조사를 받은 스무 살이 넘은
남자마다 반 세겔씩 바쳐야 한다. 제사장은 이것을 모아 회막 비용으로
사용해야 한다.

네가 이스라엘 자손의 수효를 조사할 때에 조사 받은 각 사람은 그들을 계
수할 때에 자기의 생명의 속전을 여호와께 드릴지니 이는 그것을 계수할
때에 그들 중에 질병이 없게 하려 함이라… 너는 이스라엘 자손에게서 속
전을 취하여 회막 봉사에 쓰라 이것이 여호와 앞에서 이스라엘 자손의 기

넘이 되어서 너희 생명을 대속하리라(30:12, 16)

"자기 생명의 속전"(코페르 나프쇼)이란 "목숨 값"(새번역)이라는 뜻이다. 속전(贖錢)은 자기 목숨을 대신하여 바치는 몸값(ransom)이거나, 자기 목숨을 정결(purification)하게 하고자 바치는 제물이거나, 자기 죄를 씻고자(expiation) 대신 바치는 예물을 의미한다. "(자기 생명의) 속전"에 해당되는 히브리어 "코페르"는 이 세 가지 뜻이 중복되는 히브리어 어근 *k-p-r*에서 비롯되었다.[19] 이 "코페르"는 이스라엘에서 20살 이상 된 남자라면 누구나 내야 한다. 누구나 똑같이 "성소의 세겔"로 반 세겔씩을 내야 한다. 부자라고 더 내거나 가난하다고 덜 내거나 할 수 없다. 속전은 누구에게나 똑같은 몫의 부담이다.

인구조사는 자칫 사람의 숫자를 과시하기 위한 수단이 되어서는 안 된다. 사람의 치적이나 능력을 드러내는 수단으로 삼아서도 안 된다. 인구조사가 "질병"을 낳는 통로가 될 수도 있다. 다윗이 말년에 실시한 인구조사가 바로 그런 경우에 해당된다. 다윗은 이스라엘의 번영이 자기 손으로 이룬 업적인 줄 착각하고 인구조사를 실시했다가 하나님이 내리시는 벌을 받았다(삼하 24장). 그 벌로 온 이스라엘은 하나님이 치신 전염병 재앙을 당해야 했다(삼하 24:15).

본문에서 속전은 몸값이기보다는 "죄를 씻는 돈"(케세프 학키푸림, the expiation money, 30:16)이다. 이 돈은 "회막 봉사"(아보다트 오헬 모에드)에 사용되어야 한다. "그 돈은 주님 앞에서 이스라엘을 위한 기념, 즉 너희의 생명을 대속하는 기념이 될 것이다"(베하야 리브네 이스라엘 레지카론, 리프네 야훼 레갚페르 알-나프쇼테이켐, 30:16b). 회막은 누구에 의해서 운영되는가? 죄에서 씻음 받은 이스라엘의 헌신으로 운영된다. 제사장은 누구의 헌신으로 회막을 유지하는가? 죄악에서 벗어난 것을 기억·기념하는 이스라엘의 헌신으로 유지된다.

회막과 제단 사이에는 놋으로 물두멍을 만들어 두어야 한다(30:17-21). 물두멍은 하나님을 예배하는 데 직접 사용되는 도구는 아니다. 물두멍은 회막에 들어가는 제사장을 위하여 만들어 놓는 도구이다. 하나님께 드리는 예배를 준비하는 사람의 손발을 깨끗게 하기 위하여 만들어 놓은 도구이다.

> 너는 물두멍을 놋으로 만들고 그 받침도 놋으로 만들어 씻게 하되 그것을 회막과 제단 사이에 두고 그 속에 물을 담으라… 그들이 회막에 들어갈 때에 물로 씻어 죽기를 면할 것이요 제단에 가까이 가서 그 직분을 행하여 여호와 앞에 화제를 사를 때에도 그리할지니라(30:18, 20)

물두멍은 하나님을 경배하고자 회막에 들어서는 제사장으로 하여금 죽지 않도록 도와주는 기구이다. 이런 실제적인 이유로 물두멍은 제단과 회막 사이에 두게 된다. 회막에 들어서는 제사장의 몸은 정결해야 하고, 손발을 물로 씻어 청결하게 해야 하기 때문이다. 하나님 앞에 서는 자는 청결해야 한다. 정결해야 한다. 손으로 하는 짓이나 발로 이루어가는 자취가 청결하고 정결해야 한다. 그래야 벌을 받지 않는다. 그래야 산다.

회막의 모든 것에는 "거룩한 관유"을 발라야 한다(30:22-33). "거룩한 관유"는 순수한 몰약, 향기로운 육계, 향초, 계피를 올리브 기름으로 섞어서 만든다(30:23-24). 향유는 고대 세계에서는 아주 값비싼 물건에 속하였다. 제조하기가 쉽지 않았기 때문이다. 구하기가 어려웠기 때문이다. 거룩한 관유는 향을 내는 대표적인 향품 네 가지(몰약, 육계, 향초, 계피)를 올리브 기름으로 섞어서 만든다. "거룩한 관유"는 "성별하는 기름"(새번역)이다. 이 관유를 회막과 증거궤 상과 그에 딸린 기구 등잔대와 그에 딸린 기구 분향단과 그에 딸린 기구 번제단과 그에 딸린 기구 물두멍과 그에 딸린 기구 순으로 내려가면서 발라 회막과 그 모든 기구들을 "지극히 거룩한 것으로 구별”해야 한다(30:26-29). 거룩한 관유를 바르기는 제사장도 예외가 아니다.

> 너는 아론과 그의 아들들에게 기름을 발라 그들을 거룩하게 하고 그들이 내게 제사장 직분을 행하게 하고 이스라엘 자손에게 말하여 이르기를 이것은 너희 대대로 내게 거룩한 관유니 사람의 몸에 붓지 말며 이 방법대로 이와 같은 것을 만들지 말라…(30:30-32)

물로 손발을 씻은 제사장은 거룩한 관유를 바름으로 구별된 존재가 되어 회막에 들어서게 된다. 씻음(washing) → 기름부음(anointing)의 단계를 거쳐서야 하나님 앞에 서게 된다는 것이다. 거룩한 기름을 발라야 하나님 앞에 서게 된다고 해서 그 기름을 몸에 부어서는 안 된다. 바르는 것과 붓는 것은 다르다. 바른다는 것은 칠해진다는 것이다. 붓는다는 것은 차지한다는 것이다. 거룩한 관유를 소유물로 차지해서는 안 된다. 거룩한 기름으로 칠해져야 한다. 소유하는 것이 아니라 덧입는 것이다. 하나님의 은총은 덧입는 선물이다. 사람이 쥐고 가지고 차지하는 물건이 아니다. 하나님의 기름부음을 소유하려고 덤비지 마라. 기름 부음은 소유하는 것이 아니다. 기름 부음은 임(臨)하는 것이다.

회막 섬기기에서 중요한 것은 가루향이다(30:34-38). 출애굽기 30:34-38은 30:1-10에서 다룬 분향단 위에서 살라야 할 향을 만들라는 지시이다. 이 “분향할 향”은 소합향, 나감향, 풍자향, 유향을 섞어서 만든 뒤 소금을 쳐서 성결하게 한다(30:34; 참조, 25:6). 30:22-33이 다룬 성별하는 기름(관유)이 회막의 기구들과 회막의 제사장을 위해서 바르는 향품이었다면, 30:34-38이 말하는 가루향은 하나님을 위하여 만들어 놓는 향이다.

> 그 향 얼마를 곱게 찧어 내가 너와 만날 회막 안 증거궤 앞에 두라 이 향은

너희에게 지극히 거룩하니라 네가 여호와를 위하여 만들 향은 거룩한 것
이니 너희를 위하여는 그 방법대로 만들지 말라(30:36-37)

분향단에서 사르는 향은 하나님을 위한 향이다. 이 향은 하나님이 모
세와 만날 회막 안 증거궤 앞에 두어야 한다. 출애굽기 30장에서는 분
향단이 속죄소 맞은편에 있어야 한다는 사실(30:6)이 본문의 처음과
끝에서 거듭 확인되고 있다(30:6, 36). 속죄소는 하나님이 모세와 만나
실 곳이다. 하나님이 모세와 만날 회막에서는, 그 회막의 속죄소 맞은
편에 있는 분향단에서 하나님을 위한 거룩한 향이 늘 타고 있어야 한
다는 것이다.

31:1-11　하나님은 사람을 통해서 일하신다. 회막은 하나님이 이스라
엘을 시켜서 짓는 성소이다. 고대 세계에서 성전은 왕이 지었다. 예루살렘
성전도 솔로몬이 지었다. 예루살렘 성전을 가리켜 솔로몬의 성전이라고
부르는 것도 이 때문이다. 그러나 회막은 왕이 짓지 않는다. 회막은 왕의
힘으로, 왕이 쌓은 부(富)로 짓는 것이 아니다. 회막은 하나님이 짓는다.
하나님의 사람들의 헌신과 희생으로 짓는다. 하나님은 브살렐과 오홀리
압을 지명하여 부르시고 그들에게 회막을 짓도록 하나님의 영과 지혜와
총명과 지식과 여러 가지 재주를 충만하게 하셨다(31:1-2).

본문이 강조하는 것은 회막을 짓는 일에 부름을 받았던 기술자들의
이름씨에 얽힌 의미이다.[20] 브살렐과 오홀리압의 이름씨에 담긴 글말은
누가, 어떻게, 하나님을 위한 회막을 짓는 일에 쓰임 받았는지를 일깨워
준다. 브살렐이란 "하나님의 그림자(보호) 아래에서"라는 뜻이다. 브살
렐의 아버지 "우리"는 "우리야"의 줄인 말로 "하나님은 나의 빛이다"라
는 뜻이다. 브살렐의 조부 "훌"은 모세가 시내 산에 오를 때 아론과 함께
산에 올랐던 사람일 것이다(24:14). 오홀리압은 "아버지의 장막"이거나

"아버지가 내 장막"이라는 뜻이다.

성막 건축의 마무리, 안식일 지키기

안식일은 "여호와"(야훼) 하나님이 이스라엘을 성별해내신 표이다
(31:13). "여호와"(야훼) 하나님이 엿새 동안 하늘과 땅을 만들고 일곱째
날 휴식을 취한 창조의 "표"이다(31:17). 하나님은 노아에게는 무지개라
는 표를 주셨다. 아브라함에게는 할례라는 표를 주셨다. 안식일은 하나
님이 세상을 창조하셨다는 것을 일깨워 주는 표이다. 하나님의 성소에
안식일마다(!) 모이는 것은 바로 성소를 통해서 하나님이 세상 창조를 유
지하고 계심을 확인하는 표이다. 이것은 하나님의 성소인 회막이 하나님
의 창조세계를 축소해 놓은 소우주(micro-cosmos)임을 시사하고 있다.

회막은 거룩한 장소이다. 세상 속에서 구별해 놓은 거룩한 곳이다. 출
애굽기 31:12-17은 그런 거룩한 장소를 구별하는 작업을 마친 이스라엘
을 향해서 거룩한 시간을 지키라고 주문하신다. 시간 속에 거룩한 "짬"
을 만들어 놓으라고 지시하신다. 회막은 안식일과 함께 가야 한다. 회막
이 공간 속에 마련된 거룩함이라면, 안식일은 흘러가는 시간 속에 마련
한 거룩함이다.[21] 성소에 들어서는 자는 거룩한 공간을 밟는 사람이다.
안식일을 지키는 자는 시간의 거룩함을 구현하는 사람이다.

회막 건축을 마무리 지으면서 하나님이 모세에게 "너희는 안식일을 지
키라"고 주문하고 있다는 것은 놀랍다. 고대 세계에서는, 아니 오늘날에
도, 특정한 건물을 짓고 난 뒤에는 대개 그 건물을 지은 사람을 기억하는
행사를 갖게 마련이다. 그러나 출애굽기 31:12-17에서 하나님은 하나님
을 기억하라고 말씀하시지 않는다. 모세를 기억하라고도 하지 않으신다.
물론 브살렐과 오홀리압을 기억하라고도 하지 않으신다. 하나님이 말씀

하시는 것은 오직 안식일을 지키라는 것이다. 안식일을 지킨다는 것은 하나님의 창조사역을 기억한다는 것이다(참조, 20:8-11). 안식일을 지킨다는 것은 천지를 만드신 하나님을 기억한다는 것이다.

출 31:18

맺음말

출애굽기 31:18은 25-31장을 매듭짓는 맺음말이다. 하나님은 시내 산에서 말씀을 마치시면서 모세에게 하나님이 쓰신 "증거판(룩호트 하에두트) 둘"을 모세에게 주셨다. 이야기의 흐름상 이 구절은 출애굽기 24:12-18의 뒤를 잇는 구절이다. 모세가 시내 산에 강림한 하늘 성전에서 40주야를 하나님과 함께 보내면서 돌판(룩호트 에벤) 두 개를 받았다는 것이다. 그러나 이야기의 문맥상 이 구절은 하나님을 위한 성막, 이스라엘을 향한 회막의 청사진을 시내 산 위에서 하나님이 모세에게 주신 말씀의 일부로 보게 한다. 성막을 지으라는 하나님의 지시 모두(25:1-31:17)가 하나님의 뜻을 증거하는 글말이라는 것이다.

출애굽기 31:18에서 25:1-31:17을 되새길 때 하나님이 하나님을 위해서 지으라고 말씀하신 성막/회막은 구원받은 이스라엘에게 하나님이 걸고 계시는 기대가 무엇인지를 "증거"한다. 하나님은 이스라엘 "가운데" 성막을 두시고 이스라엘과 만나시려고 한다. 이스라엘 속에 "거하시면서" 이스라엘과 함께 광야를 행진하려고 하신다. 하나님은 우리 속에 오셔서 "거하시는 하나님"(tabernacling God)이다. 하나님이 시내 산에서 모세에게 주신 증거판 두 개는 하나님이 쓰신 돌판이다. 십계명이 적힌 돌판이다. 성막이 하나님의 꿈을 증거한다면, 증거판은 하나님의 뜻을 증거한다. 이스라엘은 성막을 지음으로 세상 속에 강림하시는 하나님을 증거하는 도구가 된다. 이스라엘은 하나님이 쓰신 증거판을 들고 실천함으로 세상 속에서 하나님의 사람으로 살아가는 도구가 된다.

출애굽기 31:18은 또 출애굽기 32장의 사태를 예견하는 기능도 한다. "증거판 둘"은 하나님이 친히 쓰신(문자적으로는 하나님이 손가락으로 쓰신) 것이다. 그러나 출애굽기 32장에서 부딪히게 되는 금송아지는 사람의 손으로 지은 흉물이다. 하나님의 손가락이 만든 것과 사람의 손이 만든 것이 얼마나 다른지를 대조하게 만들고 있다.

---

1) 출애굽기 25-31장에서 성막(미쉬칸)은 21번, 회막(오헬 모에드)은 16번 나온다. 도즈만은 출애굽기 25-31장에서 성소(미크다쉬)를 가리키는 이 두 용어가 다음과 같이 구별되어 사용된다고 지적한다. 지성소와 그에 딸린 기구를 설명할 때는 "성막"으로(25:1-27:19), 성소에서 진행되는 예식과 그에 딸린 제사장직을 설명할 때는 "회막"으로 사용된다(27:20-31:11). Dozeman, *Exodus*, 597-599.

2) Fretheim, *Exodus*, 270.

3) P. Kearney, "Creation and Liturgy: The P Redaction of Ex 25-40," *ZAW* 89(1977), 375-387.

4) Milgrom, *Leviticus 1-16*, 415-416; Dozeman, *Exodus*, 607.

5) Dozeman, *Exodus*, 597-599.

6) Sarna, *Exodus*, 160.

7) Sarna, *Exodus*, 161.

8) C. Meyers, "Lampstand," *ABD* 4:141-143; Dozeman, *Exodus*, 619.

9) Dozeman, *Exodus*, 598.

10) 밀그롬은 회막에서 진행되는 예식을 가리켜 "sancta-in-action"이라고 불렀다. Milgrom, *Leviticus 23-27*, 2085.

11) Dozeman, *Exodus*, 633.

12) 신우인, 「땅에 임한 하늘」, 241-244.

13) Dozeman, *Exodus*, 635.

14) Dozeman, *Exodus*, 635.

15) Levine, *Numbers 1-20*, 263-264; Dozeman, *Exodus*, 655.

16) Dozeman, *Exodus*, 659.

17) G. E. Mendenhall, *The Tenth Generation* (Baltimore and London: Johns Hopkins Univ. Press, 1973), 212; Sarna, *Exodus*, 193.

18) Dozeman, *Exodus*, 661.

19) Sarna, *Exodus*, 195.

20) Sarna, *Exodus*, 200.

21) Sarna, *Exodus*, 201.

"백성이 모세가 산에서 내려옴이
더딤을 보고"

출 32:1-34:35

출애굽기 32:1-34:35는 25장에서부터 시작된 성막 건축의 흐름을 차단하고 있다. 본문은 위기를 전한다. 성막 건축에 걸었던 하나님의 꿈이 수포로 돌아갈 위기를 맞았다. 성막 건축에 관한 하나님의 청사진이 산 아래에서 벌어진 금송아지 제작사건(32:1-6)으로 돌연 멈추고 만 것이다. 하나님의 비전만 중단된 것이 아니다. 신앙공동체라는 이스라엘의 위상도 흔들리고 있다. 언약 백성이라는 이스라엘의 정체성도 사라져 버리고 말 위기에 봉착한 것이다.

32:7-34:35는 위기에 대처하는 모세 이야기이다. 위기에 대처하는 방식은 기도이다. 중보기도로 모세는 이스라엘이 맞은 붕괴위기를 극복해 나간다. 그런 위기를 극복하고 난 뒤 성막 짓기에 관한 하나님의 지시가 다시 이어진다. 출애굽기에는 성막 건축 기사가 두 번 반복된다(25-31, 35-40장). 그 사이에 금송아지 우상제작·숭배로 야기한 이스라엘의 불

순종과 하나님의 불신이 보도되고 있다(32:1-34:35). 성막 건축 기사 사이에 왜 이런 이야기가 불쑥 끼어들어 있는지에 대해서는 많은 설명이 있다.[1] 주목할 것은 성막 짓기 기사가 첫 번째 지시(25-31장) → 이스라엘의 불순종(32-34장) → 하나님의 두 번째 지시(35-40장)로 이어지는 모습은 신학적으로 볼 때 창조(creation) → 타락(fall) → 재창조(re-creation)와 닮았다는 지적이다.[2] 성막은 단순한 성소가 아니다. 그것은 세상 속으로 오시는 하나님을 위한 거룩한 공간이다. 땅 위에 임하는 하늘이다. 이스라엘 가운데 내려오시는 하나님을 위한 성소이다. 하나님을 위한 성소는 사람의 생각보다 하나님의 뜻을 앞세울 때 지어진다. 하나님의 뜻보다 사람의 생각을 앞세운다면 성소는 지어질 수가 없다.

출 32:1

위기·백성의 요청, "우리를 위하여 우리를 인도할 신을 만들라"

출애굽기 32:1-34:35의 첫 단락은 32:1-6이다. 그 가운데서도 32:1은 첫 번째 소단락에 해당된다. 이 구절은 다시 둘로 세분된다. 32:1a는 사건의 원인을, 32:1b는 사건의 결과를 설명한다. 모세는 산에 오른 지 "사십 일 사십 야"(24:18)가 지났으나 여전히 산 아래로 내려오지 않고 있었다(32:1a). 그러자 산 아래 이스라엘 백성들 사이에서 소동이 일어났다(32:1b).

지금까지 살핀 출애굽기 25-31장은 하나님의 이야기였다. 문장의 주어가 시종일관 하나님이었다. 모세는 하나님이 주신 말씀을 듣고 새겨야 했다. 그러던 이야기가 32:1에 들어서면서 갑자기 이스라엘의 이야기로 바뀐다. 이야기의 배경이 산 위의 하나님에서 산 아래의 백성으로 바뀐 것이다. 지금까지 들었던 소리는 하나님의 말씀이었다. 32:1에 들어서면서는 이스라엘 백성이 내지르는 아우성이 들린다.

32:1a는 이스라엘 백성이 아우성을 치게 된 정황을 소개한다. 왜 그들이 아론에게로 달려가 소리치게 되었는지를 설명한다. 모세가 산에서 내려오는 일이 지체되었다는 것이다. "백성이 모세가 산에서 내려옴이 더딤을 보고." "보았다"는 단어에 주목하라. 32:1a는 이렇게도 번역된다. "보았다, 백성들이. 모세의 더딤을, 산에서 내려오기가"(봐야르 하암 키 보쉐스 모쉐 라레데트 민 하하르). 즉 백성들이 "보았다"는 것이다. 무엇을 보았다는 것인가? 모세의 더딤을 보았다. 모세가 산에서 내려오지 않고 있음을 보았다. '알았다'고 말하지 않는다. '들었다'고도 하지 않는다. 상식적으로는 '알았다'고 써야 한다. 그런데 왜 본문은 굳이 "보았다"고 말하고 있는 것일까?

이것은 모세가 시내 산에 오른 뒤부터 백성들이 줄곧 시내 산을 바라보고 있었다는 사실을 암시한다. 이스라엘의 길을 인도해 온 구름 기둥, 불 기둥(13:21-22)은 보지 못하고 모세가 내려오지 않고 있는 길만 바라보고 있었다. 그러자 백성들 사이에 소동이 일어났다. 그 결과 백성들이 모여 "총회"를 이룬다. 그 총회의 힘을 빌려 백성이 아론에게 요청한다.

모여 백성이 아론에게 이르러 말하되 일어나라 우리를 위하여 우리를 인도할 신을 만들라 이 모세 곧 우리를 애굽 땅에서 인도하여 낸 사람은 어찌 되었는지 알지 못함이니라(32:1b)

"모여!"(봐익카헬 하암) "모이다"(카할)라는 단어는 "총회를 이루다"(to assemble)라는 뜻이다. 누군가와 맞서고자 모임을 가진다는 뜻이다(참조, 민 16:3). 이스라엘 백성이 한 곳에 모여 의견의 일치를 보았다. 그 비상총회(?)에서 내건 의제가, 아론에게 가서 우리를 인도할 신을 만들어 놓으라고 요청하자는 것이었다. 이스라엘을 "애굽 땅에서 인도하여 낸 모세"가 어떻게 되었는지 모르겠다는 것이다. 출애굽의 역사를 이끈 주역을 모세라고 단정하고 있다. 하나님이 아니라 모세가, 모세라는 사람이 이스라엘의 출애굽을 인도하여 왔다는 것이다. 그 불신앙의 결과가 다음과 같은 말로 모아진다. "우리를 위하여 우리를 인도할 신을 만들라!"(아쎄-라누 엘로힘 아쉐르 옐레쿠 리파네이누) "만들라, 우리를 위하여, 신을!"(아쎄-라누 엘로힘) 우리를 인도할 신을! 문자적으로는, 만들라, 우리를 위하여, 우리 앞에서 걸어갈 신을!

이스라엘 백성이 아론에게 만들어 놓으라고 다그치고 있는 것은 "신"(엘로힘)이다. 우상(페셀)이나 형상(테무나)이 아니다(비교, 20:3-4). "신"을 만들어 놓으라고 아우성 치고 있다. 백성들이 지금 십계명의 첫 번째 준칙을 어기고 있다. 32:1에서 들리는 백성의 요청은 하나님이 아닌 어떤 다른 대상을 신으로 삼겠다고 아우성치는 소리이다. 하나님을 위한 성막이 아니라, 이스라엘을 위한 신을 지어야 한다고 부르짖고 있다. 하나님의 영광을 "풀을 먹는 소의 형상"으로 바꾸어 버렸다(시 106:19-20).

출애굽기 32:1에서 들리는 사람들의 소리는 사람의 죄가 무엇인지를 여실히 드러낸다. 하나님의 뜻을 따라가는 삶이 아니라 사람의 욕심을 이루어가려는 욕망에 죄가 자리 잡고 있다. 우리를 위한 하나님을 찾는 것이 잘못이다. 우리를 위한 신앙을 추구하는 것이 잘못이다. 우리를 위한 종교, 우리를 위한 교회를 만들자는 것이 잘못이다. 우리를 위한 복음, 우리를 위한 말씀을 듣고자 하는 사람들의 욕망이 죄의 온상이 된다. 본문이 제기하는 문제는 분명하다. 우리를 위한 하나님이 아니라, 하나님을 위한 우리가 되어야 한다.

출 32:2-6

아론의 대처 · 배교(背敎), "금 고리를 빼어 내게로 가져오라"

백성들의 요청에 아론은 "너희의 아내와 자녀의 귀에서 금 고리를 빼어 내게로 가져오라"고 지시한다(32:2). 아론은 지금 사람들의 여론에 귀를 기울이고 있다. 산 위의 소리가 아니라 산 아래의 소리에 귀를 기울이고 있다. 복음이 아니라 소음에 붙잡히고 있다. 모든 백성이 아론의 지시대로 금 고리를 빼어서 가져오자 아론이 그것들을 받아 녹여서 그 녹인 금을 거푸집에 부어 송아지 상(에겔 맛세카)을 만들었다. 송아지는 힘과 번영을 상징하는 짐승이다. 본문은 아론이 금을 녹여서 송아지 상을 정성껏(!) 만들었다는 것을 애써 부인하지 않는다. 그러자 다음과 같은 축제가 벌어지게 된다.

> 그들이 말하되 이스라엘아 이는 너희를 애굽 땅에서 인도하여 낸 너희 신이로다 하는지라 아론이 보고 그 앞에 제단을 쌓고 이에 아론이 공포하여 이르되 내일은 여호와의 절일이니라 하니(32:4b-5)

"이스라엘아 이는… 너희 신이로다!"(엘레 엘로헤이카 이스라엘, 32:4b) 문자적으로는 "이것들이(엘레) 너희 신(엘로헤이카)이다." "이는"은 단수가 아니라 복수(이것들)이다. 아론이 제작한 금송아지를 이스라엘이 섬기는 신들 가운데 하나로 간주하고자 했다는 것이다. 아론이 하나님을 위한 제단이 아니라 우상을 위한 제단을 쌓는다. 그러면서 선포한다. "내일 주의 절기를 지키자!"(32:5, 새번역) 하나님이 정한 절기가 아니다. 사람이 정한, 여론이 정한 절기이다. 이것은 북왕국 이스라엘의 왕 여로보암이 벧엘과 단에 각각 송아지 우상을 세우고 백성들에게 섬기라고 지시한 것과 여러모로 닮았다(왕상 12:26-32; 참조, 호 8:5-6). 하나님 신앙을 사람들의 종교로 변질시켜 버린 것이다.

이스라엘의 심성 속에 죄의 뿌리가 있다. 하늘의 은총을 땅의 물질로 바꾸어 놓는 것이 죄악이다. 하나님의 은총이 가려져 있을 때 눈에 보이는 형상으로 하나님의 은총을 대체하려고 덤비는 서두름이 죄악이다.

우상(偶像)은 우상(愚相)에서 비롯된다.

출애굽기 32:2-6은 시내 광야 시내 산 아래에서 백성이 번제와 화목제를 드리고 "앉아서 먹고 마시며 일어나서 뛰놀더라"(32:6)는 말로 끝을 맺는다. 이 모습은 모세와 아론과 나답과 아비후와 이스라엘의 장로 70명이 하나님의 산에 올라가 "하나님을 뵙고 먹고 마시던"(24:11) 일과 극명하게 대조를 이룬다. 하나님 앞에서 먹고 마시는 사람들과 우상 앞에서 먹과 마시며 뛰노는 사람들이 충돌하고 있다. 32:6은 하나님 앞에서 먹어야 될 사람들이 우상 앞에서 먹고 마시고 있다고 고발한다. 그들은 단순히 먹고 마시는 것으로 그치지 않았다. 아론과 이스라엘은 금송아지 우상 앞에서 "먹고 마시며 일어나서 뛰놀았다"(봐예세브 하암 레에콜 베샤토 봐야쿠무 레차헤크). "뛰놀았다"(차하크)는 단어는 본래 "웃다"는 뜻이다. 이삭이란 이름이 거기에서 나왔다(창 18:12, 15; 21:6). "차하크"에는 '놀다', '춤추다'는 뜻도 있다. 이때 "차하크"를 '남자와 여자가 함께 놀았다'는 말로 사용하면 그것은 잘못된 성관계를 암시한다(비교, 창 26:8; 39:14, 17).[3] 아론과 이스라엘 백성들이 금송아지 우상 앞에서 음탕한(?) 축제를 벌였다는 것이다. 하나님의 백성 이스라엘이 우상에게 붙들려 말할 수 없는 혼돈 속으로 빠져 들어갔다는 것이다. 하나님의 백성 이스라엘이 출애굽의 은혜를 잊어버리고, 언약 백성이 되겠다는 다짐을 잊어버린 채 배교(背敎)의 늪에 빠져 버렸다는 것이다.

출애굽기 32:2-6이 고발하는 광란의 축제 배후에는 아론이 있다. 32:2-6은 아론을 격하시키고 있다. 아론은 자기에게 있는 종교적 재능을 하나님을 위해서 사용하지 않았다. 아론은 자기에게 주신 장인(匠人)의 재능을 하나님의 뜻을 위해서 사용하지 않았다. 아론에 대한 우려가 여기에 있다. 아론의 후손(아론의 아들들, 곧 아론계 제사장)에 대한 염려가 여기에 있다. 아론은 바로 다듬어지지 않으면 안 된다. 아론과 그 아들들은 바르게 다듬어지지 않으면 안 된다. 아론의 자손으로 태어났다고 해서 저절로 하나님을 섬기는 제사장이 될 수 있는 것은 아니다. 하나님을 위한, 하나님을 향한, 하나님의 사람이 되기까지 그들은 다듬어져야 한다. 변화되어야 한다. 아론의 잘못 탓에 출애굽기 35-40장에서 다루어지는 성막 건축 기사에서는 출애굽기 29장에서 준비되었던 제사장 임직식이 빠지게 된다. 35-40장에서는 다시 전개될 성막 건축 역사에서 아론 제사장의 역할을 아예 빼버리고 만다.

출 32:7-35

심판, "여호와께서 백성을 치시니"

배교의 결과는 심판이다. 출애굽기 32:7-35는 이스라엘 백성들이 벌이는 우상숭배에 따른 하나님의 심판을 전한다. 그 하나님의 심판을 모세가 만류하고자 나선다. 이스라엘을 향한 심판을 두고 하나님과 모세가 주고받는 논쟁이 본문의 분위기이다. 이 논쟁은 사건이 일어나고 있는 배경에 따라서 시내 산 위에서(a, 32:7-14) → 시내 산 아래에서(b, 32:15-30) → 시내 산 위에서(a′, 32:31-34) → 시내 산 아래에서(b′, 32:15)의 순으로 전개되고 있다. 본문의 장면이 산 위와 산 아래로 번갈아 이동하고 있다. 이스라엘의 배교를 놓고 벌이는 하나님과 모세의 논쟁(?)이 산 위에서 벌어진다면, 배교한 이스라엘에게 내려지는 징벌과 심판은 산 아래에서 전개되고 있다. 이런 틀 안에서 본문은 하나님과 모세가 주고받는 논쟁(32:7-14) → 모세가 아론과 그 백성에게 내리는 징벌(32:15-30) → 죄사함을 비는 모세의 청원(32:31-34) → 하나님이 실행하신 심판(32:35)으로 나타난다.

32:7-14 패역한 이스라엘을 두고 하나님과 모세가 논쟁(?)을 벌이고 있다. 하나님은 산 아래 이스라엘이 우상숭배 소동을 벌이는 모습을 보

시고서 후회하신다(32:7-10). 하나님이 이스라엘에 대한 기대를 거두어 들이신다. 이스라엘을 진멸하고자 하신다. 이스라엘을 포기하려고 하신다. 언약이 깨졌기 때문이다.

> 여호와께서 모세에게 이르시되 너는 내려가라 네가 애굽 땅에서 인도하여 낸 네 백성이 부패하였도다… 여호와께서 또 모세에게 이르시되 내가 이 백성을 보니 목이 뻣뻣한 백성이로다 그런즉 내가 하는 대로 두라 내가 그들에게 진노하여 그들을 진멸하고 너를 큰 나라가 되게 하리라 (32:7, 9-10)

하나님이 모세에게 "네 백성" 이스라엘은 "부패"(쉬헤트)한 백성이라고 지적한다(32:7). 하나님의 백성이 아니다. 모세의 백성이다. "부패"한 백성은 대홍수(창 6-9장)가 나기 이전에도 있었다. 그때 하나님은 부패(쉬헤트)한 땅에 거주하는 사람의 행위가 다 부패(쉬헤트)한 것을 보았다(창 6:12). 그 부패한 백성을 하나님이 시내 광야에서도 보고 계신다. 게다가 이스라엘은 "목이 뻣뻣한 백성"(암-크쉐-오레프)이다. 하나님이 주목하여 보신 것은 아론이 만든 금송아지만은 아니다. 하나님이 보신("내가 이 백성을 보니," 32:9) "이 백성"(하암 하제)은 목이 곧은 백성이다. 고집이 센 백성이다(참조, 렘 17:23; 비교, 잠 29:1). 타락한 백성이다.

이스라엘의 배교에 대한 하나님의 반응은 즉각적이다. 단호하다. 이스라엘을 모두 진멸하려고 하신다. 홍수로 온 땅을 쓸어버리셨듯이(창 6-9장) 하나님은 이스라엘을 지면에서 쓸어버리려고 하신다. 그러면서도 모세 한 사람은 살려두어 그를 통해서 "큰 나라"를 이루려고 하신다. 이 점에서 모세는 노아와도 같다.[4] 출애굽기 32장이 전하는 이스라엘의 타락 이야기에서 모세는 노아처럼 구원받는 단 한 사람이다. 대홍수가 나기 이전 하나님이 노아에게 하나님의 계획을 은밀히 미리 말해 주었듯이

(창 6:13-21) 이번에도 하나님은 이스라엘을 향한 심판 계획을 모세에게 먼저 알려주신다. 하나님은 자신의 계획을 하나님의 사람에게 먼저 알리신다. 그러면서 말한다. "그런즉 내가 하는 대로 두라!"(한닉하 리, let me alone, 32:10) 하나님의 마음은 단호하다. 패역한 이스라엘로부터 벗어나고 싶어 하신다.

그러나 출애굽기 32장에서 모세는 하나님의 계획을 듣고 자기 생존을 위해 방주를 지었던 노아와는 다르다. 모세는 하나님께 나아가 감히 중보자의 사명을 짊어진다.

> 모세가 그의 하나님 여호와께 구하여 이르되 여호와여 어찌하여 그 큰 권능과 강한 손으로 애굽 땅에서 인도하여 내신 주의 백성에게 진노하시나이까 어찌하여 애굽 사람들이 이르기를 여호와가 자기의 백성을 산에서 죽이고 지면에서 진멸하려는 악한 의도로 인도해 내었다고 말하게 하시려 하나이까 주의 맹렬한 노를 그치시고 뜻을 돌이키사 주의 백성에게 이 화를 내리지 마옵소서 주의 종 아브라함과 이삭과 이스라엘을 기억하소서…
> (32:11-13)

"모세가 그의 하나님 여호와께 구하여 이르되"(32:11a), 이 구절은 "모세가 애원하였다, 그의 하나님 면전에서"(봐익할 모쉐 에트-프네 야웨 엘로하이브, And Moses made entreaty before the face of Yahweh his God)라는 뜻이다. 모세가 하나님의 얼굴 앞에서 간구하였다. 모세는 이스라엘을 위하여 하나님께 매달리고 있다. 탄원하고 있다. 모세는 아직 산 아래 이스라엘이 얼마나 부패한 짓을 하였는지를 보지 못했다. 모세는 이스라엘을 진멸해야겠다는 하나님의 말씀만 듣고서도 하나님 앞에 엎드리고 있다. 모세의 기도는 절박하다.[5] 그는 두 번씩이나 "어찌하여"라는 말로 기도를 시작한다. 기도 중에 하나님의 평판을 입에 올리고 있다. 기도 중에 하나님이 이스라엘의 조상들에게 하신 약속을 상기시키고 있다. 모세는 하나님께 "주의 백성에게 이 화를 내리지 마옵소서"라고 부르짖는다 (32:12).

모세의 간구에 하나님이 이스라엘을 진멸시키려는 계획을 거두셨다. "여호와께서 뜻을 돌이키사(봐인낙헴 야훼 알-하라아) 말씀하신 화를 그 백성에게 내리지 아니하시니라"(32:14). "뜻을 돌이키다"(닉함)라는 말은 "회개하였다"는 의미이다. 하나님이 자기가 세운 뜻을 철회하셨다는 것이다. 하나님이 그 마음을 돌이키셨다는 것이다. 하나님도 악한 생각(하라아)을 회개하셨다(!)는 것이다.[6] 모세의 기도가 하나님의 마음을 돌이키게 하였다는 것이다.

32:15-30 하나님이 뜻을 돌이키시자 "모세가 돌이켜(파나, 문자적으로는 "방향을 돌려") 산에서 내려오는데"(32:15). 출애굽기 32:15-30은 모세가 이스라엘 백성에게 내리는 징벌을 소개한다. 모세는 산에서 내려오면서 송아지를 숭배하며 춤추고 노래하는 백성들을 보자 손에 들고 오던 "두 증거판"(쉬네 룩호트 하에두트)을 산 아래로 던져 깨뜨려 버린다. "증거판"은 하나님이 손으로 쓰신 것이다(32:16). 이 증거판은 사람 손으로 만든 송아지하고는 양립할 수가 없다. 32:18은 이때 모세의 분노를 다음과 같은 노래로 증언한다.

> …이는 승전가도 아니요 패하여 부르짖는 소리도 아니라 내가 듣기에는 노래하는 소리로다 하고(32:18)

출애굽기 32:18은 원문에서는 시문(詩文)이다. 달리 번역하면, "이것은 이겨서 외치는 소리가 아니다/ 져서 부르짖는 소리도 아니다/ 노래하는 소리를 내가 듣고 있다."(에인 콜 아노트 게부라/ 에인 콜 아노트 할루샤/

콜 안노트 아노키 쇼메아)이다. 원문에서는 "콜 아노트"(외치는 소리, 부르짖는 소리, 노래하는 소리)가 세 번 반복되고 있다. 자세히 보면 처음 두 번은 그냥 "콜 아노트"(the sound of the cry)이다.[7] 그런데 마지막 세 번째 소리는 "콜 안노트"이다. 히브리어 동사 기본형(Qal)에서 비롯된 "콜 아노트"가 아니라 강조형(Piel)에서 비롯된 "콜 안노트"가 사용되고 있다. 히브리어 자음 "눈"(n)이 반복되고 있다.

"콜 안노트"는 고대 가나안의 우가릿 신화에 나오는 송아지 형상의 신 "아나트의 소리"로 들을 수 있다.[8] 우가릿 신화에서 아나트는 바알 숭배자이다. 송아지(아나트)가 어미 소(바알)를 따라다니는 것과 비슷하다. 이렇게 본문을 읽을 경우 출애굽기 32:18에서 모세의 귀에 들리는 소리는 "승전가도 아니요 패전가도 아니라 '아나트의 소리'"이다. 모세가 시내 산 아래로 내려오면서 가나안의 신 아나트를 부르는 소리를 들은 것이다. 순간 모세는 "여호와"(야훼) 하나님의 수호자가 되어 "그들이 만든 송아지를 가져다가 불살라 부수어 가루를 만들어 물에 뿌려 이스라엘 자손에게 마시게" 하였다(32:20). "가져다가", "부수어", "가루로 빻아" 물에 뿌려 "마시게 하다"는 동사에 주목하라. 모세는 하나님 신앙의 용사가 되어 가나안의 우상을 무찔러 버리는 전사로 나서고 있다.[9]

모세가 아론을 책망한다(32:21-25). "이 백성이 당신에게 어떻게 하였기에 당신이 그들을 큰 죄에 빠지게 하였느냐"(32:21). 아론은 이스라엘을 큰 죄에 빠지게 한 장본인이다. 아론은 변명한다. 그는 결코 자기가 송아지 우상을 만든 것이 아니라고 우긴다. 백성들이 금을 가져왔기로 "내가 불에 던졌더니 이 송아지가 나왔나이다"(32:24)라고 발뺌하고 있다. '내가 만들었다'가 아니다. '이 송아지가 나왔다'고 변명하고 있다. 모세가 내리는 징벌은 레위 자손이 수행한다. 우상숭배로 더럽혀진 이스라엘의 진영을 정결하게 치우는 일이다(32:25-29). 레위 자손은 우상숭배

에 빠져들었던 이스라엘 형제, 이웃, 친구를 칼로 쳐 죽인다. 그렇지만 금
송아지 우상숭배 사건을 끝내는 장면은 레위 자손이 벌였던 행동이 아
니다. 금송아지 우상사건은 이스라엘의 죄를 속죄하려는 모세의 조처
로 끝을 맺는다. "너희가 큰 죄를 범하였도다 내가 이제 여호와께로 올라
가노니 혹 너희를 위하여 속죄가 될까 하노라"(32:30). 출애굽기 32:30은
출애굽 이야기의 속내가 속죄에 있다는 것을 다시 한 번 일깨워 준다. 죄
지은 이야기가 성경 이야기의 끝이 아니다. 죄 지은 자를 속죄하려는 모
세의 마음이 출애굽 이야기의 바탕이다.

32:31-35 모세가 다시 시내 산으로 오른다. 하나님께로 올라가서 이
스라엘 백성이 저지른 죄를 용서하여 달라고 청원한다. 모세의 청원은
담대하다. "…이제 그들의 죄를 사하시옵소서 그렇지 아니하시오면 원하
건대 주께서 기록하신 책에서 내 이름을 지워 버려 주옵소서"(32:32). 모
세의 생존 이유는 이스라엘이 하나님의 백성으로 존재하는 데 있다. 이
스라엘 자손이 땅에서 사라지고 만다면, 모세도 이 땅에 있어야 할 이유
가 없다. 모세의 청원에 하나님이 응답하신다(32:33-34). 하나님의 응답
은 단호하다. "누구든지 내게 범죄하면 내가 내 책에서 그를 지워 버리리
라"(32:33). 그렇지만 하나님은 사자를 보내어 모세가 가야하는 길을 인
도하여 주실 것이다. "이제 가서 내가 네게 말한 곳으로 백성을 인도하라
내 사자가 네 앞서 가리라"(32:34). 죄의 삯은 사망이다. 하나님은 아론이
수송아지를 만든 일로 이스라엘 백성에게 재앙을 내리시게 된다. "여호
와께서 그 백성을 치시니 이는 그들이 아론이 만든 바 그 송아지를 만들
었음이더라"(32:35).
　출애굽기 25-31장에 의하면 시내 산 아래 이스라엘 백성이 장막을 치
고 머물러 있는 자리는 원래 하나님의 영광이 강림하여 거하시게 될 장
소였다. 그랬던 곳이 후회와 탄식의 현장이 되고 말았다. 하나님의 뜻이

실현되는 자리에 하나님의 영광이 거하게 된다. 아론이 주도하여 세운 금송아지 때문에 시내 산 아래는 그만 재앙의 자리로 돌변하고 말았다. 만들기는 어렵다. 그러나 허물기는 쉽다. 하나님의 은총을 온 누리가 되새기기까지에는 오랜 세월이 걸린다. 그렇지만 하나님의 영광을 가리는 일은 순식간에 벌어진다.

하나님이 "그 백성"을 치셨다(32:35). 아론의 착각 때문이다. 아론의 실수 때문이다. 산 아래를 심판의 자리로 만들어서는 안 된다. 하나님의 심판이 아니라 하나님의 영광이 산 아래 세상에 충만해지도록 바른 것을 세워 나가야 한다. 헛된 것이 아닌 옳은 것을 만들어야 한다. 삶의 현장이 사람의 욕망을 새기는 자리가 아니라, 하나님의 뜻을 새기는 자리가 되어야 한다. 주여, 이 땅에서 지금 오늘의 아론으로 살고 있는 자들을 붙들어 주소서!

출 33:1-23
모세의 기도, 모세의 청원

출애굽기 33장은 위기(32장)와 갱신(34장) 사이를 이어주는 본문이다. 금송아지 사태로 야기한 언약의 파괴로 이스라엘은 시내 산자락에서 하나님의 백성다운 지위를 상실해 버리고 말았다. 하나님이 이스라엘과 더 이상 길을 함께 가지 않겠다고 선언하시자(33:1-3; 참조, 32:34), 하나님의 계획을 변경(!)시키고자 간청하는 모세의 사역이 33장에 소개되고 있다. 그 사역의 결과 하나님은 이스라엘과 다시 한 번 언약을 맺게 된다(34장). 그런 점에서 출애굽기 33장은 위기를 기회를 바꾸어 주는 다리 역할을 한다.

출애굽기 33:1-23은 세 단락으로 구성된다. 모세가 자기 회막에서 하나님과 만나는 장면(33:7-11)을 중심으로 그 앞에는 금송아지 사태 이후 달라진 하나님의 계획을 전한다(33:1-6). 그 뒤에는 하나님을 설득(?)하는 모세의 기도가 수록되어 있다(33:12-23). 33장의 첫 단락(33:1-6)과 끝 단락(33:12-23)의 주제는 하나님이 이스라엘과 동행하시는지의 여부이다. 시내 산을 떠나 약속의 땅으로 올라가는 길에 하나님은 더 이상 이스라엘과 함께하지 않으려고 하신다(33:3). 그런 하나님이 마침내 뜻을 돌이키시고 이스라엘과 함께 아브라함과 이삭과 야곱에게 맹세하여 주기로 한 그 땅으로 올라가시겠다고 말씀하신다(33:14). 출애굽기 33장의 첫 단락과 끝 단락의 주제는 하나님과의 동행(同行)이다. 그 사이에 하나님의 임재를 확인하는 회막 이야기가 들어 있다 즉 출애굽기 33:1-23은 이스라엘과 동행하지 않으시려는 하나님(a, 33:1-6) → 이스라엘 백성 가운데 임재하시는 하나님(b, 33:7-11) → 이스라엘과 동행하시는 하나님(a′, 33:12-23)의 순으로 이어진다.

33:1-6 하나님이 모세에게 말씀하신다. "너는 네가 애굽 땅에서 인도하여 낸 백성과 함께 여기를 떠나서… 그 땅으로 올라가라"(33:1). 여기 "그 땅"은 하나님이 아브라함과 이삭과 야곱에게 맹세하여 그 자손에게 주기로 한 땅이다. 본문은 금송아지 사태로 혼란을 겪은 이스라엘에게 하나님의 산을 떠나서 그 땅으로 올라가라고 지시하는 하나님의 말씀으로 시작한다. 본문의 소재는 "떠나라"(렉크)와 "올라가라"(알레)이다. "여기에서 떠나 올라가라"(레크 알레 미쩨)는 것이다. 시내 산에서 떠나서 "그 땅으로"(엘-하아레츠) 올라가라는 하나님의 지시가 본문을 이끌어가는 동기이다.

"떠나다"와 "올라가다"는 출애굽 역사의 중심 사상이다. 출애굽은 이스라엘로 하여금 애굽 땅을 떠나서 젖과 꿀이 흐르는 땅으로 올라가게 하는 여정이다. 본문은 이 여정을 다시 한 번 확인한다. 이스라엘이 죄를 지었음에도 불구하고 금송아지 사태로 출애굽의 여정이 중단되어서는 안 된다는 하나님의 속내가 여기에 새겨져 있다. 이스라엘은 하나님께 신실하지 못했지만, 하나님은 여전히 이스라엘에게 신실하시다. 하나님은 이스라엘의 조상들에게 하신 약속을 끝까지 지키고 있다. 신실한 하나님과 불신실한 이스라엘이 대비되고 있다.

그렇지만 하나님은 이스라엘과 동행하기를 원하지는 않으신다. 시내산을 떠나게 되는 이스라엘에게 "사자"를 보내어 그 길을 "앞서" 인도하게 하실 뿐이다. 하나님은 직접 이스라엘과 함께 "그 땅으로" 오르기를 원치 않으신다. 이스라엘은 "목이 곧은 백성"이기에, 고집스레 신실하지 못한 백성이기에, 그런 이스라엘과 함께 가다가는 도중에 그들을 없애 버릴지도 모른다고 염려하신다(33:2-3). 하나님의 말씀을 들은 이스라엘의 반응은 숙연하다. 하나님의 말씀을 듣고 슬퍼하여 한 사람도 자기 몸을 단장하지 않게 된다(33:4). 그런 그들을 두고 하나님은 거듭 다짐하신다. "…너희는 목이 곧은 백성인즉 내가 한 순간이라도 너희 가운데에 이르면 너희를 진멸하리니 너희는 장신구를 떼어 내라 그리하면 내가 너희에게 어떻게 할 것인지 정하겠노라 하셨음이라"(33:5).

이스라엘 백성들이 "슬퍼하여" 그들의 몸을 "단장하지" 않는 것은, 겉으로는 애도하는 자세이다(참조, 삼하 14:2). 그런 이스라엘을 보고 하나님은 더욱 단호하게 지시하신다. "너희는 장신구를 떼어 내라." 하나님의 최종 결정은 하나님의 지시에 대한 이스라엘의 실천 여부 뒤로 미뤄진다. 장신구를 떼어 내라는 하나님의 주문은, 내면적으로는, 언약관계가 깨어진 부부 사이에서 들리는 소리이다. 구약의 예언자들은 이스라엘을 향한 하나님의 사랑을 줄기차게 노래한다. 하나님은 이스라엘을 신부처럼 대우하셨다. 그 몸에 온갖 장신구를 달아주셨다(참조, 겔 16:8-14). 그 몸에서 장신구를 떼어 내라고 지시하시는 하나님의 말씀은 하나님이 이스라엘과 더 이상 언약관계를 유지하지 않으시겠다는 소리로 들어야 한다.[10] 이제부터 이스라엘은 더 이상 하나님의 백성이 아니다. 하나님이 아끼시는 사람이 아니다.

33:7-11 하나님이 이스라엘과의 관계를 청산하려고 하는 것과는 달리 출애굽기 33:7-11은 모세가 회막에서 하나님과 만나는 장면을 묘사하고 있다. 구약학자들은 오랫동안 본문의 회막을 어색하게 여겼다. 출애굽기 25-40장의 전체 주체인 성막이 아직 지어지지 않았는데도 모세가 진 밖 회막에서 하나님을 만나고(33:7) 있기 때문이다. 이 문제를 학자들은 서로 다른 두 부류 이야기가 현재 자리에 이질적으로 나열되어 있다는 식으로 해결하였다.

출애굽기 33:7-11이 전하는 모세의 회막은 33:1-6의 맥락에서 그 뜻을 파악해야 한다. 에스겔이 전하는 이스라엘 역사에서 이스라엘의 몸에 장신구를 달아주신 분은 다름이 아닌 하나님이셨다(겔 16:8-14). 그랬던 하나님이 33:5에서는 이스라엘에게 그 몸의 장신구를 다 떼어 내라고 지시하신다. 하나님이 더 이상 이스라엘과 언약관계를 유지하지 않겠다고 다짐하셨다는 것이다. 그런 하나님의 심정을 전하는 이야기가 바로 출애굽기 33:1-6이다. 그렇다고 해서 하나님이 모세까지 버리시겠다는 것은 아니다. 이스라엘은 버리시더라도 모세는 그 옆에 두고 싶어 하신다. 33:7-11의 회막은 바로 그런 하나님의 속내를 보여준다. 진멸해 버리고 싶은 이스라엘과는 달리 모세하고는 항상 진 밖 회막에서 서로 만나는 사이였다는 것이다.

사실 출애굽기 33:7-11이 다루는 회막(오헬 모에드)은 몇 가지 점에서 출애굽기 25-31, 35-40장이 다루는 회막(오헬 모에드, 함미쉬칸)과는 그 성격이 다르다. 33:7-11에서 회막은 모세가 늘 치거나 거두는 장막이다. "모세가 항상 장막을 취하여 진 밖에 쳐서 진과 멀리 떠나게 하고 회막이라 이름하니 여호와를 앙모하는 자는 다 진 바깥 회막으로 나아가며"(33:7). 이 "장막"은 원문에서는 "그 장막"(하오헬)이다. 25-31장에서 하나님이 이스라엘에게 만들라고 말씀하신 회막(성막, 함미쉬칸)은 이스라엘 백성 한 가운데에 하나님이 "거하시는" 성소이다(25:8). 그러나 33:7-11의 회막은 "진 밖에 쳐서" 이스라엘의 진영과 멀리 떨어져 있다. 게다가 여기에서 회막은 그냥 하나님이 "모세와 대면하여" 말씀하시는 장막이다. 하나님이 이스라엘 중에 "거하시는" 성소가 아니다.

주목할 것은 모세가 하나님과 만나는 장면을 온 백성이 멀리 떨어져서 보고 있다는 사실이다. "모든 백성이 회막 문에 구름 기둥이 서 있는 것을 보고 다 일어나 각기 장막 문에 서서 예배"하였다(33:10). 이 장면은 이스라엘이 아직 버림받지 않았음을 보여준다. 33:7-11의 회막은 이스라엘이 자초한 혼란에도 불구하고 하나님의 임재가 여전히 이스라엘 중에 있음을 확인시켜 주고 있다.[11] 금송아지 사태에도 불구하고 33:7-11이 전하는 모세의 회막 이야기는 하나님이 여전히 모세와 함께하신다는 것을 확인해 주고 있다.

따지고 보면 이스라엘이 성막 건축을 하지 않고 시내 산을 떠난다고 해서 모세에게 아쉬울 것은 없었다. 모세에게는 개인적으로 하나님과 대면하는 회막이 따로 있었기 때문이다. 그런 모세가 이스라엘 백성을 위해서 하나님께 탄원하는 자리에 과감하게 서려고 한다. 모세는 자기 개인의 안녕보다도 이스라엘의 장래를 염려한다. 하나님이 함께하시지 않는 이스라엘에는 장래가 없다. 부패한 이스라엘을 위해서 하나님 앞에 무릎을 꿇는다. 이것이 중보기도자의 자세이다. 그들을 위해서, 내가 아닌 남을 위해서 하나님 앞에 무릎을 꿇는다.

33:12-23 금송아지 우상 사태로 벌어진 혼란을 처리하는 과정에서 돋보이는 것은 모세의 중보기도이다. 출애굽기 32-33장에서 하나님은 사뭇 단호하다. 단호한 하나님에 비해서 모세는 아주 간절하다. 이스라엘의 죄를 용서해 달라고 간구한다. 아브라함과 이삭과 야곱에게 하셨

던 약속을 기억하시고 이스라엘을 향한 "주의 맹렬한 노"(32:12)를 거두어 달라고 매달린다. 그런 모세의 간구가 있었기에 하나님은 이스라엘을 다 진멸하시려는 화를 거두셨다(32:14). 그렇지만 하나님은 금송아지로 야기한 혼란에 대해서는 그 책임을 종내 물으신다. 모세는 금송아지 숭배에 참여하였던 자들을 아론을 빼고(!) 다 처단하였다(32:27-28). 하나님이 이스라엘 백성을 치셨다(32:35). 그러고 나서 모세에게 말씀하셨다. 너는 이스라엘을 데리고 "그 땅으로" 올라가라. 그러나 나는 "그 땅으로" 이스라엘과는 같이 가지 않겠다(32:34; 33:1, 3).

출애굽기 32-33장에서 모세는 다섯 번에 걸쳐 하나님께 나아가 기도한다(32:11-13, 31-32; 33:12-13, 15-16, 18). 다섯 계단으로 된 기도의 사다리를 모세가 오르고 있다. 모세의 기도는 청원이다. 하나님께 탄원하고 있다. 처음 네 개는 이스라엘을 위해서 기도하고, 마지막 하나는 자기 자신을 위해서 기도한다. 모세의 기도는 점점 그 도가 세진다. 탄식 → 죄의 용서 → 감사 → 간구 → 송영으로 그 기도가 발전하고 있다. 모세의 기도는 기도의 정석을 보여준다. "어찌하여" 주의 백성을 멸하려 하시나이까(32:11-12) → "이 백성이… 큰 죄를 범하였나이다 그러나 이제 그들의 죄를 사하시옵소서…"(32:31-32)→ "주께서 전에 말씀하시기를 나는 이름으로도 너를 알고 너도 내 앞에 은총을 입었다 하셨사온즉… 원하건대 주의 길을 내게 보이사 내게 주를 알리시고…"(33:12-13) → "주께서 친히 가지 아니하시려거든 우리를 이 곳에서 올려 보내지 마옵소서 나와 주의 백성이 주의 목전에 은총 입은 줄을 무엇으로 알리이까…"(33:15-16) → "원하건대 주의 영광을 내게 보이소서"(33:18).

모세의 기도가 중보기도에서 개인기도로, 이스라엘을 위한 기도에서 하나님의 영광을 위한 기도로 바뀌고 있다. 그 기도의 주제가 하나님의 인도하심에서 하나님의 현현(theophany)으로 바뀌고 있다.[12] 모세의 기도는 매번 그 주제를 달리한다. 아니, 점점 더 강도가 세진다. 처음에 모세는 그가 하나님과 나눈 인격적 교제를 강조하였다.[13] 다음에는 하나님이 풀어 가셔야 할 "주의 백성"과의 관계를 강조하였다. 마침내 모세는 하나님의 영광을, 하나님의 얼굴을, 하나님의 은총을 자기에게 보여 달라고 청원하기에 이른다.[14]

하나님이 응답하신다(33:19-23). 이 응답도 다섯 단계로 이루어진다. 모세가 타고 오른 기도의 사다리 다섯 개를 하나님이 그대로 타고 내려오신다! 첫째, 모세에게 하나님의 이름의 뜻을 풀어주신다. 하나님은 "은혜 베풀 자에게 은혜를 베풀고 긍휼히 여길 자에게 긍휼을 베푸시는" 하나님이다(33:19). 출애굽의 역사를 개시하실 때 하나님은 모세에게 그 이름을 가르쳐 주신 적이 있다. "나는 스스로 있는 자이니라"(3:14). 그 이름의 의미를 모세에게 쉽게 풀어주신다. 하나님은 은혜 베풀 자에게 은혜를 베푸시는 하나님이라는 것이다. 하나님은 베푸시는 분이다. 아버지처럼 은혜를, 어머니처럼 긍휼을 베푸시는 주님이다. 은혜와 긍휼로 우리를 구원하시는 주님이다. 둘째, 하나님은 모세에게 사람은 하나님의 얼굴을 볼 수 없다고 말씀하신다(33:20). 사람은 하나님을 볼 수 없다. 하나님의 얼굴을 보려고 하다가는 죽게 된다. 하나님은 사람의 오감(五感) 너머에 계시는 분이다. 사람의 오감으로는 전능하신 하나님을 볼 수 없다. 하나님은 모세에게 하나님을 보는 것 대신 하나님을 느끼게 하신다. 셋째, 하나님은 모세에게 반석 위에 서라고 말씀하신다. 모세가 시내 산의 한 "반석 위에" 서게 된다. 베드로도 반석 위에 섰다. "주는 그리스도시요 살아 계신 하나님의 아들이시니이다"(마 16:16). 바르게 고백하는 베드로를 향해 예수님은 "베드로"(페트라, 반석)라고 부르셨다(마 16:18). 교회는 그 반석 위에 선다. 그 반석 위에 서는 자만이 하나님의 영광을 체험할 수 있다. 넷째, 하나님은 모세에게 하나님의 손을 느끼게 하신다. 반석에 서는 자는 하나님의 손의 거룩한 "터치"(touch)를 체험할 수 있다. 하나님이 모세를 그 크고 강한 손으로 덮어 주신다.

다섯째, 하나님이 모세에게 하나님의 얼굴이 아니라 하나님의 등을 보여주신다(33:23). 하나님은 우리에게 하나님이 누구이신지보다는 하나님이 어떤 분이신지를 보여준다. 하나님의 성품을 느끼게 하신다. 은혜와 긍휼을 체험하게 하신다.

출 34:1-35

다시 언약을 세우시다

하나님이 다시 이스라엘과 언약을 세우신다. 이 이야기는 세 단락으로 나뉜다. 모세가 시내 산으로 오르는 이야기(34:1-9) 시내 산 위에서 하나님이 주시는 언약의 말씀(34:10-28), 모세가 시내 산에서 내려오는 이야기(34:29-35). 처음 단락은 모세에게 돌판 둘을 만들어서 산으로 가지고 올라오라는 하나님의 음성으로 시작한다(34:1-3). 두 번째 단락은 "여호와께서 이르시되 보라 내가 언약을 세우나니…"(34:10)로 시작한다. 세 번째 단락은 "모세가 그 증거의 두 판을 모세의 손에 들고 시내 산에서 내려오니…"(34:29)로 시작한다. 언약의 말씀(b, 34:10-28)을 사이에 두고 그 앞과 뒤를 모세가 만든 돌판(a, 34:1-9), 하나님이 쓰신 돌판(a′, 34:29-35)이 자리 잡고 있다. 첫째 단락과 셋째 단락은 모세의 손에 들린 판(룩호트)을 이야기한다. 처음에는 "돌판"(룩호트 아바님)으로, 나중에는 "증거의 판"(룩호트 하에두트)으로 불린다. 그 사이에 하나님이 세우신 언약의 말씀이 삽입되어 있다.

34:1-9 본문은 모세가 하나님이 다시 써주실 돌판을 준비하는 이야기로 말문을 연다(34:1-4). 하나님이 처음 쓰신 돌판은 모세가 산 아래로 던져 깨뜨려 버렸다(32:19). 하나님은 이스라엘과 다시 언약을 세우시기 전에 두 번째 돌판을 준비하게 하신다. 그러나 처음 것과는 달리 이번에

는 모세가 그 돌판을 준비해야 한다. 처음에는 하나님이 준비하셨는데 (24:12; 31:18) 이번에는 모세가 준비해야 한다. 그래서 모세가 돌판 둘을 다듬어서 만든다(34:1, 4). 아론이 뽐내던 솜씨와는 달리(참조, 32:4) 모세는 그냥 돌을 깨뜨려 다듬은 돌판을 준비한다. 모세가 준비한 돌판 위에 하나님이 글을 쓰실 것이다(34:28). 모세가 준비한 돌 판 위에 하나님이 다시 계명을 쓰실 것이다. 우리 손에 하나님이 쓰실 돌판이 들려 있어야 한다. 우리 삶이 하나님이 쓰실 돌판이 되어야 한다. 나의 삶이 하나님이 일하실 터전이 되어야 한다. 모세가 준비하는 돌판은 모세의 솜씨를 드러내는 돌판이 되어서는 안 된다. 모세의 솜씨가 아니라 하나님이 손으로 쓰실 터전이 되어야 한다.

모세가 그 돌판을 가지고 산꼭대기로 올라갔다. 하나님의 말씀이 선포되는 곳으로 올라갔다. 하나님이 시내 산에 강림하신다(34:5-9). 하나님이 "구름 가운데에 강림하사 그와 함께 거기 서서 여호와의 이름을 선포하실새"(34:5). 거기에서 모세가 하나님의 말씀을 듣는다. 거기에서 하나님의 목소리가 선포된다. 하나님의 육성이 모세의 가슴에 새겨진다. 케리그마는 산꼭대기에서 얻는다. 거기에서 얻은 케리그마를 가지고 산 아래로 내려올 때 참된 디아코니아(섬김)가 이루어진다(참조, 마 17:1-8, 14-18). 본문에서 주목할 것은 하나님이 언약의 말씀을 주시기 전에 하나님의 이름을 먼저 선포하신다는 점이다. 계명을 주시기 전에 하나님의 이름을 다시 풀어주시고 있다. 지켜야 할 계명을 주시기 전에 알아야 할 하나님을 먼저 소개하고 있다. 출애굽기 34:5-9는 34:10-28과 더불어 시내 산에 강림하셔서 모세 앞으로 지나가시고 모세에게 말씀하시는 하나님을 소개한다.

하나님이 시내 산에 강림하셔서 자기는 "자비롭고 은혜롭고 노하기를 더디하고 인자와 진실이 많은 하나님"이라고 선포하신다. 하나님이 모세 앞으로 지나가시면서 하나님의 이름을 "선포하신다"(봐이크라). "여호와라 여호와라 자비롭고 은혜롭고 노하기를 더디하고 인자와 진실이 많은 하나님이라"(34:6). 하나님의 이름이 두 번 연거푸 소개되고 있다. "여호와라 여호와라." 하나님의 속성이 강조되고 있다. 하나님은 자비로운 분이시다. 하나님은 은혜로운 분이시다. 하나님은 진실이 많은 하나님이시다. 은혜와 자비는 하나님의 은총의 아버지적인, 어머니적인 성격을 가리킨다. 하나님은 노하기를 더디하시는 하나님이다. 다른 말로는, 오래도록 인내하시는 분이다. 본문은 하나님의 자비(라훔), 하나님의 은혜(한눈), 하나님의 사랑(헤세드)을 강조하고 있다. 출애굽기가 강조하는 자비와 은혜와 사랑은 고린도 교회가 새겨야 했던 "믿음과 소망과 사랑"(고전 13:13)에 걸맞다. 이것은 시내 산에 이루어진 하나님의 강림(theophany)이, 하나님을 심판하시는 하나님이 아니라 인자와 진실이 많으신 하나님임을 다지는 토대가 된다.

하나님은 죄는 용서하시되 벌은 면제하지 않으시는 분이다(34:7). "인자를 천대까지 베풀며 악과 과실과 죄를 용서하리라 그러나 벌을 면제하지는 아니하고 아버지의 악행을 자손 삼사 대까지 보응하리라"(34:7). 여기에 하나님의 아픔(pathos)이 있다. 용서는 하시지만, 벌을 면제하지는 않으신다. 하나님의 아픔은 하나님의 구속사를 이끄는 동기가 된다. 하나님의 아픔이 있기에 죄인은 용서하시면서도 죄는 벌하시는 구속사가 진행된다. 그 구속사의 완성이 예수 그리스도의 십자가에서 성취된다. 모세가 급히 땅에 엎드려 다시 무릎을 꿇는다. 출애굽기 32-33장에서 했던 다섯 번의 중보기도(32:11-13, 31-32; 33:12-13, 15-16, 18)에 이어 모세가 다시 한 번 하나님 앞에 무릎을 꿇는다. 모세의 청원은 한결같다. "주는 우리와 동행하옵소서." "우리의 악과 죄를 사하시고 우리를 주의 기업으로 삼으소서"(34:9).

이스라엘 신앙은 오랫동안 이 모세의 청원을 기도 제목으로 삼았다. "주여 주는 긍휼히 여기시며 은혜를 베푸시며 노하기를 더디하시며 인자와 긍휼이 풍성하신 하나님이시오니"(시 86:15). "여호와는 긍휼이 많으시고 은혜로우시며 노하기를 더디하시고 인자하심이 풍부하시도다"(시 103:8). "…너희는 옷을 찢지 말고 마음을 찢고 너희 하나님 여호와께로 돌아올지어다 그는 은혜로우시며 자비로우시며 노하기를 더디하시며 인애가 크시가 뜻을 돌이켜 재앙을 내리지 아니하시나니…"(욜 2:13). 하나님을 한결같이 "노하기를 더디하시는" 하나님으로 부르고 있다. 예배는 하나님께 드리는 한결같은 청원이다. 우리를 주의 기업으로 삼으소서! 우리를 주의 자녀로 삼으소서! 사람은 무엇으로 사는가? 사람의 힘으로 사는 것이 아니다. 사람은 언제나, 누구나 하나님의 은총으로 산다.

34:10-28 본문은 언약 갱신의 말씀이다. "여호와께서 이르시되 보라 내가 언약을 세우나니"(34:10). 본문은 언약을 세우신다는 선포(34:10) → 선포된 언약의 내용(34:11-26) → 세우신 언약의 말씀을 돌판에 기록하였다는 맺음말(34:27-28)로 이어진다.

출애굽기 34:11-26은 흔히 20:1-17과 비교해서 "제의십계"(祭儀十戒)라고 불리거나[15] 십계명과는 상관없는 독자적인 법전으로 간주된다.[16] 34:11-26은 다시 세우는 언약의 내용이다. 하나님은 "질투의 하나님"(34:14)이기에 이스라엘은 하나님과만 언약을 맺어야 한다. 이스라엘은 그들이 들어가서 살게 되는 땅의 주민과 언약을 세워서는 안 된다(34:12, 15). 그 땅의 딸들과도 혼인해서는 안 된다(34:16). 이때 출애굽기 34:11-17은 "…하지 말라"는 금령 형식으로 가나안 땅에 들어가 살게 되는 이스라엘이 누구와 더불어 지내야 되는지를 일깨워 준다. 이스라엘은 땅의 사람들과 더불어 어울려서는 안 된다. 그 땅의 사람들의 문화적·종교적 풍속을, 그 땅의 사람들의 성(性)을 좇아서는 안 된다. 그 땅을 배척하라는 이야기가 아니다. 그 땅에 들어가 살되 그 땅에 하나님의 나라를 세우라는 이야기이다.

출애굽기 34:18-26은 "~하라/지켜라"는 시각에서 약속의 땅에 들어가 살게 되는 이스라엘이 마땅히 준수해야 할 생활에 대해서 일깨워 준다. 하나님 앞에서 지켜야 될 시간·절기가 있고(안식일과 세 절기), 하나님을 위해서 드려야 될 제물(처음 태어난 짐승, 토지소산의 처음 익은 것)이 있다는 것을 일깨워 준다. 여기에는 "~하지 말라"는 형식의 글도 등장한다(34:25-26). 그러나 이 경우 본문은 하나님께 제물을 드릴 때 지켜야 할 주의사항을 지적하는 말씀으로 보아야 한다.

출애굽기 34:27-28은 하나님이 다시 세우신 언약을 모세에게 기록하라는 지시이다. 우리말 성경은 34:28에서 이 돌판을 기록한 자가 하나님이라고 옮겨놓았다. 그러나 히브리어 원문에서는 이 돌판을 기록한 자가 누구인지 분명하지 않다. 본문은 다만 "그가 기록하였다"라고만 되어 있다. 우리말 성경은 34:1("여호와께서 모세에게 이르시되… 내가 그 판에 쓰리니")에 근거하여 "여호와께서는 언약의 말씀 곧 십계명을 그 판들에 기록하셨더라"고 옮겼다. 두 번째 돌판을 누가 썼는가보다 중요한 것은 두 번째 돌판이 하나님이 주신 언약의 표징이라는 점이다. "두 번째"라는 말에 주목하자. 하나님이 지금 이스라엘에게 두 번째 기회를 주고 있다. 첫 번째 기회에 미처 하나님의 뜻을 이루지 못한 자들에게 하나님은 다시 한 번 기회를 주고 있다. 회개는 두 번째 기회를 여는 마중물이다. 하나님의 사람은 이 두 번째 기회에서 하나님의 사람다운 열매를 맺어야 한다.

34:29-35 모세가 언약 맺음을 상징하는 돌판을 가지고 산에서 내려온다. 모세가 준비한 것은 돌판이었다(34:1). 하나님이 그 돌판에다가 언약의 말씀을 쓰셨다(34:28). 모세가 가지고 내려오는 것은 "증거의 두 판"이다. 거룩한 곳으로 오를 때는 돌판이었던 것이 내려올 때에는 증거판

으로 불린다. 모세의 손에 들렸던 돌판에 하나님이 쓰신 것은 언약의 말씀, 곧 십계명이다(34:28). 그 언약의 말씀이 적힌 판을 모세가 손에 들고 산에서 내려온다. 이 판은 증거판이다. 모세가 하나님의 사람인 것을 드러내는 증거판이다.

모세의 얼굴에 광채가 났다. 그는 깨닫지 못했지만 그 얼굴의 피부에 광채가 났다. "여호와와 말하였음으로 말미암아" 모세의 얼굴 피부에 광채가 났다(34:29). 모세의 카리스마가 두 가지로 표출되고 있다. 하나는 "그의 얼굴의 광채"이다. 모세는 해를 품은 달이다. 모세의 얼굴에 광채가 났다. 그리스도인은 그리스도의 향기가 되어야 한다(고후 2:14-15). "생명에 이르는 냄새"(고후 2:16)가 되어야 한다. 다른 하나는 그 얼굴을 가리는 "수건"이다. 모세의 얼굴 피부에서 나는 광채 때문에 백성이 모세에게 가까이 하기를 두려워하였다. 그래서 모세는 이스라엘에게 하나님의 말씀 전하기를 마치고 "수건으로 자기 얼굴을 가렸다"(34:33). 산 위에서 보낸 거룩한 시간이 산 아래 일상을 압도하고 있다. 하나님의 사람의 좌표가 여기에 있다. 산 위에서 얻은 은혜가 산 아래의 일상을 주도하게 하라.

출애굽기 34:29의 "(모세) 얼굴 피부에 광채가 나나"(카란 오르 파나브)에서 "광채가 나다"(카란)는 히브리어 명사 "케렌"(뿔)에서 유래한 동사이다. 직역하면, "뿔처럼 돋다"는 뜻이다. 이것을 라틴어 성경(벌게이트)이 고스란히 직역하였다. 미켈란젤로나 샤갈이 시내 산에서 증거판을 들고 내려오는 모세를 그릴 때 모세의 머리에 솟아 있는 뿔을 부각시켜 놓은 것은 이 때문이다.[17] 모세의 얼굴에서 나는 광채를 모세의 얼굴(머리) 위로 솟은 뿔로 나타낸 것이다. "주의 영광을 내게 보이소서"(33:18b)라고 청원하던 모세에게 하나님은 하나님의 성품(손과 등)은 보여주시면서도 하나님의 얼굴은 보여주지 않으셨다(33:20). 하나님은 하나님의 얼굴 대신 하나님을 만난 모세의 얼굴을 보여주신다. 이스라엘은 모세를 통해서 하나님을 본다. 오늘도 세상은 그리스도인의 얼굴을 통해서 하나님을 본다. 그리스도인의 삶이, 하나님의 백성의 삶이 하나님의 선하심을 드러 내는 얼굴이 되어야 한다.

---

1) 가령 출애굽기 32장 기사를 신명기 9:7-10:11과 열왕기상 12:26-32와 비교·분석하면서 송아지 우상숭 배의 역사를 전하는 전승에서는 출애굽기 32장이 가장 늦은 시대의 글에 속한다고 보는 것이다. 구약 성경에서는 출애굽기 32장은 초기 전승이 아니라 후대의 기록(late composition)이라는 것이다. 출애굽 기 32장의 맥락을 구경(九經, Enneateuch)에서 살펴야 된다는 것이다. 출애굽기 32장이 고발하는 아론 의 금송아지 우상은 여로보암 왕이 도입하였던 송아지 숭배에 대한 신명기/신명기사가의 코멘터리에 속한다는 것이다. Dozeman, Exodus, 685-700.

2) Fretheim, *Exodus*, 268-269, 272.

3) Dozeman, *Exodus*, 704-705.

4) Dozeman, *Exodus*, 706.

5) Fretheim, *Exodus*, 285.

6) Fretheim, *Exodus*, 286.

7) 히브리어 "콜"은 "소리"(sound, voice)이다. "아노트"는 동사 "아나"(to sing)에서 온 말로 입으로 부르는 시끄러운 소리를 의미한다.

8) A. Deem, "The Goddess Anath and Some Biblical Cruces," *Journal of Semitic Studies* 23(1978), 25-30; R. N. Whybray, "annôt in Exodus 32:18," *Vetus Testamentum* 17(1967), 122; Dozeman, *Exodus*, 684, 708-710.

9) Dozeman, *Exodus*, 709.

10) Dozeman, *Exodus*, 721-722.

11) Noth, *Exodus*, 253; Childs, *Exodus*, 592.

12) Dozeman, *Exodus*, 728.

13) Sarna, *Exodus*, 212-213.

14) Childs, *Exodus*, 596.

15) 예컨대 1. "다른 신에게 절하지 말라"(34:14), 2. "신상들을 부어 만들지 말지니라"(34:17), 3. "모든 첫 태 생은 다 내 것이며"(34:19a), 4. "네 아들 중 장자는 다 대속할지며"(34:20b), 5. "너는 엿새 동안 일하고 일곱째 날에는 쉴지니"(34:21), 6. "너희의 모든 남자는 매년 세 번씩 주 여호와 이스라엘의 하나님 앞 에 보일지라"(34:23), 7. "너는 내 제물의 피를 유교병과 함께 드리지 말며"(34:25a), 8. "유월절 제물을 아침까지 두지 말지며"(34:25b), 9. "네 토지 소산의 처음 익은 것을 가져다가 네 하나님 여호와의 전에 드릴지며"(34:26a), 10. "너는 염소 새끼를 그 어미의 젖으로 삶지 말지니라"(34:26b).

16) Crüsemann, *Torah*, 115-143.

17) Dozeman, *Exodus*, 750. 벌게이트 성경은 출애굽기 34:29에 나오는 "그 얼굴에 광채가 나다"는 구절을 "얼굴 위로 뿔이 솟았다"(*cornuta esset facies sua*)로 옮겼다.

성막 짓기,
"여호와께서 모세에게 명령하신 대로"

출 35:1-39:43

출애굽기 35:1-40:38은 그동안 미뤄져 있었던 성막을 제작하는 과정을 다룬다. 35:1-39:43이 성막을 "만드는" 과정을 전한다면, 40:1-38은 성막을 "세우는" 절차를 소개한다. "세우는" 것은 "설치하는" 것이다. 만들어 놓은 성막의 여러 기구들을 한데 모아 하나님의 성소로 설치하는 것이다. 출애굽기 35-39장에서 두드러지는 것은 모세가 전하는 하나님의 명령이다. 하나님이 모세에게 명령하신 대로 이스라엘이 성막을 만들고 있다. 출애굽기 40장에서 두드러지는 것은 하나님이 모세에게 주시는 말씀이다. 만들어진 성막을 "세우는" 절차가 강조되고 있다. 그 하나님의 말씀을 모세가 실천에 옮기는 순서가 여기에 드러나고 있다(40:1-33).

출애굽기 35:1-40:38에는 형식상 크게 네 유형의 글들이 교차대구 방식으로 배열되어 있다. 첫째, 모세의 명령과 안식일 규정(a, 35:1-3), 둘째, 성막 제작과 관련한 모세의 지시와 이스라엘의 실천(b, 35:4-39:43), 셋째, 제작된 성막을 조립하여 세우라는 하나님의 말씀과 모세의 실천(b′, 40:1-33), 넷째, 하나님이 성막에 강림하시는 내러티브(a′, 40:34-38). 이 때 안식일 규정(a, 35:1-3)은 하나님의 현현(a′, 40:34-38)과, 성막 만들기(b, 35:4-39:43)는 성막 세우기(b′, 40:1-33)와 의미상 서로 짝을 이룬다.

이 구도는 그 주제에서 일곱 단계를 점층적으로 발전시켜 가는 모양새를 띤다. (1) 모세가 이스라엘 자손을 한 곳에 모으다(35:1a) → (2) 안식일 규정(35:1b-3) → (3) 성막과 그 기구들의 제작(35:4-38:31) → (4) 제사장의 옷 제작(39:1-31) → (5) 이스라엘 자손의 작업에 대한 모세의 감리(監理)와 검토(39:32-43) → (6) 성막 세우기(40:1-33) → (7) 하나님의 현현(theophany), 하나님의 영광이 성막에 충만하게 나타나다(40:34-38). 35:1-40:38은 단순히 25-31장을 반복하는 것으로 그치지 않는다.[1] 35-40장은 한편에서는 25-31장에서 하나님이 제시하신 성막의 청사진을 이스라엘이 모세의 명령대로 고스란히 실천하였다는 것을 전하면서도, 다른 한편에서는 이스라엘이 수행한 성막 제작이 그 과정에서 점층(漸層)적으로, 점강(漸强)적으로 배열되어 있다는 것을 드러내기에 주저하지 않는다.

출애굽기 35:1-39:43은 성막 짓기의 과정을 드러낸다. 성막 세우기에 해당되는 출애굽기 40:1-38과는 달리 출애굽기 35:1-39:43은 이스라엘 자손의 온 회중이 모세가 전한 하나님의 말씀대로 성막과 그 기구들을 제작하였다는 것을 집중적으로 드러낸다. 35:1-39:43은 그 글말의 형식에서 볼 때 모세가 온 이스라엘 자손을 한 곳에 모으는 동작(35:1a)으로 시작한 뒤 모세가 이스라엘 자손의 온 회중에게 내리는 지시(a, 35:1b-3) → 그에 따른 이스라엘 자손의 실천(b, 35:4-29) → 모세의 지시(a′, 35:30-36:7) → 이스라엘 자손의 실천(b′, 36:8-39:43)을 전하는 방식으로 진행된다. 그런 흐름 속에서 출애굽기 35-39장은 이스라엘 자손이 하나님이 모세에게 명령하신 대로 "성막 곧 회막의 모든 역사를" 다 수행하였다는 보도로 끝을 맺는다(39:32-43).

출 35:1a

성막 짓기의 첫걸음, 모세가 온 회중을 모으다

성막 짓기는 모세가 이스라엘을 한 곳에 모으는 일로 개시된다. "모세가 이스라엘 자손의 온 회중을 모으고 그들에게 이르되"(35:1a). 여기에서 주목할 단어는 "모으고"이다. 모세가 이스라엘 자손을 하나의 회중으로 모았다. 모세의 이 동작은 32:1이 소개한 이스라엘 자손의 행동, "백성이 (모세가 산에서 내려옴이 더딤을 보고) 모여 아론에게 이르되 말하되"와 큰 대조를 이룬다. 35:1은 "모세가 이스라엘 자손의 온 회중을 모으다"(봐야크헬 모쉐 엘-콜-아다트 브네-이스라엘)이다. 32:1b은 "백성이 아론에게 모였다"(봐익카헬 하암 알-아론)이다. "백성이 모여 회중을 이루었다"(32:1b)와 "모세가 온 회중을 모았다"(35:1a)가 대조된다. 출애굽기 32장의 모임은 백성이 주체가 되어 모여 이룬 회중을 전한다. 이때 이루어진 회중은 문법적으로 수동태이다(봐익카헬 하암). 불안에 끌려서, 욕심에 끌려서, 선동에 끌려서 이루어진 회중을 암시한다. 그때 그 회중은 하나님을 위한 성소를 짓기보다는 사람을 위한 하나님을 만들어 놓는 죄악을 범했다. 출애굽기 35:1a이 전하는 모임은 이와는 정반대되는 성격을 띤다. 백성들이 나서서 모인 것이 아니라 모세가 모이도록 이끌었다. "모세가 모았다"(봐야크헬 모쉐), 이스라엘이 한 회중이 되도록! 똑같은 히브리어 단어(카할)를 32:1b는 수동태로, 35:1a는 능동태로 사용하고 있다.

세상의 선동에 끌려서는 안 된다. 자기 욕심에 끌려서는 안 된다. 하나님의 사람이 되는 일에 능동적으로 나서야 한다. 모세가 그 능동적인 발걸음을 이끌었다. 금송아지 숭배 사태로 중단되고 말았던 성막 제작을 다시 시작하는 첫걸음은 모세가 이스라엘을 하나의 회중으로 모으는 일이었다. "하나님을 가까이하라 그리하면 너희를 가까이하시리라 죄인들아 손을 깨끗이 하라 두 마음을 품은 자들아 마음을 성결하게 하라 슬퍼하며 애통하며 울지어다 너희 웃음을 애통으로, 너희 즐거움을 근심으로 바꿀지어다 주 앞에서 낮추라 그리하면 주께서 너희를 높이시리라"(약 4:8-10).

출 35:1b-3
성막 짓기의 들머리, 안식일 계명

출애굽기 35:1b-3는 35:4-19와 더불어 성막 제작을 준비하라는 모세의 지시에 속한다. 그 지시는 안식일 계명을 확인하는 말로 시작된다. 모세는 성막을 지으라는 지시를 안식일 계명을 확인하는 말로 연다. 35:2-3에는 안식일을 지키라는 표현은 나오지 않는다. 본문이 말하는 것은 "엿새 동안은 일하고 일곱째 날은 너희를 위한 거룩한 날"이라는 지적뿐이다. 그러면서 안식일에 일하는 자는 누구나 죽여야 한다고 말한다. 이런 규정은 십계명에서도 거론되지 않았다. 안식일을 기억하여 거룩하게 지키라고만 했지, 안식일을 지키지 않는 자를 죽이라고는 말하지 않았다.

> 엿새 동안은 일하고 일곱째 날은 너희를 위한 거룩한 날이니 여호와께 엄숙한 안식일이라 누구든지 이 날에 일하는 자는 죽일지니 안식일에는 너희의 모든 처소에서 불도 피우지 말지니라(35:2-3)

안식일에 일하는 자는 죽이라는 것이다. 안식일에는 집안에 불도 피우지 말라는 것이다. 왜 이런 규정이 여기에서 새삼, 새롭게, 다시금 각인되고 있는 것일까? 이 질문에 대한 대답은 세 가지 측면에서 살필 수 있다.

무엇보다도 먼저 25-31장이 펼친 성막 청사진에서는 안식일을 지키라는 규정이 성막 건설에 관한 말씀을 다 마친 후에 나왔다는 사실을 상기해야 한다(31:12-17). 이에 비해 35-40장이 펼치는 성막 제작의 역사(役事)는 안식일 규정을 맨 앞에 두고 있다(35:2-3). 이 차이는 이렇게 읽어야 한다. 출애굽기 31:12-17은 성막 공사의 피날레를 안식일 준수에 둠으로써 성막을 짓는 공정(25-31장)이 천지(코스모스)창조와 닮았다는 것을 강조한다. 반대로 출애굽기 35:2-3은 이제부터 착수하게 될 성막 제작(출 35-39장)은 하나님의 창조가 하나님의 말씀대로 이루어진 것처럼 천지창조 때처럼 하나님의 말씀대로 "창조되어야" 할 것을 각인시키고 있다.

출애굽기 35장이 다루는 성막 건축의 들머리에 왜 안식일 규정이 자리 잡고 있는지에 대해서는 또 다른 설명이 있을 수 있다. 19-40장에는 안식일 규정이 모두 세 번 나온다. 그 안식일 규정은 모두 하나님의 임재를 소개하는 대목에서 나온다. 하나님의 임재나 하나님의 영광이 드러나는 장면은 반드시 안식일 규정으로 끝을 맺고 있다.[2] 맨 처음에는 시내 산에 강림하신 하나님 이야기(19:16-25)에 이어서 안식일 계명이 나왔다(20:8-11). 그 다음에는 시내 산에 강림하신 하나님이 모세와 긴 말씀을 나누신(24:15-31:11) 장면 이후 안식일 규정이 나왔다(31:12-17). 마지막으로는 금송아지 사태 이후 모세가 이스라엘의 속죄를 빌고자 시내 산에 올라가 하나님을 만난 뒤 증거의 두 판을 들고 시내 산에서 내려오는 장면에 뒤이어서 안식일 규례가 나왔다(35:2-3). 이처럼 출애굽기 19-40장에서 안식일 규정은 하나님의 임재를 마감하는 대목에 자리 잡고 있다. 하나님의 임재가 안식일 규정으로 끝을 맺고 있다는 것은 안식일에 동참하는 자는 누구나 하나님의 임재를 체험하게 된다는 암시이다. 이스라엘은 누구나 하나님의 안식에 참여함으로 거룩하신 하나님 앞에 서는 기쁨을 누리게 된다는 것이다.

안식일 규정의 의미는 이스라엘 종교사에서도 살필 수 있다. 창조신앙에서 하나님의 안식(2:1-3)은 천지창조의 피날레였다. 이스라엘 역사는 하나님이 지키신 안식을 사람들이 지켜가는 과정이다. 하나님이 지키신 안식을 사람이 지켜가는 자취가 이스라엘 역사의 궤도로 펼쳐지고 있다. 이 궤도의 첫 마당은 출애굽한 이스라엘이 광야에서 만나를 거둘 때 지켰던 안식이다(16:21-30). 십계명은 이 안식일을 사람이 기억하여 거룩하게 지켜야 될 날로 확정해 놓았다(20:8-11). 시내 산에서 하나님이 계시하신 성막 청사진은 이스라엘에게 거듭 안식일을 지키라고 다짐하였다(31:12-17). 그런 안식일 규정이 성막 제작 공정에 다시 한 번 나타난다(35:2-3). 이번에는 단순히 안식일을 지키라고만 말하지 않는다. 안식일에는 그 처소에서 불도 피우지 말고 지시한다. 이 안식일 규정은 민수기가 전하는 광야 여행 중 안식일에 나무 하는 사람을 "진영 밖으로 끌어내어 돌로 쳐 죽이는" 일로 확인되었다(민 15:32-36).

하나님의 사람으로 되는 과정에서 소중한 것은 시간을 구별하는 삶이다. 하나님을 위한 공간을 제작하는 여정에서 중요한 것은 시간을 거룩하게 구별하는 일이다. 하나님의 날을 지킴으로 하나님의 사람이 된다. 주님의 날을 지킴으로 주님의 사람이 된다. 사람이 주일을 지키는 것이 아니다. 주일이 사람을 지킨다. 하나님의 시간에 동참할 때 하나님의 사람은 하나님의 임재를 누리를 감격을 얻게 된다. "주 안에서 항상 기뻐하라 내가 다시 말하노니 기뻐하라… 그리하면 모든 지각에 뛰어난 하나님의 평강이 그리스도 예수 안에서 너희 마음과 생각을 지키시리라"(빌 4:4, 7).

출 35:4-29

성막 짓기의 준비, 자원하여 드리는 자재

출애굽기 35:4-29는 "이스라엘 자손의 온 회중"이 자원하여 드리는 예물을 전한다(비교, 25:1-7). 본문은 예물을 드리라는 모세의 명령(35:4-

19)과 그에 따른 이스라엘 자손의 실행(35:20-29)을 보도하는 단락으로 이루어져 있다. 모세가 이스라엘 자손의 온 회중에게 내린 지시(35:4-19)는 "여호와께서 명령하신 일이 이러하니라"는 말로 시작된다(35:4). "여호와께서 명령하신 일"(쩨 하다바르 아쉐르-치바 야훼)은 "야훼께서 명령하신 말씀"이기도 하다. 히브리어 "다바르"는 해야 할 "일"을 가리키기도 하고, 듣고 따라야 할 말씀(다바르)을 가리키기도 한다. 여기에서 "다바르"는 문맥상 "말씀"보다는 "일"로 읽어야 한다.

이스라엘 자손이 해야 할 일은 크게 두 가지이다. 하나는 하나님께 드려야 할 것이고(35:4-9), 다른 하나는 만들어야 할 것이다(35:10-19). "드리다"는 말이 전자를, "만들다"는 말이 후자를 이끌고 있다. 성막 제작에 필요한 자재를 바치라는 모세의 지시(35:4-9)는 앞에서 다룬 평행구(25:1-7)보다 그 내용이 길고 자세하다. 출애굽기 35:4-9는 35:10-19와 더불어 성막을 짓는 분위기, 여건, 환경을 제시하고 있다. 무엇이 필요하고, 무엇이 만들어져야 하는지를 전하고자 한다.

무엇을 드리는가? 성막 제작에 필요한 자재들을 드린다. 금 은 놋, 청색 자색 홍색 실, 염소 털, 숫양의 가죽, 해달의 가족, 조각목, 등유와 여러 향품 같은 귀한 보석들이 그런 물품들이다(35:5-9). 이때 출애굽기 35:4-9는 그것을 어떻게 드리는가를 강조하고 있다. 앞(25:1-7)에서는 "기쁜 마음으로 내는 자"(25:2)가 바치는 것을 "받으라"고 하였지만, 여기(35:4-9)에서는 "마음에 원하는 자"(35:5)가 "여호와께 드릴지니라"로 적고 있다. 앞에서는 받는 자를, 여기에서는 드리는 자의 자세를 부각시키고 있다. "마음에 원하는 자"만이 "여호와께 드릴 것"(35:5, 테루마 라야훼, 새번역에서는 "주께 바칠 예물")을 제대로 드릴 수가 있다. 히브리어 "테루마"는 소유권 이전을 가리킨다. 내게 있는 것을 나의 것으로 우기지 않고 하나님의 것으로 인정하는 동작(룸, 들어 올리다)이 그 속에 새겨져 있다.

무엇을 만들어야 하는가? 출애굽기 35:10-19는 이스라엘 자손에게 만들라고 지시하신 하나님의 명령을 소개하고 있다. 본문은 이스라엘이 만들어야 할 것들을 성막 → 지성소 → 성소 → 제단 → 성막 뜰 → 제사장 예복의 순으로 소개하고 있다. 즉 성막과 그에 딸린 덮개, 갈고리, 널판, 가로다지, 기둥, 밑받침 → 증거궤와 그에 딸린 채, 속죄판, 휘장 → 상과 그에 딸린 채, 기구, 진설병과 등잔대와 그에 딸린 기구, 등잔, 기름과 분향단과 그에 딸린 채, 기름, 분향할 향, 성막 문 휘장 → 번제단과 그에 딸린 놋그물, 채, 기구와 물두멍과 그 받침 → 뜰의 휘장과 그 기둥, 밑받침과 성막의 말뚝과 그에 딸린 줄, 울타리 말뚝 → 제사장 아론의 거룩한 옷과 그 아들들이 제사장으로 일할 때 입는 옷 순으로 만들라고 지시하고 있다. 출애굽기 25-31장이 거룩한 것들의 순서대로 성막의 제 요소들을 펼쳐놓았다면, 35:11-19는 성막 건축 과정을 반영한 순서대로 성막과 거기에 딸린 여러 기구들을 만들게 하고 있다.

예물을 드리라는 모세의 지시에 대한 이스라엘 회중의 반응은 뜨겁다. 35:20-29는 이스라엘 자손의 온 회중이 기쁜 마음으로, 기꺼이 예물을 바치고 있다고 소개한다. "마음에 원한 자"가 "회막을 짓기 위하여 그 속에서 쓸 모든 것을 위하여, 거룩한 옷을 위하여 예물을 가져다가" 하나님께 드렸다(35:21, 22, 25, 26, 29). 본문이 강조하는 것은 성막 제작에 이스라엘의 온 회중이 적극 동참하였다는 사실이다. 하나님의 성막을 짓는 일에는 남녀의 구별이 없다(35:22, 25, 29; 36:6). 족장과 백성의 구별이 없다(35:27). 성막의 제작과 운영에 필요한 모든 자재와 물품을 이스라엘 자손이 기꺼이 봉헌하고 있다.

> 마음에 자원하는 남녀는 누구나 여호와께서 모세의 손을 빌어 명령하신 모든 것을 만들기 위하여 물품을 드렸으니 이것이 이스라엘 자손이 여호와께 자원하여 드린 예물이니라(35:29)

성막은 돈으로 짓는 것이 아니다. 성막은 하나님의 뜻에 따른 헌신으로 짓는다. 눈에 보이는 성막을 짓기 전에 내가 먼저 눈에 보이지 않는 성막이 되어야 한다. 교회를 세우기 전에 먼저 교회론을 바로 세워야 한다. "드리라"는 지시에는 이런 소망이 새겨져 있다.

출 35:30-36:7

성막 짓기에 참여한 자들, 만드는 자와 가져오는 자

하나님은 유다 지파 훌의 손자 브살렐과 단 지파 아히사막의 아들 오홀리압을 부르셨다(35:30, 34; 36:1). 하나님의 일을 수행하기 위해서 남쪽(유다 지파) 사람과 북쪽(단 지파) 사람이 힘을 모으고 있다. 브살렐이 맡은 일은 "금과 은과 놋으로 제작하는" 일, "보석을 깎아 물리며 나무를 새기는" 일이다(35:32-33). 오홀리압이 맡은 일은 "조각하는 일과 세공하는 일과 청색 자색 홍색 실과 가는 베 실로 수놓는 일"이다(35:35). 본문은 이들이 지닌 재능보다 그들이 하나님의 영에 붙들린 사람이라는 것을 더 크게 강조한다. 하나님의 영이 그들에게 충만하였다. 지혜로운 마음을 그들에게 충만하게 하셨다. 브살렐이 맡은 일이 힘이 드는 작업이라면, 오홀리압은 세미한 작업을 맡았다. 서로 다른 출신지, 서로 다른 재능, 서로 다른 배경, 서로 다른 달란트를 지닌 두 사람이 하나님의 일을 이루는 작업에서 하나로 힘을 합쳤다. 하나님과 소통하기 전에 먼저 사람들끼리 소통하고 있다.

브살렐과 오홀리압만이 힘을 합친 것은 아니다. 성막 짓기에는 또 다른 두 부류의 사람들이 협동하여 참여하고 있다. 바로 만드는 자(35:30-36:1)와 가져오는 자(36:2-7)이다. 만드는 자는 "…여호와께서 지혜와 총명을 부으사 성소에 쓸 모든 일을 할 줄 알게 하신"(36:1) 모든 자들이다. 가져오는 자는 성막 제작에 소요되는 자재와 재료, 물품 등을 "만들어",

"가져오는" 자들이다(36:2-7). 이스라엘 자손의 온 회중이 성막 제작에 적극 참여하였다는 것이다. 성막 짓기의 현장에 이스라엘 자손의 온 회중이 가져온 예물이 쓰고도 남을 정도로 넘쳐났다는 것이다(36:5, 7). 성소의 모든 일을 하는 지혜로운 자들이 모세에게 말한다. "백성이 너무 많이 가져오므로 여호와께서 명령하신 일에 쓰기에 남음이 있나이다"(36:5).

가져오는 것이 물질의 봉헌이라면, 만드는 것은 노력과 시간의 봉헌이다. 이스라엘 자손이 드리는 두 종류의 봉헌이 이스라엘 백성 가운데 거하시려는 하나님의 꿈을 이루고 있다. 두 종류의 봉헌이 자아내는 하모니가 성막 제작의 공정을 이끌어가고 있다. 세상은 하나님의 꿈을 이루어드리는 무대이다. 하나님의 꿈을 이뤄드리는 무대에서 우리 모두는 제각각 주인공으로 쓰임을 받는다. 하나님은 오늘도 하나님의 사람의 헌신을 통해서 그 영광을 온 누리에 떨쳐 가신다. 자재가 부족해서, 자금이 부족해서, 공사가 제대로 진행되지 않는 세속과는 달리 출애굽기 35:30-36:7이 전하는 공사현장에는 모든 것이 풍족하다. 성막에는 무엇이 있어야 하는가? 성전에는 무엇이 넘쳐나야 하는가? 교회에는 무엇이 풍족해야 하는가? "형제들아 하나님께서 마게도냐 교회들에게 주신 은혜를 우리가 너희에게 알리노니 환난의 많은 시련 가운데서 그들의 넘치는 기쁨과 극심한 가난이 그들의 풍성한 연보를 넘치도록 하게 하였느니라"(고후 8:1-2).

출 36:8-39:43
성막 짓기의 과정, 이스라엘이 수행한 "성막 곧 회막의 모든 역사"

출애굽기 36:8에서 시작된 성막 만들기는 39:43에서 끝난다. 출애굽기 36:8-39:31에 이르는 이야기는 "지었다"와 "만들다"는 단어가 주도

한다. 이에 비해 출애굽기 39:32-43을 이끄는 말은 "마치다"이다. "짓다/만들다"와 "마치다"의 차이가 이 두 단락 사이에 자리 잡고 있다. 36:8-39:31은 이스라엘이 만들거나 짓는 성막의 역사(役事)를 전하고, 출애굽기 39:32-43은 그렇게 지은 성막을 설치하기 전 모세가 최종적으로 검토하고 검사하는 감리(監理) 단계를 전한다.

출애굽기 36:8-39:31이 전하는 성막 건축은 다시 두 단계로 구분된다. 하나는 성막과 그에 딸린 여러 기구들을 짓는 과정이다(36:8-38:20). 여기에서는 시종일관 성막을 만들고 짓는 이야기만 소개되고 있다. 다른 하나는 아론을 위해서 거룩한 옷을 만드는 과정이다(39:1-31). 성막과 그 기구들을 제작한 뒤에 제사장이 입을 예복을 만드는 이야기가 이어진다. 이 두 단락 사이에 성막 건축에 댄 물자들의 목록이 소개되고 있다 (38:21-31).

성막이 이스라엘 신앙에서 무슨 의미를 지니는지에 대해서는 출애굽기 25-31장에서 이미 설명하였다. 출애굽기 36:8-39:31은 성막이 하나님이 모세에게 보여주신 "도본"대로 착실히 건축되었다는 것을 전하는 데 초점을 맞추고 있다. 여기에서 두드러지는 것은 건축 과정이 신속하게, 질서정연하게, 연속적으로, 순조롭게 진행되고 있다는 점이다. 어떤 잡음도, 어떤 소음도, 어떤 방해도 들리지 않는다. 금속과 나무 등을 다듬고 천막과 천 등을 짜서 맞추는 작업인데도 그 어떤 시끄러운 소리도 들리지 않는다. 이 점은 이전에 금송아지 우상을 만들어 놓고 먹고 마시고 뛰놀면서 잔치를 벌이던 때와는 확연하게 다르다(비교, 32:17-19). 본문에서 들리는 소리가 있다면 그것은 오로지 이스라엘 자손이 "여호와께서 모세에게 명하신 대로 하더라"는 평가뿐이다(39:7, 21, 26, 31, 32, 42, 43).

이스라엘은 성막 제작을 의무감으로 하지 않았다. "마음에 원하는 자"가 성막 제작에 필요한 자재들을 기꺼이 봉헌하였고, 하나님의 영에 충만한 자들이 기쁨으로 성막과 그에 딸린 여러 기구들을 순수하게 제작하였다. 하나님의 뜻이 드디어 이 땅에 이루어지는 것이다.

36:8-38:20 본문이 다루는 것은 성막을 짓고 만드는 과정이다. 성막의 하드웨어를 만들고 있다. 여기에서는 히브리어 동사 "아싸"(만들다)가 본문의 흐름을 시종일관 이끌고 있다. 본문이 소개하는 제작과정을 성막의 주요 요소들만을 꼽아서 정리해 보면 거기에는 12개의 소단락이 있다. 열 폭 휘장으로 성막을 만든다(36:8-13) → 성막을 덮는 막(휘장)을 만든다(36:14-19) → 조각목으로 성막에 세울 널판(널빤지)을 만든다(36:20-30) → 조각목으로 띠(가로다지)를 만든다(36:31-34) → 청색 자색 홍색 실 등으로 휘장을 짠다(36:35-38) → 조각목으로 궤를 만든다(37:1-9) → 조각목으로 상을 만든다(37:10-16) → 순금으로 등잔대를 만든다(37:17-24) → 조각목으로 분향할 제단을 만든다(37:25-29) → 조각목으로 번제단을 만든다(38:1-7) → 놋으로 물두멍을 만든다(38:8) → 성막 뜰을 두르는 울타리를 만든다(38:9-20). 여기에 소개된 소단락 12개는 이스라엘의 지파 수가 12개인 것과 무관하지 않다. 36:8-38:20은 성막 제작의 제 과정을 이스라엘의 자손 모두가 한결같이 성막 건축에 매진하였음을 이런 방식으로 암시하고 있다.

여기에서 주목할 것은 본문이 소개하는 성막 제작의 주인공이다. 누가 성막을 지었는가? 앞에서 다룬 기사에서는 성막을 만들고 지어야 될 사람으로 브살렐과 오홀리압이 소개 되었다(35:30-36:1). 하지만 정작 성막을 짓는 과정을 다루는 6:8-38:20에서 성막을 짓는 사람으로 거론된 자는 그냥 "마음이 지혜로운 모든 사람"이다(36:8). 그러면서 본문은 온통 "그가" 만들었다고 적고 있다. 브살렐이 지었다는 지적은 37:1에서만 단 한 번 나온다. "브살렐이 조각목으로 궤를 만들었으니"(37:1a). 37:1을 제외하고는 성막 제작의 실제 과정을 전하는 36:8-38:20에서는 그 기술자의 이름[實名]이 나와 있지 않다. 본문은 그냥 "일하는 사람 중에 마음이 지혜로운 모든 사람이 열 폭 휘장으로 성막을 지었으니"라는 말로만 시작한다.

> 일하는 사람 중에 마음이 지혜로운 모든 사람이 열 폭 휘장으로 성막을 지었으니 곧 가늘게 꼰 베 실과 청색 자색 홍색 실로 그룹들을 무늬 놓아 짜서 지은 것이라… 그가 또 조각목으로 성막에 세울 널판들을 만들었으니…(36:8, 20)

"일하는 사람 중에 마음이 지혜로운 모든 사람"(콜-하캄-레브 베오세 함멜라카)이라는 지적에 주목하라. 본문은 "마음이 지혜로운 모든 사람이" 성막 제작에 적극 동참하였다는 것을 강조한다. 구약에서 지혜는 삶을 성공적으로 이끄는 기술을 의미한다. 여기에서 "마음이 지혜롭다"는 것은 기술이 있다는 뜻이다. 기술자가 성막을 지었다는 것이다. 그렇지만 굳이 기술자가 지었다고 말하지 않는다. 지혜로운 자가, 그 마음이 지혜로운 자가 지었다고 힘주어 말한다. 지혜의 근본이 하나님을 경외하는 삶이 아니던가! 성막은 하나님을 경외하는 이스라엘 자손 모두가 팔을 걷어붙이고 나서서 만들었다.

출애굽기 36:8은 성막을 짓는 기술자의 이름을 익명으로 처리하고 있다. 이스라엘 자손 모두가 "그"가 되어 성막을 짓는 일에 하나로 동참하였다. 하나님을 위한 성소를 짓는 일에 사람의 이름이 거론되지 않는다는 것은 결코 우연이 아니다. 본문은 의도적으로 사람 이름을 숨기고 있다. 출애굽기 36:8-38:20에서 가장 두드러지는 주인공은 그냥 "그"이거나 "그들"이다. 하나님을 위한 일에서 자기 이름을 드러내지 말자. 하나님을 향한 일에서 실명(實名)을 거론하지 말자. 하나님에 의한 일에서 사람의 직함을 나타내지 말자.

교회 건축을 해 본 사람이라면 이 과정이 얼마나 감동적인지를 느낄

수 있으리라. 하나님이 이스라엘과 만나시는 만남의 장막을 세우는 일이란 실로 하나님과 이스라엘이 "화해하는"(!) 이야기라고 말할 수 있다. 사람의 이름씨는 감추고 사람의 헌신만을 드러내고 있다. 사람의 공적은 감추고 사람의 충성만이 드러나고 있다. 이런 과정을 통해서 이스라엘 자손의 온 회중은 마침내 하나님을 신앙하는 믿음공동체의 회중으로 만들어지고 있다. 성막을, 회막을 세우는 현장은 하나님의 뜻과 인간의 의지가 서로 만나는 현장이다. 교회가 바로 이런 현장이 되어야 한다. 주 예수 그리스도의 뜻과 예수 그리스도를 따르는 사람들의 소망이 서로 만나는 현장이 되어야 한다.

38:21-31 본문은 성막을 만들고 짓는 데 소요되었던 물자 목록이다. 이 목록은 두 가지 사실을 전한다. 이 목록(명세서)은 "제사장 아론의 아들 이다말이 모세의 명령을 받아, 레위 사람들을 시켜서 계산한 것이다"(38:21, 새번역). 이 명세서대로 브살렐과 오홀리압이 "여호와께서 모세에게 명령하신 모든 것을" 만들었다(38:22). 이 명세서는 38:24-31에 따르면 인구조사(센서스)를 기반으로 삼는다. 본문에 의하면 성소 건축에 드는 비용을 내는 자로 파악된 숫자는 20세 이상으로 60만 3,550명이었다(38:26). 60만 3,550명이라는 숫자는 민수기 1:46에도 나온다. 아브라함에게 주셨던 약속("내가 너로 큰 민족을 이루고," 창 12:2)이 시내 광야에서, 성막을 짓는 이스라엘에게서 마침내 이루어졌다는 것이다. 이 60만 3,550명이 성소 건축에 드는 막대한 비용을 기꺼이 감당하였다는 것이다. 이런 식의 명세서는 출애굽기 25-31장이 제시한 성막 청사진에는 나오지 않았다. 30:11-16이 스무 살 이상 된 이스라엘이 마땅히 내야 할 "속전"을 다루었지만, 여기에서처럼 "계수된" 이스라엘 회중이 바친 금·은·놋의 무게가 소개되지는 않았다.

출애굽기 38:21-31은 "(성막 제작에 들어간) 재료의 물목"(페쿠데이 함미쉬칸)을 전한다(38:21-23). 이 "물목"(명세서)은 "성소 건축 비용으로 들인"(콜-핫자하브 헤아쑤이 람멜라카) 금·은·놋의 양(量)이다(38:24-31).

성막 곧 증거막을 위하여 레위 사람이 쓴 재료의 물목은 제사장 아론의 아들 이다말이 모세의 명령대로 계산하였으며… 성소 건축 비용으로 들인 금은 성소의 세겔로 스물아홉 달란트와 칠백삼십 세겔이며 계수된 회중이 드린 은은…(38:21, 24-25)

출애굽기 38:21-23이 말하는 "재료의 물목"은 38:24-31에 따르면 의무적으로 내야 할 속전으로 충당한 것이다. "계수된" 회중이 "성소의 세겔"로 은 반 세겔씩 낸 결과가 "제사장 아론의 아들 이마말이 모세의 명령대로 계산한"(38:21b) 결과인 것이다. 38:24-31의 명세서는 이런 맥락에서 60만 3,550명의 이스라엘 회중이 의무적으로 감당한 "성소 건축비"에 해당된다. 그 비용이 금 29달란트 730세겔, 은 100달란트 1,775세겔, 놋 70달란트 2,400세겔이었고, 그 은을 가지고 성소의 받침, 휘장 문의 기둥 받침, 기둥 갈고리, 기둥머리, 기둥 가름대를 싸거나 만들었으며, 그 놋을 가지고 회막 문기둥 받침, 놋 제단, 놋 그물, 제단의 모든 기구, 뜰 주위의 기둥 받침과 그 휘장 문의 기둥 받침, 성막의 모든 말뚝과 뜰 주위의 모든 말뚝을 만들었다는 것이다.

하지만 출애굽기 38:21-23, 24-31이 다루는 성막 건축에 든 "재료의 물목"이나 성막 건축에 든 "비용"은 성막 제작 과정을 전하는 본문 이야기(35:20-39:43)에서 이스라엘 자손이 넘치도록 자원하여 바친 예물(테루마, 36:2-7)과 짝을 이루고 있다는 것을 유념해야 한다.[3] 38:21-31을 36:2-7과 견주어서 읽을 때 성소 건축에 든 비용은 이스라엘 자손이 의무감이 아닌 사명감으로 감당하였다는 것을 알 수 있다(36:3). 세금이 아니라 기꺼이 드리는 예물(테루마)로 성막을 지었다는 것이다.

여기에서 우리는 스무 살 이상 된 이스라엘 자손이 "(하나님께 바치는) 속전"(코페르, 케세프 하킾푸림, 30:11-16)이 "회막 봉사"(회막을 위해 땀 흘리기, 아보다트 오헬 모에드, 30:16)를 위해서 드리는 것임을 기억해야 한다. 출애굽기 30:11-16의 "속전"은 "회막 봉사"를 위하여 드리는 돈이지만, 출애굽기 38:21-31에 소개된 명세표는 "성소 건축 비용"으로 들인 돈이다. "회막 봉사"는 거룩한 부담감(?)으로 감당하지만(그렇지만 그 금액은 반 세겔에 지나지 않는다), "성소 건축"은 이스라엘 백성이 날마다 넘치도록 가져온 "자원하는 예물"(테루마, 36:2-7)로 이루어냈다는 것이다.

39:1-31 이스라엘 자손이 아론을 위해 거룩한 옷을 만들었다. 성막의 여러 기구들과 부품들을 만들고 제작하는 이야기는 그 마지막 단계에서 "성소에서 섬길 때 입을" 정교한 옷을 "아론을 위해" 만들게 된다. 왜 아론이 입을 옷이, 아론과 그 아들들이 입을 옷이 성막 제작의 맨 마지막 단계에 소개되는 것일까? 그것은 하나님이 천지창조 때 만물과 모든 짐승을 만들고 맨 마지막에 사람을 만드신 순서를 닮았다. 이스라엘 자손도 성막의 지성소·성소·뜰을 순서대로 만든 다음에 맨 마지막 순서로 아론과 그 아들들을 위한 옷을 만들게 된다.

본문은 서론에 해당되는 구절(39:1)과 그에 따른 설명(39:2-31)으로 구성된다. 여기에 소개된 제사장의 옷은 출애굽기 28:1-43에 소개된 내용이다. 제사장은 제사장의 옷을 입어야 회막을 섬기는 사역에 종사할 수 있다. 이 옷은 "거룩한 옷"(비그데-코데쉬)이다. 이 제사장이 입을 "거룩한 옷"을 "정교하게 짜서" 만들었다. "그들은 여호와께서 모세에게 명령하신 대로 청색 자색 홍색 실로 성소에서 섬길 때 입을 정교한 옷을 만들고 또 아론을 위해 거룩한 옷을 만들었더라"(39:1). 누가 아론이 성소에서 섬길 때 입을 옷을 만들었는가? "그들이"(!) 만들었다. 곧 "여호와께서 지혜와 총명을 부으사 성소에 쓸 모든 일을 할 줄 알게 하신 자들"(36:1)이

"아론을 위해" 만들었다. 앞에서 살핀 36:8-38:20에서처럼 여기에서도 만든 자의 이름은 나오지 않는다. 본문은 그냥 "그들이" 만들었다고만 전한다. 하나님의 성소를 위한 일에서는 한 개인의 솜씨가 드러나서는 안 된다. 개인이 아니라 공동체가 드러나야 한다. "내"가 아니라 "우리"가 드러나야 한다. 아니 "우리"가 아니라 "그들"이 드러나야 한다.

어떻게 만들었는가? 출애굽기 39:1은 39:2-31과 더불어 제사장 아론이 입어야 할 옷을 소개하고 있다. 그러나 본문은 그 어디에도 옷 만들기에 따른 실제적인 정보는 제공하지 않는다. 옷의 크기나 수치 등에 대해서는 결코 거론하지 않는다. 본문이 말하는 것은 오로지 "여호와께서 모세에게 명령하신 대로" 만들었다는 사실이다. 어떻게 만들었는가? 하나님이 말씀하신 대로 만들었다. 모세가 지시한 대로 만들었다는 것이다. 어떻게 만들었다는 뜻인가? 말씀에 대한 순종으로 만들었다는 것이다. 순종으로 제작한 옷! 그것이 바로 아론이 입을 옷이었다는 것이다.

무엇으로 만들었는가? "청색 자색 홍색 실"로 만들었다. 성막의 휘장이나 문을 만들 때 쓰는 재료와 똑 같은 것으로 만들었다!(26:1; 27:16; 36:8, 35) 제사장이 입는 예복이라고 해서 특별한 천으로 만든 것은 아니다. 성막을 덮는 장막의 휘장이나 성막에 들어서는 문을 만들 때 들었던 재료와 다르지 않다. 그것들을 만들 때 소용되었던 재료와 똑같은 재료로 제사장이 입을 예복을 만들었다. 제사장의 예복은 제사장의 권위를 과시하는 수단이 아니다. 제사장의 예복은 제사장이 성막에 딸린 기구와 다를 바가 없다는 것을 상징한다. 제사장은 누구보다도, 무엇보다도 하나님의 성소에 딸린 사람이라는 것을 그 옷으로 드러내야 한다.

출애굽기 39:1은 이스라엘 자손이, 아론이 성소에서 하나님을 섬길 때 입는 예복을 가리켜 "(성소에서 섬길 때 입을) 정교한 옷"(비그데 쎄라드, 문자적으로는 "제복", the service vestments)이라고, "거룩한 옷"(비그데 하코데쉬, the sacral vestments)이라고 부르고 있다. 우리말 번역에서는 "정교한 옷"

이라고 했지만, 원문에서는 그냥 "제복"이다. 군인이 군복을 입듯 경찰이 경찰제복을 입듯, 제사장이 마땅히 복무 중 입어야 할 옷을 만들었다는 것이다. 다만 그것이 성소에서 시무할 때 입어야 될 옷이기에 "거룩한 옷"으로 불리게 된다.

출애굽기 39:2-31은 이 거룩한 옷을 제작하는 과정을 부문별로 소개하고 있다. "그"/"그들"이 제사장을 위해 에봇(39:2-5), 에봇의 어깨받이(39:6-7), 흉패(가슴받이, 39:8-21), 에봇에 딸린 긴 옷(39:22-26), 속옷(39:27), 두건, 관, 속바지(39:28-29), 패(39:30-31) 등을 "여호와께서 모세에게 명령하신 대로" 만들었다(39:5, 7, 21, 26, 29, 31). 제사장의 제복/예복을 만든 사람들은 모두 하나님이 그 마음에 "지혜와 총명"을 주신 사람들이다(36:1). "그들"이 하나가 되어 제사장을 위한 "그"가 되었다. 하나님의 사람을 세워가는 자들은 "그들"이다. 하나님의 사람은 보통 사람들의 헌신에 의해서 세워진다는 뜻이다.

본문이 관심하는 것은 "(성소에서 섬길 때 입을) 정교한 옷(비그데 쎄라드)"이다. 아론이 입을 "거룩한 옷"(비그데 코데쉬)이다. 본문은 이 옷이 에봇, 에봇 어깨받이, 흉패, 에봇 받침 긴 옷, 속옷, 두건·관·속바지·띠, 관에 붙이는 거룩한 패로 이루어졌다고 설명한다. 앞에서도 지적했듯이 본문이 말하는 것은 예복의 수치나 치수가 아니다. 본문은 "…으로 …을 만들었다"고만 전한다. 예컨대 에봇은 "금 실과 청색 자색 홍색 실과 가늘게 꼰 베 실로" 만들면서 거기 어깨받이에 이스라엘 지파를 상징하는 기념 보석(호마노, 홍옥수)을 달았다. 흉패(가슴받이)는 에봇과 같은 재료로 정교하게 짜되 거기에 각양 보석을 네 줄로 물렸다.

본문이 정작 중요하게 표시하는 것은 제사장의 예복이 수행하는 기능이다. 예컨대 에봇의 어깨받이나 가슴받이(흉패)에는 이스라엘의 열두 아들의 이름을 기념하는 보석이 달렸다(39:7, 14). 또 에봇 받침 긴 옷 가장자리에는 방울과 석류가 번갈아 달려 있어서 대제사장의 발걸음을 소리로 확인하도록 하였다(39:26). 무엇보다도 제사장은 "여호와께 성결"이라고 새긴 거룩한 패를 제사장이 쓰는 관에 달았다(39:30).

제사장의 예복은 입기에 불편하다. 대신 제사장의 예복은 제사장으로 하여금 하나님 앞에서 이스라엘 열두 지파를 기억하게 하는 옷이다. 제사장의 예복은 제사장이 제사장답게 걷고 있는지를 파악하게 하는 옷이다. 제사장의 예복은 그 제사장이 야훼 하나님을 위하여, 야훼 하나님을 향하여, 야훼 하나님에 의해서 구별된 사람임을 드러내는 옷이다. "주의 제사장들은 의를 옷 입고" 성전에 올라가야 한다(시 132:9). 그때 우리는 하나님이 "내가 그 제사장들에게 구원을 옷 입히리니 그 성도들은 즐거이 외치리로다"고 말씀하셨던 것을 기억하게 된다(시 132:16).

아론은 허물 많은 사람이다. 그런 아론이 하나님 앞에 서서 하나님을 섬기려면 그 허물은 감추어 주고 그 사명은 드러나게 해야 한다. 그래서 "성소에서 섬길 때 입을" 제복·예복이 만들어졌다. 창세기에서 하나님은 아담과 하와를 에덴 동산에서 쫓아내실 때에도 가죽옷을 해서 입히셨다(창 3:21). 죄 지은 사람이 만든 옷(무화과나무 잎으로 엮은 치마, 창 3:7)을 벗기시고 죄는 꾸짖으면서도 죄인의 부족함은 덮어주시는 가죽옷을 지어 입혀주셨다. 사람은 누구나 이 용서의 옷을 입고 산다. 이 은총의 옷을 입고 산다.

하나님의 뜻을 드러내는 현장에서는 제사장의 옷을 입은 하나님의 사람이 있어야 한다. 성직자만 가리켜서 제사장이라고 부르지 않는다. 선택받은 하나님의 사람은 누구나 "왕 같은 제사장"(벧전 2:9)이다. 이 땅의 그리스도인은 누구나 각각 섬기라고 파송된 자리에서 제사장이 되어야 한다. 제사장의 옷을 입은 사람처럼 처신해야 한다. 쉽지 않다. 불편하다. 하지만 그렇게 살아갈 때 자신도 살고, 교회도 살고, 나라도 사는 길이 열린다. "밤이 깊고 낮이 가까웠으니 그러므로 우리가 어둠의 일을 벗고 빛의 갑옷을 입자 낮에와 같이 단정히 행하고 방탕하거나 술 취하지 말며 음란하거나 호색하지 말며 다투거나 시기하지 말고 오직 주 예수 그리스도로 옷 입고 정욕을 위하여 육신의 일을 도모하지 말라"(롬 13:12-14).

39:32-43 이스라엘 자손은 하나님이 모세에게 지시하신 대로 성막의 역사(役事)를 마쳤다(39:32). 그들이 만든 성막을 모세에게로 가져가자(39:33a), 모세가 그들이 제작한 성막을 "보고," 그것들이 하나님께서 명령하신 대로 되었는지를 확인한다(39:42-43a). 이것을 위해서 본문은 이스라엘 자손이 만든 것이 무엇인지, 모세가 검사한 품목이 무엇인지를 목록 형식으로 소개하고 있다(39:33b-41). 그러기에 성막과 그에 딸린 여러 기구들이 이스라엘이 만들었던 순서에 따라 "막/천막"에서부터 "제사장 아론의 옷"까지 열거되고 있다. 본문은 그런 검사가 끝나고 나서 모세가 이스라엘 자손을 축복하였다는 말씀으로 끝난다(39:43b).

출애굽기 39:32-43의 시작은 이스라엘이 성막 제작의 모든 공정을 마쳤다는 보도이다(39:32). 눈여겨 볼 것은 성막을 가리켜 "성막 곧 회막"(미쉬칸 오헬 모에드)이라고 일컫고 있다는 사실이다(39:32, 40; 참조, 40:2; 비교, 39:33). 출애굽기 25-31장에서도 확인했듯이 성막은 이스라엘 자손이 만든 성소를 하나님과의 관계에서 부르는 명칭이다. 회막은 사람과의 관계에서 부르는 명칭이다. 하나님이 거하시는 곳을 되새길 때 성소는 성막으로 불린다. 하나님의 성소를 하나님과 하나님의 백성이 이루는 소통과 교제에서 되새길 때 성소는 회막으로 불린다. 성막이 회막이 되고, 회막은 성막이어야 한다. 왜 출애굽기 39:32는 하나님의 성소를 "성막 곧 회막"이라고 거듭해서 부르고 있을까? 본문이 "성막 곧 회막"이라는 말을 사용하는 것은 성막 제작이 하나님을 위한 작업이었다는 뜻을 지닌다. 성막 제작이 이스라엘을 위한 작업이었다는 뜻도 품는다. 이스라엘 자손이 하나님을 위한 작업을 마쳤다는 것이다. 그러면서 그것이 이스라엘 자손을 위한 작업이기도 했다는 것이다. 하나님께 신실할 때 그것은 동시에 사람에게도 유익한 것이 된다. "너희는 먼저 그의 나라와 그의 의를 구하라 그리하면 이 모든 것을 너희에게 더하시리라"(마 6:33).

출애굽기 39:32-43에서 주목할 구절은 두 개이다. 하나는 "그들이 성막을 모세에게로 가져왔으니"(39:33a)라는 구절이고, 다른 하나는 "모세가 그 마친 것을 본즉"(39:43a)이라는 구절이다. 그 사이에 이스라엘 자손이 제작한 것들이 무엇이었는지가 목록 형식으로 열거되어 있다(39:33b-41). 본문이 드러내고자 하는 것은 성막과 그에 딸린 기구들을 모세가 검사하였다는 지적이다. 그 검사를 위해서 이스라엘 자손은 성막의 모든 역사를 마친 뒤 그들이 만든 성막과 그에 딸린 여러 기구들을 모세에게로 "가져왔다"는 것이다.

본문은 이른바 검사필(檢査畢)의 도장을 찍는 장면이다. 이스라엘 자손이 성막의 모든 역사를 "여호와께서 모세에게 명령하신 대로 다 행했다"고 세 번이나 강조한다(39:32, 42, 43). 그 결과가 다음과 같은 말로 그 끝을 맺고 있다.

> 여호와께서 모세에게 명령하신 대로 이스라엘 자손이 모든 역사를 마치매 모세가 그 마친 모든 것을 본즉 여호와께서 명령하신 대로 되었으므로 모세가 그들에게 축복하였더라(39:42-43)

본문이 "여호와께서 모세에게 명령하신 대로"라고 힘주어 말하고 있음에 주목하라. 본문이 강조하는 것은 이스라엘 자손에게 있지 않다. 본문의 강조는 "여호와께서 모세에게 명령하신 대로"(케콜 아쉐르-치바 야훼 에트-모쉐)에 있다. 이스라엘 자손이 하나님이 지시하신 대로 "그렇게 그들이 마쳤다"(켄 아쑤)는 것이다. 하나님이 모세에게 명령하신 대로, 그렇게!, 이스라엘 자손이 모든 역사를 이루었다고 강조한다. 하나님이 말씀하신 대로, 하나님이 말씀하신 것을 이스라엘이 그대로, 고스란히 만들었다는 것이다.

출애굽기 39:42-43은 여기에서 두 가지 진실을 전하고자 한다. 하나는, 성막은 하나님의 뜻이 이루어진 현장이라는 것이다. 다른 하나는, 성막 공사는 이스라엘 자손의 순전한 헌신으로 마쳤다는 것이다. 39:42-43에서 들리는 소리는 "솔로몬이 성전 건축하기를 마치고"(왕상 6:14)라는 구절에서 들리는 소리와 크게 차이가 있다. 출애굽기 39:42-43에서 들리는 소리는 사명완수의 감격이다. 열왕기상 6:14에서 들리는 소리는 지치고 힘든 노동이 끝났다는 감격이다. 솔로몬이 주도한 공사현장에는 부역꾼, 짐꾼이, 노역하는 자들이 있었다(왕상 5:13-16). 그들을 거느리고 그들의 사역을 감독하는 관리자들이 있었다(왕상 5:16). 일꾼 수가 3만 명이었지만, 그들을 감독하는 관리들의 수도 3,300명이었다. 예루살렘 성전이 솔로몬의 성전으로 불리는 것과는 대조적으로 성막은 이스라엘 자손의 성막이다.[4] 성전은 일꾼들이 지었지만, 성막은 헌신으로 지었다.

우리말 번역에서 출애굽기 39:43은 이스라엘의 작업을 모세가 검사하였다고 밝히는 것으로 그친다. 그러나 원문의 뉘앙스는 이와 다르다. 원문은 "모세가 그 모든 일을 점검하여 보았더니, 보라! 그들이 하나님이 명령하신 대로 만들었다"는 것이다. 우리말 성경에는 나와 있지 않지만, 원어에서는 "모세가 그 일을 점검하여 보았다"(봐야르 모쉐 에트-콜 함멜라카)와 "그들이 그것을 만들었다"(아쑤 오타흐) 사이에 "보라"(힌네)라는 감탄사가 들어 있다. 보라! 모세가 무엇을 보았는가? 이스라엘 자손이 마침내 하나님이 지시하신 대로 성소를 만들었다는 것이다. 그런 점에서 출애굽기 49:43은 25:8에 수록된 하나님의 꿈("내가 그들 중에 거할 성소를 그들이 나를 위하여 짓되")을 이스라엘 자손이 마침내 이루어냈다는 감격을 내뿜는다. 그 결과 모세가 이스라엘 자손에게 복을 빌어 주게 된다.

출애굽기 39:42-43은 하나님이 지으신 창조세계를 하나님이 보시고 좋았다고 평가하신 기사(예, 창 1:31)와 닮았다. 39:42-43은 "하나님이 그가 하시던 일을 일곱째 날에 마치시니… 하나님이 그 일곱째 날을 복되게 하사 거룩하게 하셨으니"(창 2:2-3)라는 기사와 닮았다. 이런 까닭에 이스라엘 자손이 하나님의 명령대로 만든 성막은 하나님이 지으신 코스모스를 연상시키기에 충분하다. 하나님이 공허하고 혼돈했던 땅을 하나님의 뜻이 이루어진 코스모스로 바꿔 놓으셨듯이, 이스라엘 자손은 허허벌판 광야에서 마침내 하나님의 뜻이 이루어진 성막을 건설해 놓았다는 것이다.[5]

---

1) 출애굽기 35-40장에 수록된 성막 건축 기사를 구약학자들은 대부분 출애굽기 25-31장의 반복, 중복 이라고 생각한다. 예컨대 35-40장의 자료는 25-31장에 첨부된 후대의 자료라는 것이다. 그래서 두 본문 사이에 무엇이, 어떻게, 왜 평행되어 있는지를 살피면서 본문 편집의 의도 등을 살피는 데 그 주안점을 둔다. 그러나 굳이 그렇게 보지 않을 수도 있다. 본문은 의도적으로 성막 제작과 관련된 기사를 두 번 반복하고 있다. 그런 반복을 통해서 본문은 의도적으로 명령-실천의 구도를 띤다. 명령대로 이루어졌다는 것이다. 이루어진 것은 명령에 따른 것이라는 사실이다. 비교, B. D. Sommer, "Conflicting Constructions of Divine Presence in the Priestly Tabernacle," *Biblical Interpretation* 9(2001), 40-63; C. Houtman, *Exodus*, Historical Commentary of the Old Testament, vol. 3 (Kampen: Kok, 2000), 319-320; I. Knohl, *The Sanctuary of Silence: The Priestly Torah and the Holiness School* (Minneapolis: Fortress, 1995), 63-68; 비교, Dozeman, *Exodus*, 756-766; Fretheim, *Exodus*, 313-316.

2) Knohl, *The Sanctuary of Silence*, 66-67.

3) 비교, Dozeman, *Exodus*, 663-667. 도즈만은 "센서스와 성전세"(Census and Temple Tax)라는 소제목 밑에 출애굽기 30:11-16과 38:21, 24-31을 병행구로 다루고 있다.

4) Dozeman, *Exodus*, 761.

5) W. P. Brown, *The Ethos of the Cosmos: The Genesis of Moral Imagination in the Bible* (Grand Rapids: Eerdmans, 1999), 83-85; Dozeman, *Exodus*, 761-762.

드림에서 강림으로

출 40:1-38

출애굽기 40장은 성막 공사의 대장정이 끝났음을 전한다. 성막 공사의 완공은 단순한 작업의 끝이 아니다. 그것은 하나님의 오심을 여는 창구가 된다. 이스라엘 자손의 드림(35-39장)이 하나님의 강림(40장)을 이루게 한다. 출애굽기 35-39, 40장이 드림(테루마)에서 강림으로 간다면, 그 강림(40장)은 이스라엘의 드림(코르반, 레 1-7장)을 여는 토대가 된다. 하나님의 강림(40장)은 드림(35-39장)과 드림(레 1-7장) 사이에 있다.

출애굽기 40장은 크게 둘로 구분된다. 하나는 성막을 설치하는 기사(40:1-33)이고, 다른 하나는 성막에 충만한 하나님의 영광을 전하는 본문(40:34-38)이다. 전자는 드림의 열매이고, 후자는 드림의 결과이다. 이스라엘이 시간·정성·물질·삶을 드림으로 마침내 하나님이 그 이스라엘 가운데 강림하신다. 출애굽기 40:1-33은 하나님이 모세에게 하신 말씀(40:1-15)과 그것을 모세가 실행하는 장면(40:16-33)으로 나뉜다. 말씀(40:1-15)과 실천

(40:16-33)이 부각된다. 하나님은 말씀하시고, 모세는 명령대로 시행하고 있다. 성막은, 시내 광야에 임한 하늘성전은 하나님의 말씀대로 이루어진 성소이다. 천지창조 때 울려 퍼졌던 "보시기에 좋았더라"가 40:1-33에도 새겨져 있다. 그것이 바로 "여호와께서 모세에게 명령하신 대로 되니라"는 말이다(40:16, 19, 21, 23, 25, 27, 32).

출애굽기 40:34-38은 성막에 강림하신 하나님(theophany in the tabernacle)을 전한다. 이 단락은 하나님의 영광이 성막에 덮이는 장면(40:34)과 거기에 따른 이스라엘의 행진(40:35-38)을 전한다. 여기에는 두 종류의 움직임이 있다. 하나는 하나님의 움직임(40:34)이고, 다른 하나는 이스라엘의 움직임(40:35-38)이다. 하나님의 움직임은 수직적이다. 위에서 아래로 내려오거나 아래에서 위로 "떠오르고" 있다. 반면 이스라엘의 움직임은 수평적이다. "앞으로 나아가거나" 멈춰서 있다. 이때 이스라엘의 움직임은 하나님의 움직임에 의존한다. 지평선에서 벌어지는 일은 하나님의 이동을 "눈으로 보고" 난 뒤에야 결정된다.

40:1-8 지금까지 다룬 출애굽기 35-39장은 이스라엘의 성막 제작을 다루었다. 이 제작은 부문별로 이루어졌다. 이것에 이어 하나님이 모세에게 지시하신다. 너는 회막을 세우라!

너는 첫째 달 초하루에 성막 곧 회막을 세우고(40:2)

"첫째 달 초하루"는 출애굽 후 둘째 해 첫째 달 초하루이다(40:17). 새해 첫날 성막을 설치하라고 하나님이 모세에게 지시하고 있다. 새해 첫날에 하나님이 거하시고(성막) 하나님을 예배하는(회막) 성소를 세우라는 것이다. 오경이 전하는 날짜 표시는 그때마다 새로운 시대의 개시를 알린다. 대홍수 후 인류 역사가 새로 시작되던 날에도 그런 날짜 정보가 나왔다(창 8:13-14). 대홍수는 노아가 "육백 세 되던 해 둘째 달 곧 그 달 열이 렛날"(창 7:11) 큰 깊음의 샘들이 터지고 하늘의 창문들이 열리면서 개시 되었다. 그 대홍수 때 온 땅을 집어삼켰던 물은 "육백 일 년 첫째 달 곧 그 달 초하룻날"(창 8:13), 그러니까 노아가 601살 되던 해의 첫째 달 초하룻 날 "땅 위에서 물이 걷히면서(하라브)" 가라앉게 되었다(창 8:13). 그리고 둘째 달 스무이렛날, 곧 노아가 601살 되던 해의 둘째 달 스무이렛날에 가서는 "땅이 마르면서(야바쉬)" 끝났다(창 8:14).[1] 대홍수가 1년 만에 끝 난 것처럼 성막 공사도 1년 만에 끝났다. "애굽 땅을 떠난 지 삼 개월이 되 던 날"(19:1) 시내 광야에 당도하였던 이스라엘이 출애굽 후 둘째 해 첫 째 달 초하룻날에 성막을 세우게 되었다는 것이다(40:2, 17). 40:2의 날짜 는 하나님의 구속사가 새로운 전기를 맞았음을 알리는 이정표이다.[2] 이 이정표는 출애굽 후 둘째 해 둘째 달 스무 날(민 10:11)에 가서 또 다른 전 기를 맞는다.

성막을 세움으로 하나님의 구속사는 새로운 단계로 접어들게 된다. 성 막이 세워지면서부터 하나님은 이스라엘 백성 가운데 내려오셔서 거하 신다. 지금까지 이스라엘이 해방 → 언약 → 헌신의 단계를 걸어왔다면 이제부터 이스라엘은 성막에 강림한 하나님의 영광을 따라서 광야 길을 헤쳐 나가게 된다. 하나님을 예배하는 백성이 되는 길로 들어서게 된다.

출애굽기 40:2의 "세우라"는 말은 설치하라는 뜻이다. 지금까지 부문 별로 만들고 제작한 성소의 여러 기구들을 성막의 구조에 맞춰 자리 잡 게 하라는 소리이다. "세우라"의 문자적인 뜻은 "일어서게 하라"이다. 직 역하면 "너는 성막으로 하여금 일어서게 하라"(타킴 에트 미쉬칸)이다. 누 워 있던 것이 일어서는(쿰) 동작이 암시되어 있다. 저절로 일어서는 것이 아니다. 일어서게 하는 것이다. 이 "세우라"라는 글자 속에는 성막을 인 격체로 대우하려는 의지가 담겨 있다. 천막으로 만든 성막 곧 회막으로 하여금 일어서게 한다는 것이다. 성막은 일어서야 한다. 하나님의 성소는 일어서야 한다. 교회는 일어서야 한다. 온 누리가 보도록 일어서야 한다. 일어설 수 있도록 붙들어야 한다.

출애굽기 40:3-8은 성소의 여러 기구들을 성막의 틀에 맞춰 설치하는 절차를 소개한다. 지성소 → 성소 → 뜰의 순서에 따라 증거궤 → 상 → 향단 → 번제단 → 물두멍 → 포장/휘장 순으로 배치되고 있다. 여기에 사용된 단어들은 "들여놓다", "놓다", "두다", "달다", "치다" 같은 동사들이다. 생김새에 따라서 쓰임새가 다르다. 쓰임새가 다르기에 그것들 설치하는 데 소용되는 글자들도 다르다. 하지만 이 기구·기물들은 모두 성소의 몸이요 지체들이다. 몸은 하나인데 몸에 많은 지체가 있듯이(고전 12:12) 하나님의 성소에도 여러 기구·기물들이 있다. 하나님은 증거궤라고 해서 더 귀히 여기고, 물두멍이라고 해서 덜 귀하게 여기지 않으신다. "이제 지체는 많으나 몸은 하나라 눈이 손더러 내가 너를 쓸 데가 없다 하거나 또한 머리가 발더러 내가 너를 쓸 데가 없다 하지 못하리라… 오직 하나님이 몸을 고르게 하여 부족한 지체에게 귀중함을 더하사 몸 가운데서 분쟁이 없고 오직 여러 지체가 서로 같이 돌보게 하셨느니라"(고전 12:20-21, 24b-25). 어디 기구·기물들만 그렇겠는가! 교회의 일꾼인 우리는 모두 "그리스도의 몸이요 지체의 각 부분이다"(고전 12:27).

40:9-15 사람이 만든 성소의 여러 기구들은 "관유"를 발라서 거룩하게 구별해 놓아야 한다. 관유는 제의용으로 쓰이는 거룩한 향기름이다(30:23-25). 이 기름을 바름으로 "성막과 그 안에 있는 모든" 기구들은 거룩하게 구별된다. 물론 증거궤, 진설병 상, 등잔대, 분향단도 관유를 발라서 거룩하게 해야 한다(참조, 30:26-27). 그러나 본문은 지성소와 성소에 있는 기구들은 그냥 "성막과 그 안에 있는 모든 것"이라는 말로 요약해 놓았다(40:9). 본문이 강조하는 것은 번제단 → 물두멍 → 아론과 그 아들들을 거룩하게 하라는 명령이다(40:10-11, 12-15). 하나님께 예물·제물을 드리는 제

단과 제사장이 성막에 들어갈 때 그 손발을 씻는 물두멍과 하나님을 섬기는 제사장들을 거룩하게 하라고 강조하고 있다.

아론이나 아론의 아들들은 제사장 직분을 수행하는 자들이다. 하나님은 모세에게 아론과 그 아들들을 회막 문으로 데려다가 씻기고 입히고 기름을 부어 거룩하게 함으로 제사장의 직분을 수행하게 하라고 지시하신다(40:12-15). 성막의 여러 기구들에는 관유를 "발랐다"(마싸흐). 그러나 아론과 그 아들들에게는 관유를 부어야(마싸흐) 한다. "아론에게 거룩한 옷을 입히고 그에게 기름을 부어"(40:13). "그 아버지에게 기름을 부음 같이 그들에게도 부어서"(40:15). 우리말에서는 차이가 나지만 히브리어에서는 "바르다"와 "붓다" 사이에 아무런 차이가 없다. 그냥 똑같이 "마싸흐"(to anoint)이다. 우리말 성경은 이 "마싸흐"를 가지고 사물에는 바르고 사람에게는 부어야 한다고 구별하였다! 하나님의 사람은 관유를, 거룩한 기름을 바르기만 해서는 안 된다. 하나님의 사람은 거룩한 기름에 듬뿍 젖어야 한다. 그렇다. 바르기만 해서는 안 된다. 충만해야 한다. 베드로가 산헤드린 공의회장에서 "성령이 충만하여!" 외치지 않았는가! 예수 그리스도가 아닌 "다른 이로써는 구원을 받을 수 없나니 천하 사람 중에 구원을 받을 만한 다른 이름을 우리에게 주신 일이 없음이라"(행 4:8, 12).

40:16-33 모세가 성막을 세우라는 하나님의 지시를 실천에 옮기고 있다. 본문의 시작(40:16)과 끝(40:33b)은 모세가 하나님이 명령하신 대로 다 행했다는 말을 연거푸 지적한다. 모세는 하나님이 시키신 대로 출애굽 "둘째 해 첫째 달 곧 그 달 초하루에" 성막을 세웠다(40:17). 출애굽기 40:18-33a는 모세가 설치하는 과정을 전하고 있다. 성막의 천막을 세우고(40:18), 그 위에 덮개를 덮고(40:19), 증거궤를 성막에 들여놓고(40:20-21), "회막 안 곧 성막 북쪽으로 휘장 밖에" 진설병 상을 놓고(40:22-23), 회막 안 곧 성막 남쪽에 등잔대를 놓고(40:24-25), 회막 안 휘장 앞에 향을 사르는 금 향단을 놓

고(40:26-27), 성막 문에 휘장을 달고(40:28), 성막 문 앞에 번제·소제를 드리는 번제단을 두고(40:29), 회막과 제단 사이에 물두멍을 두어 모세와 아론과 그 아들들이 손발을 씻고(40:30-32), 성막과 제단 주위 뜰에 포장을 치고 뜰 문에 휘장을 달았다(40:33a). 이 과정 중에 본문은 "여호와께서 모세에게 명령하신 대로 되니라"는 후렴구를 연거푸 소개한다(40:19, 21, 23, 25, 27, 29, 32).

본문은 모세가 성막 설치를 하나님의 지시대로 수행하였다는 것을 강조한다. 하지만 모세는 아론과 그 아들들을 제사장으로 세우라는 말씀(40:12-15)은 수행하지 않았다. "모세와 아론과 그 아들들이 거기서(물두멍에서) 수족을 씻되"라는 말이 나오지만(40:31), 모세가 아론과 그 아들들에게 거룩한 옷을 입히고 기름을 부어 제사장의 직분을 행하게 하라(40:13-15)는 지시는 실천에 옮기지 않았다. 아론과 그 아들들을 제사장으로 세우는 예식은 레위기 8-9장에 가서야 나온다. 무슨 소리인가? 성막 공사가 다 완성되어 그것을 하나님 앞에 "세우는" 날 아론과 그 아들들을 제사장으로 구별하여 "세우는" 절차는 생략되었다는 것이다. 성막을 하나님께 봉헌하는 새해 첫날의 환호에 아론과 그 아들들은 초대받지 못했다. 시내 광야에서 송아지 우상을 섬기고자 했던 이스라엘 자손들은 다 칼의 심판을 받아 죽었다. 레위 자손의 칼에 "백성 중에 삼천 명 가량이 죽임을 당하는" 벌을 받았다(32:28). 그때 아론은 죽임을 당하지 않았다. 왜 그랬을까? 성경은 거기에 대해서 아무 말도 없다. 분명한 것은 성막을 세우는 출애굽 둘째 해 첫째 달 초하룻날 행사에 아론과 그 아들들을 제사장으로 위임하는 예식은 생략되었다는 사실이다. 하나님은 백성에게 휘둘렸던 아론은 용서하시면서도 아론이 저질렀던 죄에 대해서는 그 책임을 물으신다. 아론은 좀 더 기다려야 했다. 좀 더 자숙해야 했다. 좀 더 회개해야 했다. 용서의 은총이 임할 때까지 부끄러운 생존의 멍에를 쓰고 있어야 했다. "모든 사람이 죄를 범하였으매 하나님의 영광에 이르지 못하더니 그리스도 예수 안에 있는 속량으로 말미암아 하나님의 은혜로 값없이 의롭다 하심을 얻은 자 되었느니라"(롬 3:23-24).

40:34-38 성막 공사가 다 끝나자 "구름이 회막에 덮이고 여호와의 영광이 성막에 충만"하게 되었다(40:34). 구름이 회막에 덮이면 모세는 회막에 들어갈 수 없다(40:35). 구름이 성막 위에서 떠오를 때 이스라엘은 행진에 나서게 되고, 구름이 회막에 덮이어 있는 것을 보는 동안에는 행진에 나서지 않게 된다(40:36-38). 하나님의 영광이 성막에 충만하게 임하고 난 뒤부터 이스라엘은 하나님의 영광을 눈으로 보고 길을 떠나는 행진에 나서게 된다. 모세가 하나님의 말씀을 듣고 실천에 옮겼듯이(40:1-15, 16-33), 이스라엘 자손은 하나님의 영광을 보고 실천에 옮기게 된다(40:34-35, 36-38).

출애굽기 40:34-35, 36-38에서 반복되는 단어는 "그 구름"(헤아난)이다. 모두 5번 나온다. 그냥 구름이 아니다. 하나님의 영광을 드러내는 구름이다. 그 "구름"은 이스라엘 자손이 눈으로 보는 "하나님의 영광"(케보드 야훼)이다. 회막에 덮이는 구름이다. 성막 위에서 떠오르는 구름이다. 이스라엘의 눈에 하나님은 보이지 않는다. 그러나 하나님의 영광은 보인다. 성막·회막 위에 있는 구름은 하나님의 현존이 이스라엘 중에 거(居)하고 있음을 웅변적으로 전하는 장치이다. 마침내 하나님이 시내 광야 이스라엘의 진영 한복판에 강림하여 현존하신다. 이제부터 이스라엘의 하나님은 행동하시는 하나님이기보다는 "성막 위에 덮이고 성막 위에서 떠오르는"(40:34, 36) 하나님이시게 된다. 그 하나님을 이스라엘은 "눈으로 보면서" 광야 길을 나서는 "행진"을 벌이게 된다. 하나님의 구속사가 전환기를 맞고 있다. 행동하시는 하나님 → 말씀하시는 하나님 → 인도하시는 하나님으로 하나님의 속성이 전환되고 있다. 이 하나님이 레위기 1-7장에 들어서면서부터는 소통하시는 하나님으로 마주하게 된다.

출애굽기의 서두에서 이스라엘은 히브리 사람이었다. 노예였다. 천대받던 백성이었다. 그랬던 이스라엘이 출애굽기의 마지막에 들어서면서 하나님의 군대로 새롭게 태어났다. 하나님의 오심으로, 성막과 더불어 움직이시는 하나님과 함께, 이제부터 이스라엘은 보무도 당당하게 광야 길을 행진하게 된다.

> 낮에는 여호와의 구름이 성막 위에 있고 밤에는 불이 그 구름 가운데에 있음을 이스라엘의 온 족속이 그 모든 행진하는 길에서 그들의 눈으로 보았더라(40:38)

하나님이 이스라엘 중에 거하신다! 이스라엘이 어디로 가든지, 언제든지 이스라엘 가운데서, 이스라엘과 함께 계신다. 할렐루야!

---

1) 대홍수는 열두 달 열하루 동안 지속되었다(창 7:11; 8:13-14). 이 기간은 음력 열두 달, 곧 354일에 해당되는 기간으로, 양력으로는 365일의 기간에 해당된다. 대홍수가 일 년간 지속되었다는 것이다. 여기에서 창세기 8:13의 "물이 걷히다"와 8:14의 "땅이 마르다"는 땅에서 물이 빠져 나가는 과정을 묘사하고 있다. 새번역은 이 두 구절에서 각각 "땅바닥이 말라 있었다", "땅이 다 말랐다"라고 해서 땅의 형편을 묘사하는 데 초점을 두고 있으나, 히브리어 원문의 분위기는 땅보다는 홍수의 그침에 있다. "땅에서 물이 걷히다"(하레부 함마임 메알 하아레츠)라는 말이 먼저 나오고 "땅이 말랐다"(야브쇼 하아레츠)라는 말이 뒤에 나오면서 대홍수로 1년 동안 물에 잠겨 있던 땅에서 물이 차츰 빠져나가는 과정을 묘사하고 있다. Victor P. Hamilton, *The Book of Genesis, Chapters 1-17*, The New International Commentary on the Old Testament (Michigan: Eerdmans, 1990), 305.
2) Dozeman, *Exodus*, 764.

엑소도스, 하나님의 성소를 이루기까지

초판 1쇄 2015년 9월 14일
초판 2쇄 2018년 2월 5일

왕대일 지음

발행인 | 전명구
편집인 | 한만철

펴 낸 곳 | 도서출판 kmc
등록번호 | 제2-1607호
등록일자 | 1993년 9월 4일

(03186)   서울특별시 종로구 세종대로 149 감리회관 16층
          (재)기독교대한감리회
대표전화 | 02-399-2008 팩스 | 02-399-4365
홈페이지 | http://www.kmcmall.co.kr

디자인·인쇄 | 코람데오 02-2264-3650~1

값 15,000원
ISBN 978-89-8430-695-0 03230

「이 도서의 국립중앙도서관 출판예정도서목록(CIP)은 서지정보유통
 지원시스템 홈페이지(http://seoji.nl.go.kr)와 국가자료공동목록시스템
 (http://www.nl.go.kr/kolisnet)에서 이용하실 수 있습니다.
 (CIP제어번호 : CIP2015024158)」